O Mercado de Ações em 25 Episódios

2ª EDIÇÃO

PAULO PORTINHO

O Mercado de Ações em 25 Episódios

A BOLSA BRASILEIRA DE 1995 A 2019

O mercado de ações tratado de forma simples, em linguagem cotidiana, sem mistérios

2ª EDIÇÃO

ALTA BOOKS
EDITORA
Rio de Janeiro, 2019

O Mercado de Ações em 25 Episódios — 2ª Edição
 ISBN: 978-85-508-1072-0

Impresso no Brasil — 2ª Edição, 2019 — Edição revisada conforme o Acordo Ortográfico da Língua Portuguesa de 2009.

Publique seu livro com a Alta Books. Para mais informações envie um e-mail para autoria@altabooks.com.br

Obra disponível para venda corporativa e/ou personalizada. Para mais informações, fale com projetos@altabooks.com.br

Produção Editorial
Editora Alta Books

Gerência Editorial
Anderson Vieira

Produtor Editorial
Juliana de Oliveira
Thiê Alves

Assistente Editorial
Leandro Lacerda

Marketing Editorial
marketing@altabooks.com.br

Editor de Aquisição
José Rugeri
j.rugeri@altabooks.com.br

Vendas Atacado e Varejo
Daniele Fonseca
Viviane Paiva
comercial@altabooks.com.br

Ouvidoria
ouvidoria@altabooks.com.br

Equipe Editorial
Adriano Barros
Bianca Teodoro
Carolinne de Oliveira
Ian Verçosa
Illysabelle Trajano
Keyciane Botelho
Larissa Lima
Laryssa Gomes
Livia Carvalho
Maria de Lourdes Borges
Paulo Gomes
Raquel Porto
Thales Silva
Thauan Gomes

Revisão Gramatical
Luís Valdetaro
Alessandro Thomé

Diagramação
Carlos Sá

Dados Internacionais de Catalogação na Publicação (CIP) de acordo com ISBD

P852m Portinho, Paulo

O Mercado de Ações em 25 Episódios: o mercado de ações tratado de forma simples, em linguagem cotidiana, sem mistérios / Paulo Portinho. - 2. ed. - Rio de Janeiro : Alta Books, 2019.
256 p. ; 16cm x 23cm.

Inclui índice e apêndice.
ISBN: 978-85-508-1072-0

1. Economia. 2. Mercado de Ações. 3. Investimentos. 4. Finanças. I. Título.

2019-1733 CDD 330
CDU 33

Elaborado por Vagner Rodolfo da Silva - CRB-8/9410

ALTA BOOKS
EDITORA

Rua Viúva Cláudio, 291 — Bairro Industrial do Jacaré
CEP: 20.970-031 — Rio de Janeiro (RJ)
Tels.: (21) 3278-8069 / 3278-8419
www.altabooks.com.br — altabooks@altabooks.com.br
www.facebook.com/altabooks — www.instagram.com/altabooks

ASSOCIADO CBL Câmara Brasileira do Livro

PREFÁCIO ORIGINAL

E a simplicidade se apresenta...

São Paulo, 25 de agosto de 2004, dia da inauguração oficial do Instituto Nacional de Investidores (INI). Evento grande, com aula magna do então presidente de CVM Marcelo Trindade e presença de importantes personalidades do mercado de ações.

Para quase todas as pessoas, naquele momento, o INI poderia parecer apenas mais uma iniciativa, como tantas outras, que surgia para apoiar e desenvolver o mercado de ações. Poucas pessoas, na ocasião, devem ter percebido o grande diferencial que se estava trazendo para o mercado de ações brasileiro. **A simplicidade**.

O instituto tornou-se o representante oficial de uma filosofia de investimento em ações que é aplicada em mais de 20 países, e principalmente por não iniciados nas técnicas sofisticadas de mercado. São pessoas comuns, que absorveram com grande facilidade os princípios sugeridos por Tom O'Hara e o método inventado por George Nicholson.

Tom O'Hara uniu investidores, no final dos anos de 1940, início de 1950, em torno de três princípios de investimento: 1) investir regularmente, 2) reinvestir todos os ganhos e 3) investir somente em empresas de crescimento. Construiu uma organização intitulada NAIC (National Association of Investors Corporation) e teve seus princípios difundidos em mais de 20 países para um número superior a 10 milhões de investidores ao longo dos últimos 60 anos.

George Nicholson, alguns anos depois, introduziu uma ferramenta amplamente utilizada por investidores nos quatro cantos do mundo, o Stock Selection Guide (SSG). Com essa ferramenta, o investidor deixa de lado os "achismos" e as "dicas" para fazer uma investigação séria sobre a companhia em que deseja investir.

Com as criações e o empreendedorismo desses dois visionários, um grande contingente de cidadãos comuns, em atividades alheias ao mercado de ações, como donas de casa, motoristas de ônibus, enfermeiras, advogados, médicos, atendentes de supermercado etc., pôde investir de forma consciente e racional, sem que, para tanto, tivessem que começar se especializando em análises de balanço ou em técnicas para calcular fluxo de caixa descontado.

Ah, e mais importante, longe dos comportamentos de risco que são disseminados sem qualquer restrição aos iniciantes em bolsa de valores.

Episódios x capítulos

Normalmente os livros sobre mercado de ações trazem uma lógica linear entre seus capítulos. Às vezes o entendimento de um capítulo requer a leitura prévia de um anterior ou, ainda, necessita de algum pré-requisito para sua compreensão. Este livro é diferente.

O leitor já deve ter assistido e acompanhado a alguma série ou novela de TV. Mesmo que não seja assíduo, está familiarizado com a diferença entre um capítulo de novela e um episódio de série. Enquanto nas novelas há um encadeamento lógico das cenas e dos capítulos para que a trama se construa ao longo dos meses, nas séries essa dramatização de longo prazo geralmente é secundária. Cada episódio costuma ter começo, meio e fim, de forma que a mensagem de cada um é única e independente da trama que atravessa a série.

Em princípio, a divisão do livro se assemelha ao modelo das séries de TV, ou seja, cada episódio, ou artigo, foi escrito para transmitir um ensinamento específico, sem depender da leitura prévia de outras partes do livro.

Cada "Episódio" tem sua própria identidade, transmitindo uma mensagem com começo, meio e fim. Dessa forma, a leitura deverá ser mais dinâmica e ganhar fluidez.

Aprendendo por experiência

Nenhum texto substituirá a experiência do investidor. Nos cursos do INI, quando alguém pergunta "Como posso aprender a comprar e vender ações?", a resposta é: "Comprando e vendendo ações!" É tão simples quanto isso. Não há teoria que substitua a experiência de se tornar cliente de uma corretora, enviar seu dinheiro e dar uma ordem de compra ou venda.

Apesar de não ser possível substituir a experiência, o livro que o leitor tem em mãos é derivado das experiências e dúvidas de investidores reais. A compilação, ao longo de 15 anos, das principais dúvidas práticas e teóricas dos membros da comunidade de investidores levou à construção deste texto. Não há artigo (Episódio) que não seja fruto de uma dúvida ou de um questionamento feito por investidores, iniciantes ou experientes.

Questões que serão abordadas no livro

Você já teve dúvidas quanto a: índice P/L, *dividend yield*, aposentar-se em ações, hora de comprar ou vender, bonificações, subscrições, desdobramentos, gestão de carteira, Imposto de Renda, baixas contábeis, perdas com derivativos, índice Bovespa, *valuation*, preço justo, se a bolsa pode cair para sempre, governança corporativa, diversificação, racionalidade do mercado?

Se você teve essas dúvidas, saiba que todas (e algumas mais) serão abordadas neste livro, sempre ambientadas em situações cotidianas, corriqueiras. Dificilmente você não se identificará com algumas delas.

■■■

PREFÁCIO À EDIÇÃO ATUALIZADA

Todos os episódios foram revistos, ampliados e/ou atualizados.

Quando foi necessário incluir comentários a respeito de eventos ocorridos recentemente, após a primeira edição de 2009, como o impeachment de Dilma Rousseff, o *quantitative easing*, o bitcoin, os juros baixos etc., o texto foi ampliado, para mostrar os efeitos desses eventos.

Mas as principais mudanças, e são várias, dizem respeito à atualização dos vários estudos sobre o investimento em ações, para dar conta do período iniciado em 2009 e terminado no início de 2019. Os estudos do livro têm avaliado, com essa atualização, até 24 anos de histórico de resultados em bolsa de valores.

A lista a seguir indica as principais mudanças nos episódios originais. Em alguns casos, quando o tema do episódio deixou de ser tão relevante, substituímos o texto por questões de maior interesse para o leitor/investidor.

Os episódios que não aparecem na descrição foram apenas revistos e atualizados com informações dos últimos anos, tais como a Operação Lava Jato, o impeachment, juro zero etc.

As principais atualizações desta edição estão sumarizadas a seguir (indico apenas o título do episódio e relato as modificações):

23 anos investindo na bolsa. A história de Arnaldo, uma crônica motivacional

A história publicada em 2009 apresentava a realidade de 13 anos de investimento regular na bolsa. Foi atualizada para o final do ano de 2018, completando 23 anos de investimentos.

A atualização mostra as significativas oscilações nas ações da Vale por força das turbulências dos anos de 2015 e 2016 na política e na economia brasileira.

Aposentadoria com ações? Vamos fazer as contas?

De 2009 a 2018-2019, saímos de uma realidade de renda fixa na faixa de 14% a 16% ao ano para algo como 6% a 7%, o que significou uma mudança nas expectativas de retorno, tanto para a renda fixa quanto para a renda variável.

Todos os cálculos foram refeitos para indicar as possibilidades de aposentadoria com ações a partir da nova realidade de taxas de juros.

Ao contrário do episódio da primeira edição, em que trabalhamos, por simplificação, com valores de retorno nominais, refiz as contas considerando de forma precisa os efeitos inflacionários, tanto na perda do poder aquisitivo quanto na variação dos salários.

Aposentadoria com ações? O décimo terceiro pode fazer muito mais do que você pensa

Em linha com as modificações do episódio citado anteriormente, foi atualizado para a nova realidade de taxas de juros e para refletir os efeitos da inflação no poder de compra e na elevação salarial.

Você sempre soube investir em bolsa de valores, acredite! O primeiro princípio do INI de investimento em ações

O episódio não precisa de atualização em seus números, pois é somente exemplificativo. Há apenas breves comentários sobre o fim do Instituto Nacional de Investidores (INI) e a validade permanente de seus princípios.

O que o primeiro princípio do INI poderia ter feito por você. Testando o primeiro princípio entre 1996 e 2017

Os dados foram atualizados para 22 anos de investimentos na Gerdau, Petrobras, Vale e Marcopolo, contra os 13 anos da primeira edição.

Também foi incluída uma comparação com a renda fixa no período.

Desculpem o *spoiler*, mas antecipo que o investimento regular em bolsa (nessas quatro ações ao menos) ainda venceu a polpuda renda fixa brasileira observada entre os anos de 1996 a 2011 (os juros caíram nos anos seguintes, até 6,5% em março de 2018).

E o motivo não é o crescimento expressivo das ações (ainda estavam, em dezembro de 2017, bem longe de seus recordes históricos REAIS, descontada a inflação), mas, sim, o comportamento do investidor. Os detalhes e os números finais estão na leitura adiante.

O que o segundo princípio do INI poderia ter feito por você. Testando o segundo princípio entre 1996 e 2017

O Episódio 5 traz a atualização do investimento em ações por 22 anos, mas SEM reinvestimento de dividendos. Nesse episódio é calculado o retorno para 22 anos de investimentos na Gerdau, Petrobras, Vale e Marcopolo (contra os 13 anos da primeira edição), com reinvestimento de dividendos. A diferença é significativa.

Que empresa devo comprar? O terceiro princípio do INI de investimento em ações

Este é um dos episódios mais importantes, pois estuda a correlação entre o crescimento dos lucros e o do valor de mercado das empresas.

Foi atualizado para 22 anos de informações financeiras e ampliado para incluir quase 200 empresas na análise.

O que é *dividend yield*? Dividendos em tempos de crise

Atualizado para colocar os maiores pagadores de dividendos do ano de 2017 (tomando por base a cotação inicial de 30 de dezembro de 2016).

Gestão de carteira. A importância de estabelecer metas na estratégia do investidor

Atualização da estratégia de balanceamento de carteira (renda fixa e renda variável) para o período de 24 anos (janeiro de 1995 a dezembro de 2018).

Ações ON e PN, por que diferem tanto?

Atualização com exemplos recentes de empresas que migraram para o Novo Mercado e análise do caso Petrobras (pagamento de dividendo maior para ações PN).

O verdadeiro longo prazo

Estudo sobre as rentabilidades acumuladas das ações brasileiras entre janeiro de 1995 e abril de 2018. A base de dados contou com 368 companhias que tinham cotações disponíveis em 30 de abril de 2018. Foram avaliados os resultados tanto positivos quanto negativos.

Apêndice A: Ferramentas para o investidor

O Apêndice A foi trocado. Saiu o estudo acerca do cálculo da força relativa do investidor estrangeiro no índice Bovespa e entrou um breve relato das ferramentas que este autor disponibilizou para os investidores, a maioria delas de forma gratuita e ainda disponível, nos últimos dez anos (de 2009 a 2018).

Apêndice B: Tóquio 1989 — a bolsa que não se recuperou

Atualização de um estudo sobre o índice Nikkei 225 entre 1950 e 2017. Foi possível ver que, mesmo com a bolsa do Japão ainda longe dos quase 40 mil pontos atingidos em 1989 (eram 22 mil pontos em 2017), ainda foi grande a chance de ter sido um bom investimento para o poupador disciplinado.

Apêndice E: Educação financeira para crianças e jovens. O caso do cofrinho

Considerações sobre a poupança para os filhos e os princípios de educação financeira. O que se deve levar em conta?

SUMÁRIO

PARTE V

APÊNDICES

INTRODUÇÃO

Parte I: Por que investir em ações

O Brasil é um país que tinha, ao final de 2018, pouco menos de 900 mil investidores ativos registrados na B3 (antiga BM&FBovespa). Para uma população de 207 milhões de pessoas, isso representa um espantoso 0,43%! Em países desenvolvidos, essa porcentagem ultrapassa facilmente 30%, 35% da população. Em alguns, como na Suécia, é raríssimo encontrar um cidadão adulto que não tenha ações em seu portfólio de investimentos. No Japão, aproximadamente 88% do portfólio dos fundos de pensão estão alocados em renda variável.

Se tivéssemos "massa crítica" de investidores, certamente a resposta à pergunta do subtítulo estaria respondida no inconsciente da maioria das pessoas. Mas não temos...

A primeira parte do livro tenta encaixar nossa realidade em uma experiência de médio/longo prazo de investimento em bolsa de valores.

O livro começa com uma crônica contando a experiência de um investidor hipotético de renda média ao longo dos anos pós-real. Praticamente todas as experiências relevantes que um investidor, iniciante ou experiente, deve encontrar são relatadas em uma breve "mitologia" da bolsa. Antes, Arnaldo, Alice e Bianor atravessavam 13 anos em algumas páginas, ilustrando, com dados absolutamente reais, as agruras dos *bear markets* e as benesses dos *bull markets* que o Brasil viveu durante esse período.

Essa crônica foi atualizada para abranger um período de 23 anos.

Ainda na primeira parte, ilustra-se um evento um tanto corriqueiro nos países desenvolvidos, a aposentadoria em ações. No primeiro "episódio" sobre o tema, demonstra-se com números o que seria necessário para se aposentar na bolsa de valores. No segundo, mostra-se que essa façanha não está tão longe da realidade do brasileiro médio. Está bem mais próxima do que se pode imaginar.

Parte II: Como investir em ações

Na segunda parte do livro, busca-se espantar os fantasmas e os falsos mitos que envolvem o investimento em bolsa de valores.

Sempre com dados reais, os cinco princípios básicos do investidor consciente são ilustrados: 1) investir regularmente, independentemente das condições de mercado, 2) reinvestir todos os ganhos obtidos no mercado, 3) comprar exclusivamente empresas com histórico consistente de crescimento nos lucros e nas vendas e com boas perspectivas de mantê-lo, 4) diversificar a carteira, e 5) prestigiar empresas com boa governança corporativa.

As evidências demonstradas nos "episódios" da Parte II são matematicamente trabalhadas, apesar de tratarem de dados passados. Mesmo sabendo que o futuro sempre é incerto, o importante nesta parte é transmitir a seguinte mensagem: o comportamento que se mostrou vitorioso na bolsa ao longo dos últimos 70 anos está ao alcance de qualquer investidor.

Parte III: O que é fundamental saber

E comum investidores iniciantes apresentarem questões como: "*Tenho ações da Petrobras, qual o risco de caírem até R$0,01, de virar pó?*"

Na Parte III há subsídios para que o investidor tenha condições de saber com clareza de onde vem o preço de uma ação. É preciso ser capaz de entender os principais múltiplos fundamentalistas, além de ter suas dúvidas mais importantes sanadas de forma bem simples.

Quem não acha estranho uma empresa distribuir dividendos de R$3,00 por ação e que, no dia seguinte, já abrem valendo R$3,00 a menos? O investidor perdeu, ganhou ou ficou no zero a zero? Quem entende bem isso?

De onde vêm os tais preços justos? Por que o dividendo é tão importante na formação do preço? Por que os múltiplos P/L (Preço/Lucro ou *price-to-earnings ratio*) no exterior são historicamente maiores do que no Brasil? Qual a diferença entre um desdobramento e uma bonificação?

São dúvidas corriqueiras e que, na maior parte das vezes, são respondidas de forma superficial pelos atendentes das corretoras ou pelos sites disponíveis. Os episódios da terceira parte deste livro investigam o que nunca fica claro a respeito dessas questões recorrentes.

Parte IV: O que é interessante saber

Poucos investidores sabem que com uma boa gestão de carteira pode-se evitar carregar um "estoque" de Imposto de Renda no médio prazo. Pela legislação vigente hoje (março de 2019), é muito simples agir no sentido de reduzir a carga tributária sobre um investimento em ações. O primeiro "episódio" da Parte 4 demonstra o passo a passo dessa estratégia.

Temas como as diferenças às vezes inexplicáveis entre as ações ON e PN, a matemática por trás do índice Bovespa e técnicas simples para gestão de carteira também são abordados nessa parte.

Parte V: Tópicos avançados

A contabilidade vem avançando no sentido de aproximar a visão contábil da visão financeira quando se trata de registrar o valor de uma empresa. Essas mudanças têm sido responsáveis por incrementar ainda mais a percepção desastrosa da crise que o mundo começou a experimentar em meados de 2007. Como se destroem trilhões de dólares? As baixas contábeis, por força das mudanças nos balanços, são as principais responsáveis. Derivativos, ágios, amortizações etc. nem sempre representam "prejuízo" financeiro. A Parte V trata desses assuntos, entre outros.

Apêndices

A bolsa nunca mais subirá? Pergunta muitíssimo frequente. Entra ano, sai ano, entra *bear market*, sai *bull market*, e os investidores sempre sofrem quando o mercado está "no fundo do poço". Infelizmente, há histórias de bolsas que nunca se recuperaram, e a da bolsa de Tóquio é contada em um "episódio" especial neste apêndice.

Há ainda outros tópicos interessantes, como as diferenças entre as estratégias de pessoas físicas, bancos e fundos de pensão, estudos sobre "comprar tudo de uma vez e comprar regularmente" e princípios para a formação de poupança para crianças.

Sem tecnicismo...

Tudo escrito em linguagem cotidiana, sem firulas matemáticas e técnicas. É um livro para quem nunca experimentou a bolsa de valores e também para aqueles que têm experiência, porém atropelaram alguns conceitos fundamentais, que não fazem falta na hora de operar mas que, se assimilados, modificam sobremaneira suas visões acerca da bolsa.

Ao final, a visão de que "você sempre soube investir em bolsa de valores" deverá ficar um pouco menos estranha, um pouco mais interiorizada. Não duvide.

PARTE I

POR QUE INVESTIR EM AÇÕES

Capítulos

1 Vinte e três anos investindo na bolsa. A história de Arnaldo, uma crônica motivacional

Esta crônica sobre Arnaldo foi escrita no início de 2009 e atualizada pouco depois, para o lançamento da primeira edição deste livro. Na presente edição, a escolha foi por não reescrever a crônica, apenas atualizá-la com os resultados dos anos subsequentes e com alguns comentários sobre os diferentes momentos do mercado que Arnaldo teria vivido entre 1995 e 2018.

A crônica original

São pouquíssimos os brasileiros que têm histórias prolongadas de investimentos na bolsa. Justamente por isso há tão poucas referências. É difícil encontrar uma pessoa próxima que já tenha passado por grandes turbulências no mercado e possa transmitir um pouco de sua experiência.

A crônica sobre o engenheiro Arnaldo deve suprir em parte essa lacuna de histórias e mitos que possam traduzir os benefícios de se investir na bolsa, com visão de longo prazo e disciplina. Muitos dos leitores devem se identificar com o personagem fictício, Arnaldo, recém-formado em Engenharia pela Pontifícia Universidade Católica do Rio de Janeiro. Voltando a 1995...

Contexto inicial

Arnaldo se forma no curso de Engenharia Mecânica no segundo semestre de 1995. Consegue um emprego na área de manutenção de aparelhos industriais de refrigeração, seu sonho. Arnaldo havia entrado cedo na faculdade e era um aluno mediano. Conseguiu se formar após cinco anos e meio, aos 22 anos, e estava muito feliz por ter conseguido um emprego justamente na área e na especialidade desejadas.

Seu avô, um sujeito austero e experiente investidor da bolsa, sugere, então, que Arnaldo siga o princípio mais básico para ter as finanças pessoais saudáveis: guardar entre 10% e 20% de tudo o que ganha. Como sugestão, indicou ao neto investir em ações ordinárias da Cia Vale do Rio Doce, sólida empresa brasileira que estava com grandes chances de ser privatizada.

Arnaldo, sujeito pouco ambicioso, mas obediente, resolveu seguir os conselhos de seu avô. É quando nossa história começa.[1]

1996 — A primeira compra e o primeiro susto a gente não esquece!

O salário líquido inicial de Arnaldo era de R$1.500,00, e ele decidiu, seguindo os conselhos do avô, investir um valor em torno de 20% de seus vencimentos em ações ordinárias da Cia Vale do Rio Doce — VALE (Símbolo: VALE3). Para abrir a conta na corretora enfrentou aquela burocracia tradicional, mas depois de alguns dias, tudo OK.

31/01/1996 — Decepcionante...

Recebe seu salário, R$1.500,00, e liga para seu corretor:

— Bianor, estou com R$300,00 aqui e quero comprar umas ações ordinárias da VALE.

— Arnaldinho, meu filho, seu avô avisou que você ligaria. Olhe, uma ação VALE3 custa R$245,00. Com R$300,00... só se for comprar umazinha, né. A corretagem será de 2%, OK?

— OK, pode comprar. Quanto tenho que depositar?

— R$249,90.

Arnaldo pensou muito e achou que o avô tinha indicado um investimento fora de seu alcance. Sentiu-se um pouco "pobre" por só conseguir comprar uma ação da VALE. Pensou: "E se a ação for para R$400,00, não vou conseguir comprar nem umazinha?"

A partir dessa compra, começou a se interessar um pouco mais e sempre aproveitava para dar uma olhada na *Gazeta Mercantil*, que sua empresa assinava, para ver a cotação da VALE3.

Nove dias depois, a ação havia atingido R$265,00. Arnaldo pensou: "Vovô é craque. Ele disse que o negócio era de risco, mas quase 10% em dez dias não está nada mal!"

1 Há aproximações necessárias que incorporam algumas facilidades que temos hoje em dia, mas que não existiam à época. As aproximações têm por objetivo manter a boa didática e facilitar a compreensão do leitor.

29/02/1996 — Desconfiança...

Quando liga para o corretor para comprar mais ações, acha estranho, pois o valor era de R$244,99, daí pergunta:

— Ô, Bianor, tá estranho. Mês passado era R$245,00, agora é R$244,99. Parece loja de desconto. Esse preço tá certo?

— Arnaldo, o preço é esse agora, mas daqui a pouco pode mudar. Foi coincidência isso. Posso mandar comprar mais uma?

— Manda brasa. Agora tenho duas ações da VALE.

— Vai ficar rico, garoto!

E deram boas risadas.

11/04/1996 — Um susto pelo qual todos acabam passando...

Após consultar a *Gazeta*, Arnaldo liga tenso para a corretora, pois o valor da ação indicado pelo jornal era de R$25,70. Esbaforido, pergunta:

— Caramba, Bianor! Eu sabia que era um negócio de risco, que poderia perder muito, mas não pensei que fosse tão rápido! Minhas ações caíram quase 90%. O que houve?

— Rapaz, não seja tão apressado. Não é nada disso. É que as ações eram cotadas em lote de 1.000. Na realidade, aquela ação que você tinha correspondia a mil ações. A VALE fez um grupamento de 1.000 para 1. Eu sei que parece maluquice, mas antes você tinha 1.000 ações que valiam R$0,2570 cada, mas a cotação era MOSTRADA por lote de 1.000, por isso é que você via R$257,00, entendeu?

— Não, não entendi nada. Se ela fez esse grupamento, minhas ações não deveriam continuar valendo duzentos e poucos reais? Não esqueça que sou engenheiro, número é comigo mesmo!

— Calma, ainda não acabou. Como esse valor é muito alto, a VALE fez uma bonificação de 700%, ou seja, para cada ação que você tinha, ela deu mais sete.

— Bianor, você está de brincadeira. Como é que ela me dá 700% de ganho assim?

(continua)

(continuação)

— Não é ganho nenhum. É só um ajuste no preço. Se você tinha 10 ações a R$80,00 cada, agora tem 80 ações valendo R$10,00 cada. Não ganha nem perde. É só para dar mais liquidez à ação. Viu? Agora, em vez de comprar uma ação com seus R$300,00, vai comprar 10!

— É, Bianor, não há almoço de graça. Esse negócio de bolsa é meio complicado. Espero que essas coisas não aconteçam muito...

31/05/1996 — Dividendos no início...

Arnaldo estava comprando 11 ações da VALE, que estavam cotadas a R$26,20. Mas havia algo estranho em sua conta. Ele depositava exatamente o montante necessário para comprar as ações e pagar os custos de transação, zerando seu saldo na corretora. Eis que aparece em sua conta a quantia de R$0,04 (quatro centavos). E liga de novo para Bianor.

— Bianor, está me dando dinheiro rapaz? Que quatro centavos são esses na minha conta? É um cafézinho de cortesia?

— Arnaldo, a VALE declarou um dividendo de R$0,0016 por ação. Você tinha 24 ações na época da declaração, então recebeu R$0,04. Não é bom?

— Bianor, o dividendo é isso? Tá brincando, né? É muito pouco, cara. Onde é que meu avô estava com a cabeça? Quatro centavos?! E meu avô ainda diz que vive de dividendos. Deve ser dono da VALE!

Resumindo o ano de 1996

- 13 aportes, totalizando R$3.373,20. Média mensal de R$281,15.
- 128 ações VALE3, R$12,43 de dividendos em conta (a VALE declarou dividendos no final de 1996), totalizando um patrimônio de R$3.468,43. Não foi possível reinvestir esse valor dos dividendos, pois não comprava nem uma ação sequer.
- A rentabilidade média de seu investimento ficou em 6,38% ao ano,[2] muitíssimo abaixo das taxas de juros da renda fixa brasileira no ano de 1996.

2 O método numérico para cálculo da rentabilidade da carteira é o da TIR (Taxa Interna de Retorno). Consiste em montar um fluxo de caixa de desembolsos ao longo dos anos estudados e compará-lo ao patrimônio obtido, achando-se uma taxa anual que equilibre o fluxo de caixa com esse patrimônio.

Arnaldo ligou para o avô e contou suas aflições. Disse que se tivesse colocado em renda fixa, teria um resultado muito melhor e sem qualquer transtorno. E que achava meio complicado esse negócio de bolsa e estava pensando em reconsiderar seus métodos. Reclamou dos dividendos e dos custos de transação.

O Avô lhe disse:

— Arnaldo, você tem 23 anos. Está começando sua carreira agora. Bolsa é para quem tem paciência e vontade de estudar as companhias e o mercado. Dê mais algum tempo para vermos o resultado.

1997 — Um péssimo ano para as ações da VALE

A empresa de Arnaldo estabeleceu como política de remuneração que todos os salários seriam reajustados pelo IPCA, calculado pelo IBGE. Passou a ganhar, com o aumento, R$1.643,40 líquidos. Seu aporte poderia subir.

No começo de 1997, as coisas pareciam promissoras. A VALE3 bateu R$33,00 em 4 de março. Arnaldo ficou animado. Começou a estudar um pouco sobre a empresa e a confiar no negócio e nas perspectivas com a privatização iminente. Passou a se abalar menos com as quedas, até que a VALE3 despencou a R$17,50 em 12 de novembro. Àquela altura, ele tinha investido pouco menos de R$7 mil, tendo em conta R$4.400,00. Apesar das boas perspectivas, aquele negócio de investir na bolsa parecia fadado ao fracasso. Ao menos estava conseguindo comprar uma bela quantidade de ações com seus trezentos e poucos reais. Quase 17 ações.

Em 29 de dezembro, ao ligar para o já amigo Bianor, ouve o seguinte:

— Arnaldo, você tem quase R$160,00 em dividendos parados na conta. Por que não reinveste? Compre mais ações, elas estão a preço de banana.

Pela primeira vez, Arnaldo conseguiu utilizar seus dividendos para comprar um pouco de ações, mais precisamente, seis ações.

Resumindo até o ano de 1997

- 24 aportes, totalizando R$7.225,63. Média de R$301,07.
- 283 ações VALE3, R$157,04 de dividendos reinvestidos em ações, totalizando um patrimônio de R$5.974,04.
- A rentabilidade média de seu investimento ficou negativa: -19,41% ao ano.

1998 — Muitíssimo pior que 1997. Ninguém achava possível!

Arnaldo começou mais um ano confiante em seus investimentos. Afinal, 1997 tinha sido um ano péssimo para as ações da companhia, mas os resultados eram sólidos e crescentes. O ano de 1998 não poderia decepcionar...

Já de início, teve um pequeno reajuste em seu salário, conforme política já definida da empresa. Agora recebia R$1.730,00. Não era muito ambicioso e gostava demais do seu trabalho técnico, não vislumbrava grandes promoções.

Até maio, o ano de 1998 parecia bom. Tinha investido R$8.700,00 e já estava quase no "zero a zero", pois a cotação chegou a R$26,00, e ele tinha, à época, 340 ações. Até julho, um ano fraco. Daí em diante, um desastre para as ações. De 15 de julho até 12 de setembro, as ações chegaram a cair 49%!

Desanimado, Arnaldo liga para Bianor.

— Bianor, teve algum desdobramento ou bonificação da VALE? É que as ações caíram 50% em dois meses...

— Dessa vez, filho, é queda mesmo. Se formos pensar na cotação de um ano e meio atrás, a queda é de quase 65%. Não está fácil por aqui, garoto. Tem gente furiosa. Mas a empresa está forte. Olhe os resultados. Os dividendos deverão ser ótimos em 1998. Bola pra frente. Com a ação a R$14,00, não tem espaço para cair mais!

Pois caiu! Fechou o ano em impressionantes R$11,20!

No natal de 1998, Arnaldo deu para o avô uma camisa do Vasco. O avô era fundador da Charanga Rubro-Negra e do fã-clube do Zico.

Vovô não reclamou...

Resumindo até o ano de 1998

- 36 aportes, totalizando R$11.327,09. Média de R$314,64.
- 520 ações VALE3, R$1.140,85 de dividendos reinvestidos em ações, totalizando um patrimônio de R$6.964,85.
- A rentabilidade média de seu investimento ficou negativa: -33,15% ao ano.
- O que impressionou Arnaldo foi, além das quedas vertiginosas, o volume pago de dividendos, que chegou a quase R$100,00 por mês. Era 1/3 do que ele aportava mensalmente.

1999 — Enfim algum retorno!

O ano começou com uma inacreditável recuperação das ações. Em apenas um dia, a bolsa chegou a subir 33%, e a VALE subiu quase 100% no período de um mês. Tinha chegado a impressionantes R$20,50, tendo partido de R$11,20 em 29 de dezembro de 1998.

O ano prometia... e entregou. A VALE encerrou 1999 cotada a R$42,00, quase 300% de aumento. Após três anos terríveis, Arnaldo enfim começava a acreditar que poderia dar certo.

Resumindo até o ano de 1999

- 48, totalizando R$15.504,02. Média de R$323,00.
- 736 ações VALE3, R$1.634,89 de dividendos reinvestidos em ações, totalizando um patrimônio de R$32.546,99.
- A rentabilidade média de seu investimento ficou POSITIVA em 38,94% ao ano.
- Arnaldo recebia uma média de R$140,00/mês de dividendos, e aquilo começou a deixá-lo muito interessado. Percebeu que, se continuasse investindo em empresas sólidas e boas pagadoras de dividendos, um dia poderia ter uma boa renda.
- Apesar do ano espetacular, Arnaldo já conhecia de perto o que significava um *bear market* e sabia que não deveria sair de sua política: 20% de seu salário todos os meses e muito estudo sobre a companhia.

2000 — Um gigantesco zero a zero!

Arnaldo começou o ano com um salário de R$1.912,73. Já tinha quatro anos de empresa e nenhum sinal de promoção. Mas gostava muito do que fazia, sentia-se feliz em acordar sabendo que trabalharia com dutos, compressores, retentores, parafusos etc.

Arnaldo começou a sentir necessidade de crescer no emprego, para aumentar sua renda e comprar um apartamento, um carro melhor etc. Ouviu de seu avô o seguinte:

— Neto, você tem 26 anos, seus pais são maravilhosos, não deixam faltar nada e não cobram nada de você. Aproveite esse momento raro de sua vida e cuide de seu futuro. Logo virão outras obrigações, e você não terá mais a facilidade e a disponibilidade para investir tanto quanto faz hoje.

O ano 2000 não foi lá grandes coisas. Foi um ano calmo para o país, mas tão calmo, que a emoção na bolsa foi quase zero. Arnaldo seguiu seu ritmo e continuou os aportes. Agora que tinha R$30 mil de patrimônio, aqueles R$400,00 por mês quase não faziam muita diferença, compravam muito poucas ações diante das quase 1.000 que já tinha. Porém, aportar havia se tornado um hábito para ele. Já havia incorporado aquilo às obrigações do mês. E ainda conseguia juntar um pouquinho na renda fixa para trocar de carro ou dar entrada em um apartamento. Estava bem equilibrado, pois não tinha compromissos relevantes e ainda era muito jovem.

Resumindo até o ano de 2000

- 60 aportes, totalizando R$19.941,19. Média de R$332,35.
- 871 ações VALE3, R$2.908,84 de dividendos reinvestidos em ações, totalizando um patrimônio de R$43.410,34.
- A rentabilidade média de seu investimento ficou POSITIVA em 29,78% ao ano.
- Arnaldo recebia uma média de R$240,00/mês de dividendos, o equivalente a 12% de seu salário.

2001 — Também um ano de poucas emoções para a VALE, mas de muito fluxo de caixa

Pela primeira vez, após cinco anos no emprego e aos 27 anos, Arnaldo ganhava mais de R$2 mil líquidos ao mês. Nas horas vagas, começou a fazer alguns projetos por conta própria, o que lhe rendia uma graninha extra de vez em quando. Arnaldo guardava essa grana para seu projeto de trocar de carro. Sua Brasília 1981, presente de seu pai, já estava um pouco ultrapassada. Ou ainda dar entrada em um apartamento. Sem pressa, pois sua namorada à época tinha 23 anos e estava no meio da faculdade de Medicina. Vê-la, só mesmo aos finais de semana não precedidos por provas. Era enrolada, mas era linda e pacata. Compreendia que Arnaldo, com toda aquela grana guardada, dissesse sempre: "Amor, estou sem grana. Vamos deixar o japonês para o dia 5?"

O que mais impressionou Arnaldo em 2001 foi o volume de Juros Sobre Capital Próprio (JSCP) distribuídos pela VALE: R$4,61 por ação. Como ele chegou ao final do ano com mais de 1.000 ações da VALE, recebeu uma bela grana, que o fez pensar em não reinvestir. Aqueles R$4.600,00 eram muito dinheiro, dava para inteirar até para um carrinho melhor.

Desistiu, pois o comportamento já estava enraizado nele, fazia parte de sua rotina. O dinheirinho mensal para investir tinha a mesma precedência e importância do que aquele que ia para a ajuda que dava em casa ou para o cursinho que pagava à noite. E era muito mais importante do que o dinheiro dos cineminhas com a patroa.

Ah, isso sempre gerava algumas boas brigas. E Alice ganhava todas as brigas, Arnaldo se apertava em outras contas, mas não deixava seus aportes de lado. Nem os cinemas.

Resumindo até o ano de 2001

- 72 aportes, totalizando R$24.561,67. Média de R$341,13.
- 1.017 ações VALE3, R$4.606,53 de dividendos reinvestidos em ações, totalizando um patrimônio de R$57.490,53.
- A rentabilidade média de seu investimento ficou POSITIVA em 24,82% ao ano. Essa rentabilidade anual fez Arnaldo refletir, pois o investimento em renda fixa trazia algo próximo a isso, às vezes mais. Os detratores do investimento em bolsa de valores, à época, valiam-se justamente dessa visão de que é bobagem investir em bolsa com juros tão altos. Os defensores diziam que, se escolhesse boas ações, poderia obter ganhos superiores ao do Ibovespa e ao da renda fixa.

O que fez Arnaldo se manter na bolsa foi o interesse crescente por economia e finanças, além do grande conhecimento que obteve ao estudar os dados da VALE nos últimos cinco anos. Além disso, pensava que nenhum país do mundo havia conseguido se desenvolver sem que suas empresas pudessem se capitalizar por meio do mercado de capitais. E continuou. Inseguro quanto à possibilidade de ganhar mais do que na renda fixa, mas seguro de estar fazendo a coisa certa.

Arnaldo recebia uma média de R$383,00/mês de dividendos, o equivalente a 18% de seu salário.

2002 — Um ano de grandes sustos na bolsa e na economia, mas com desempenho excelente da VALE

O ano de 2002 trouxe grandes desafios às empresas brasileiras exportadoras. Arnaldo viu o lucro da VALE despencar pela primeira vez desde que havia começado a investir na empresa. Ao contrário das outras pessoas, ele não se importava tanto com as oscilações do papel, mas, sim, com os caminhos da companhia. Arnaldo entendeu que o impacto das mudanças econômicas, cambiais principalmente, no balanço não deveria se repetir nos anos seguintes, visão que o deixou menos apreensivo com a forte queda nos lucros.

O ano de 2002 trouxe uma inovação na empresa em que Arnaldo trabalhava. Mesmo se mantendo (feliz) na posição em que entrou, Arnaldo começou a receber um extra, na forma de bônus anual. Era um funcionário excepcional, e seus superiores não queriam movê-lo para uma função de chefia. Poderia ser desastroso. Arnaldo agradeceu, pois não queria mesmo ficar mandando em seus colegas ou nos novatos.

No primeiro ano, ao final de 2002, seu bônus foi equivalente a seis salários. Pouco mais de R$12 mil. Ficou muito tentado a colocar toda essa grana na bolsa, pois 2002 havia sido um ano esplêndido para a VALE. Manteve-se quieto, colocou essa grana junto daquele dinheiro que estava juntando para dar entrada no apartamento, pois já trocara o carro por um Monza 1996. Com ar-condicionado e direção hidráulica.

Faltava apenas um ano para Alice terminar a faculdade de Medicina. O namoro estava firme, e até a menina começou a colocar uma graninha em ações, dado o exemplo até então bem-sucedido do namorado.

Isso deixou o namoro um pouco mais interessante, pois Alice não se cansava de perguntar:

— Arnaldo, por que você não vende na alta e compra na baixa? Vai ganhar muito mais!

Arnaldo respondia:

— Não faço porque não sei fazer, só sei reparar ar-condicionado. Nisso eu sou bom. Estou ganhando até um extra da empresa!

Resumindo até o ano de 2002

- 84 aportes, totalizando R$29.466,59. Média de R$350,79.
- 1.168 ações VALE3, R$3.151,22 de dividendos reinvestidos em ações, totalizando um patrimônio de R$123.338,42.
- A rentabilidade média de seu investimento ficou POSITIVA em 38,11% ao ano.

- Os dividendos decepcionaram um pouco, mas Arnaldo entendia que não é possível manter o mesmo nível de dividendos com a enorme queda nos lucros, mesmo que por eventos não recorrentes.
- O ano de 2002 trouxe uma grande alegria para Arnaldo. Em outubro de 2002, pela primeira vez ele atingiu R$100 mil de patrimônio em ações. Chegou mesmo a pensar em retirar uma parte e juntar com os outros R$30 mil que tinha investido na renda fixa. Mas se manteve firme às instruções de seu avô, pouco e sempre, até chegar a hora de colher. Arnaldo também tinha um desafio pessoal, que era elevar os dividendos ao mesmo patamar de seu salário. Sabia que demoraria bastante, mas não esmoreceria.

2003 — Grande retomada da bolsa. Desempenho operacional excelente da VALE, das ações um pouco menos, mas também muito bom

Ao final de 2003, Arnaldo já estava sentindo falta daquelas bonificações do começo de seu caminho como investidor de longo prazo. A VALE3 fechou o ano cotada a R$169,50. O aporte mensal só dava para comprar duas míseras ações. Cedo ou tarde, pensava ele, a VALE teria que bonificar: "Está muito caro comprar um lote de 100. Se continuar subindo o aporte, não vai dar nem para ação!"

Pela primeira vez, entendeu o motivo das bonificações e dos desdobramentos.

O lucro da VALE mais do que dobrou em 2003. Os resultados foram percebidos na cotação da ação e nos dividendos, que voltaram a crescer e retomaram o caminho que ele havia planejado, de um dia equivaler ao salário anual de Arnaldo.

Nesse ano, a VALE pagou dividendos três vezes (na verdade, são JSCP). Em abril, pagou R$1,62/ação; em agosto, R$1,94/ação; e em outubro, R$1,48/ação.

Resumindo até o ano de 2003

- 96 aportes, totalizando R$34.527,87. Média de R$359,67.
- 1.247 ações VALE3, R$6.320,72 de dividendos reinvestidos em ações, totalizando um patrimônio de R$217.687,22.
- A rentabilidade média de seu investimento ficou POSITIVA em 43,46% ao ano.
- Os dividendos representaram R$530/mês, quase 25% de seu salário.

2004 — Mais um ano excepcional para a VALE e para a bolsa

No início de 2004, Arnaldo continuava em sua função na empresa. O ano foi ótimo para ela também, que conseguiu dar a Arnaldo um bônus de 12 salários, quase R$30 mil. Arnaldo já tinha o suficiente em renda fixa para comprar um apartamento (bem) modesto na Zona Sul ou algo mais confortável na Zona Oeste ou Zona Norte do Rio de Janeiro. Completando 30 anos e com Alice formada e fazendo residência no Miguel Couto, não tardaram a começar aquelas conversas sobre compromisso mais sério.

A situação estava relativamente confortável para os dois. O país parecia bem, e Alice, aos 26 anos, estava progredindo na residência e fazendo excelentes contatos.

A VALE atendeu aos anseios de Arnaldo. Após atingir R$170,00, fez um desdobramento de um para um em 18 de agosto, fazendo com que as ações caíssem à metade do valor e dobrassem em quantidade.

Resumindo até o ano de 2004

- 108 aportes, totalizando R$40.586,36. Média de R$375,80.
- 3.967 ações VALE3 (por conta do desdobramento), R$7.728,16 de dividendos reinvestidos em ações, totalizando um patrimônio de R$307.236,65.
- A rentabilidade média de seu investimento ficou POSITIVA em 41,80% ao ano.
- Os dividendos representaram R$644/mês, quase 26% de seu salário.
- Na visão de Arnaldo, os resultados atingidos estão muitíssimo acima de suas expectativas. Ligou para agradecer ao avô, que lhe disse:

  — Hoje não posso falar muito, pois estou com sua avó em Cancún. Ficaremos até a próxima semana, mas quero lhe dar os parabéns, meu neto. Você viu seu patrimônio secar por três anos, mas seguiu a cartilha corretamente, e hoje, além de conhecer a empresa em que investe muitíssimo bem, ainda segue rigorosamente a regra do bem-estar financeiro. Juntar sempre, no tempo de semear. Agora, ao colher, faça-o sem histeria, sem extravagâncias e sem deslumbramento. Dinheiro não leva desaforo. O barco está chegando...

2005 — O ano em que Arnaldo se questiona sobre aqueles rendimentos altíssimos

Arnaldo já quase não se lembrava dos péssimos três anos iniciais de sua trajetória. Já não falava com Bianor havia um tempo, pois usava o *home broker* para fazer suas compras mensais. Resolveu ligar para conversar com o amigo. Ao atendê-lo ao telefone, Bianor exclama:

— Tá com dinheiro, hein, garoto! Não disse?

Arnaldo revelou a Bianor que ficava um pouco preocupado com essa rentabilidade enorme. Se continuasse assim, seria milionário em cinco anos. Bianor alertou:

— Seu avô te ensinou a ter disciplina e a ser estudioso. Ele também opera na corretora, e conversamos sobre você com frequência. Mas devo acrescentar algo. É necessário ter uma meta precisa para seus investimentos. Defina o percentual que deseja entre renda fixa e variável. Por exemplo, 50% em fixa, 50% em variável, e mantenha esse patamar durante as grandes viradas da bolsa. Você ainda é jovem, pode se arriscar mais um pouco. Mas defina o que quer ter. Não acredite que a bolsa vá subir para sempre.

Arnaldo estava entusiasmado com duas ideias: uma era fazer os dividendos atingirem o patamar de seu salário anual, outra era atingir um patrimônio de R$1 milhão em ações. Não se preocupou muito com o que disse Bianor, pois tinha uma boa reserva em renda fixa. Mas resolveu se testar e impôs: se chegasse a R$1 milhão em renda variável, retiraria 50% e colocaria na renda fixa.

Alice estava empolgadíssima com o *Home Broker*. Já tinha R$20 mil em ações, que usava para fazer *trades* constantes. Comprava e vendia bastante. Ligava para Arnaldo e dizia:

— Ganhei 20% em 15 dias. Arnaldo! Levanta dessa cadeira, homem!

Arnaldo, como sempre, desconversava e dizia que não nasceu para grandes emoções.

Ao final de 2005, ele com 31 e ela com 27, ficaram noivos e deixaram a data do casório em aberto. Alice terminara a residência, mas ainda não havia conseguido algo estável. Arnaldo estava cada vez melhor e mais feliz na empresa onde trabalhava, mesmo sem promoções, ganhando R$2.880,97 e sendo o melhor funcionário da empresa, que compensava com bônus interessantes.

Resumindo até o ano de 2005

- 120 aportes, totalizando R$47.306,15. Média de R$394,22.
- 4.143 ações VALE3, R$11.098,60 de dividendos reinvestidos em ações, totalizando um patrimônio de R$406.755,10.
- A rentabilidade média de seu investimento ficou POSITIVA em 39,19% ao ano.
- Os dividendos representaram R$924/mês, quase 33% de seu salário.
- Arnaldo comemorou com o avô os dez anos de investimento. Comprou um JW Red Label para o velho. O Avô, claro, reclamou:

— Arnaldinho, eu merecia no mínimo um Black!

2006 — Mais um ano excelente. Mais um desdobramento

A data foi marcada para 12 de março de 2007, na igreja da Urca. Arnaldo comprou um apartamento no final de 2005, e já estavam morando juntos, ao menos nos finais de semana, para, digamos, um *test drive* da vida de casado.

Alice mostrou para Arnaldo as operações que havia feito no *home broker*. Sempre com algum ganho, mas com custos um pouco elevados. Alice conseguiu transformar os R$20 mil em R$26 mil, o que não era mal: 30% no ano.

Arnaldo nunca havia entrado em detalhes sobre seus investimentos. Mas, com o casamento marcado, os finais de semana sob o mesmo teto e a insistência da moça em fazê-lo "treidar" (comprar e vender no curto prazo), resolveu mostrar sua conta na corretora para ela.

Isso foi, precisamente, no dia 31 de janeiro de 2006. Ela viu e gritou:

— Quatrocentos e oitenta mil reais! Arnaldo, você é rico! Quanto você colocou para chegar a esse valor?

Calmamente ele respondeu:

— Todos os meses eu coloco 20% do meu salário líquido na bolsa. Dá uns trezentos e poucos por mês.

Alice reagiu exatamente assim:

— Arnaldo, não treida. Não treida!

Resumindo até o ano de 2006

- 132 aportes, totalizando R$54.337,15. Média de R$411,65.
- 8.622 ações VALE3, R$9.869,33 de dividendos reinvestidos em ações, totalizando um patrimônio de R$559.090,73.
- A rentabilidade média de seu investimento ficou POSITIVA em 38,15% ao ano.
- Os dividendos representaram R$822/mês, quase 28% de seu salário.

2007 — O ano que parecia bom demais para ser verdade

Bom demais não só pela bolsa, mas pelo casamento e o bom momento que os dois estavam vivendo. Arnaldo ficou interessado em fazer outra faculdade; agora, de Economia, pois havia se interessado demais pelo estudo das variáveis econômicas, da gestão das empresas etc. Pediu, tão logo chegou de lua de mel, uma renegociação em seu horário na empresa, caso contrário, pediria para ser demitido. Afinal, Arnaldo, além de investir na VALE na pessoa física, também colocou tudo o que podia de seu FGTS nos fundos da VALE e da Petrobras. Havia uma boa grana lá também.

Seu patrão concordou em flexibilizar a carga horária, dar-lhe a sexta-feira livre a partir de meio-dia e manter o pagamento integral, porém cancelou a política de bônus. Esse rearranjo permitiu que Arnaldo se matriculasse na UERJ para estudar Economia, já para o segundo semestre de 2007.

Foi um ano tão excepcional para a bolsa e para a VALE, que nem parecia ser verdadeiro.

O valor que Arnaldo tinha em ações começou a assustá-lo. Em setembro de 2007, chegou a R$1,1 milhão.

Cogitou a hipótese de cumprir a promessa que fez a si mesmo e vender 50% para colocar em renda fixa. Mas sua vontade de ver se era possível se aposentar com dividendos foi mais forte do que o conselho do amigo Bianor. Pensava também que seu ganho na bolsa fora tão expressivo, que uma queda de 20%, 30% não lhe traria grandes emoções.

Resumindo até o ano de 2007

- 144 aportes, totalizando R$62.187,34. Média de R$431,86.
- 17.671 ações VALE3, R$13.098,56 de dividendos reinvestidos em ações, totalizando um patrimônio de R$1.061.165,57. Houve mais um desdobramento de um para um, assim como em 2006.
- A rentabilidade média de seu investimento ficou POSITIVA em 43,17% ao ano.
- Os dividendos representaram R$1.091/mês, quase 35% de seu salário de R$3.152,58.

2008 — O ano da grande virada. Para baixo

O ano começou péssimo. O patrimônio chegou a cair R$250 mil em poucas semanas, e as pressões em casa para retirar a grana começaram a ficar mais fortes.

Havia uma grande incerteza acerca de alguns aspectos da economia. Arnaldo entendia um pouco melhor os termos, pois estava no segundo período de Economia e estudava bastante.

Arnaldo pensou muito sobre sua vida. Um assalariado, sem nenhum crescimento no emprego nos últimos 13 anos, apenas reposições da inflação, havia conseguido se tornar um milionário. Seus esforços se resumiram a acompanhar de perto os resultados da companhia e a aportar regularmente 20% de seu salário. Não aportou outras rendas.

Sua estrutura de vida continuava modesta. Alice ganhava o suficiente para ter uma vida de muito bom nível, não passava qualquer privação e ainda conseguia ajudar em casa. Arnaldo continuava com o mesmo sistema de vida, exceto pelo Monza 1996, que já havia se tornado um Palio Weekend 2006.

A resposta em relação ao restaurante japonês ainda era a mesma:

— Tô duro, vamos deixar para o dia 5.

Só que a réplica de Alice agora era:

— Deixe que eu pago.

Seu apartamento era modesto, mas bem localizado e próprio. Não tinham filhos, e seus planos para os próximos cinco anos era manter a situação como estava.

Arnaldo recordou-se dos três primeiros anos de seu investimento. Lembrou-se de que chegou a perder quase 50% do patrimônio e também que suas ações chegaram a cair mais de 65%. À época, com investimentos de R$12 mil, não era tão assustador, mas agora... Pensou também que, se tivesse saído naquela época, talvez não tivesse nem 1/3 do que tinha.

Não tirou nada naquele janeiro fatídico de 2008. Manteve a grana aplicada em ações da VALE3.

Pois que a bolsa, após uma mínima em meados de janeiro, quando o patrimônio chegou a cair a R$800 mil, uma perda próxima a R$300 mil, retomou seu movimento de alta e devolveu o milhão a Arnaldo já em fevereiro. Em abril e maio, manteve seu patrimônio em torno de R$1,2 milhão.

Pausa na história!

Todos sabem o que aconteceu depois de maio de 2008. O mundo enfrentou a pior recessão desde o pós-guerra, e as bolsas mundiais sofreram quedas inéditas, rivalizando com o início dos anos 1930 nos EUA e com os choques do petróleo na década de 1970.

O futuro, entretanto, será sempre uma incógnita para os investimentos de Arnaldo, de João, de Ivone. É possível que os anos seguintes repitam os anos de 1997 e 1998, que, como visto, foram tão ruins ou até piores para a VALE quanto 2008.

A história tenta ser leve para mostrar as situações pelas quais passa um investidor de longo prazo. Daqueles que começam ganhando R$0,04 de dividendos e dão uma larga risada, pensando: "Poxa, que merreca!"

Daqueles que enfrentam três anos péssimos e dois anos de estagnação logo de cara. Infelizmente, há poucos no Brasil. São poucos exemplos.

Quem conhece alguém que encarou três anos de *bear market* e dois de estagnação? Essa pergunta, em uma sala brasileira com 100 pessoas, traria, sem dúvida, ZERO respostas positivas. Já nos EUA ou na Escandinávia, esse número seria superior a 30, e em alguns países, superior a 60.

É evidente que o maior pecado de Arnaldo, dada sua característica conservadora, foi não diversificar com outras ações. Mas seria uma crônica com 400 páginas se Arnaldo tivesse 15 ações na carteira. O motivo de pegar a VALE é puramente didático. É uma empresa que todos conhecem, mas poucos se lembram de como foi complicado investir nela no final dos anos 1990.

Além disso, tem comportamento regular de pagamento de dividendos e de eventos societários, tais como bonificações e desdobramentos.

O banco Bradesco também foi estudado, mas as dificuldades envolvidas na pesquisa são maiores, pois além de ter feito inúmeras subscrições no período, paga dividendos mensais. Para os curiosos, nessa mesma época, maio de 2008, o Bradesco teria dado a Arnaldo R$600 mil, metade do que a VALE estava dando. Ainda assim, uma rentabilidade superior a 33% ao ano.

Arnaldo teria sido bem-sucedido se tivesse direcionado esses investimentos a um elevado número de empresas brasileiras. Não teriam faltado opções para diversificar.

Em algumas, como a Gerdau, o resultado seria tão absurdamente alto, que não atingiria os propósitos didáticos desse texto. Ficaria parecendo mais milagre do que política de investimentos.

Várias empresas, umas mais e outras menos, teriam apresentado grandes resultados para o hipotético investidor. Petrobras, Itaú, Usiminas, CSN, Randon, WEG, Marcopolo e até companhias que tiverem perdas com derivativos em 2008, como a Sadia, teriam dado grandes resultados a Arnaldo.

Calma! O leitor não será abandonado se perguntando: "E aí, o que Arnaldo fez?"

Voltando à história...

Apesar de todos terem torcido para que ele tivesse vendido tudo em maio, mais precisamente em 16 de maio de 2008, e comprado tudo em dólar, Arnaldo não fez nada disso. Manteve suas ações. A perda foi grande, muito grande.

Resumindo até 06/01/2009

- 156 aportes, totalizando R$69.966,85. Média de R$448,51.
- 18.808 ações VALE3, R$19.702,54 de dividendos reinvestidos em ações, totalizando um patrimônio de R$621.604,40. Quase R$600 mil a menos do que o topo.
- A rentabilidade média de seu investimento ficou POSITIVA em 32,53% ao ano. Muitíssimo melhor do que as opções de renda fixa.
- Os dividendos representaram R$1.641/mês, quase 52% de seu salário de R$3.284,67.

Disciplina nos investimentos. Foco nos princípios do investidor consciente

Arnaldo investiu todos os meses, reinvestiu todos os dividendos e comprou uma empresa com forte crescimento nas vendas e nos lucros. São ensinamentos universais para investimento em bolsa de valores. Têm funcionado em mais de duas dezenas de países, com milhões de investidores e por mais de sete décadas.

Vale a pena sempre lembrar que em renda variável nada é 100% seguro. Até estratégias vencedoras há décadas podem apresentar alguma necessidade de ajuste. Entretanto, dificilmente estratégias perdedoras há décadas acabarão por se tornar vencedoras.

Em bolsa, é melhor não inventar muito...

Atualização para os anos de 2009 a 2018

Após essa queda de 50% no patrimônio, o que teria acontecido com os investimentos de Arnaldo até 2018?

O histórico brasileiro foi bastante conturbado nos anos seguintes à história de Arnaldo.

O Brasil prosperou entre os anos de 2010 a 2013 à base de farto crédito subsidiado e elevação significativa do endividamento público (em relação ao PIB).

Entre os anos de 2014 e 2015, com a indefinição a respeito do impeachment da presidente Dilma Rousseff, a bolsa brasileira mergulhou severamente, levando o investimento de Arnaldo a queda ainda mais expressiva (a VALE3 caiu cerca de 70%).

A VALE enfrentou dois desastres: o rompimento de barragens de rejeitos em Mariana (2015) e Brumadinho (2019, com mais de 250 mortos), afetando tanto a imagem da companhia quanto seus balanços.

O Brasil do ano de 2019 é um país em compasso de espera para severos ajustes fiscais, que podem ou não ser implementados pelo novo presidente.

Vejamos os resultados para cada ano:

Resumindo até o ano de 2009

- 178 aportes, totalizando R$78.270,65. Média de R$465,90.
- 19.411 ações VALE3, R$19.202,54 de dividendos reinvestidos em ações, totalizando um patrimônio de R$960.916,07.
- A rentabilidade média de seu investimento ficou POSITIVA em 35,6% ao ano.
- Os dividendos representaram R$1.598/mês, quase 47% de seu salário de R$3.478,54.

Resumindo até o ano de 2010

- 180 aportes, totalizando R$86.778,17. Média de R$482,10.
- 19.917 ações VALE3, R$19.017,47 de dividendos reinvestidos em ações, totalizando um patrimônio de R$1.102.109,65.

- A rentabilidade média de seu investimento ficou POSITIVA em 33,48% ao ano. Muitíssimo melhor do que todas as opções de renda fixa.
- Os dividendos representaram R$1.585/mês, 44% de seu salário de R$3.628,54.

Resumindo até o ano de 2011

- 192 aportes, totalizando R$98.020,57. Média de R$510,52.
- 20.611 ações VALE3, R$57.786,54 de dividendos reinvestidos em ações, totalizando um patrimônio de R$852.596,28.
- A rentabilidade média de seu investimento ficou POSITIVA em 27,26% ao ano.
- Os dividendos representaram R$4.815/mês, 102% de seu salário de R$4.717,10.

Resumindo até o ano de 2012

- 204 aportes, totalizando R$110.080,83. Média de R$539,61.
- 23.075 ações VALE3, R$49.297,95 de dividendos reinvestidos em ações, totalizando um patrimônio de R$975.670,03.
- A rentabilidade média de seu investimento ficou POSITIVA em 26,07% ao ano.
- Os dividendos representaram R$4.108/mês, 82% de seu salário de R$ 5.023,86.

Resumindo até o ano de 2013

- 216 aportes, totalizando R$122.861,90. Média de R$568,81.
- 24.617 ações VALE3, R$42.057,47 de dividendos reinvestidos em ações, totalizando um patrimônio de R$879.114,59.
- A rentabilidade média de seu investimento ficou POSITIVA em 22,62% ao ano.
- Os dividendos representaram R$3.504/mês, 66% de seu salário de R$5.317,18.

Resumindo até o ano de 2014

- 228 aportes, totalizando R$136.485,26. Média de R$598,62.
- 27.231 VALE3, R$46.902,39 de dividendos reinvestidos em ações, totalizando um patrimônio de R$596.644,68.
- A rentabilidade média de seu investimento ficou POSITIVA em 16,80% ao ano.
- Os dividendos representaram R$3.908/mês, 69% de seu salário de R$5.631,47.

Resumindo até o ano de 2015

- 240 aportes, totalizando R$151.024,02. Média de R$629,27.
- 30.105 ações VALE3, R$26.805,91 de dividendos reinvestidos em ações, totalizando um patrimônio de R$392.270,98.
- A rentabilidade média de seu investimento ficou POSITIVA em 11,01% ao ano.
- Os dividendos representaram R$2.233/mês, 37% de seu salário de R$5.992,31.

Resumindo até o ano de 2016

- 252 aportes, totalizando R$167.189,89. Média de R$663,37.
- 31.259 ações VALE3, R$5.091,31 de dividendos reinvestidos em ações, totalizando um patrimônio de R$802.760,94.
- A rentabilidade média de seu investimento ficou POSITIVA em 16,30% ao ano.
- Os dividendos representaram R$424/mês, 6% de seu salário de R$ 6.631,90.

Resumindo até o ano de 2017

- 264 aportes, totalizando R$184.282,91. Média de R$698,04.
- 32.825 ações VALE3, R$41.774,48 de dividendos reinvestidos em ações, totalizando um patrimônio de R$1.321.599,62.
- A rentabilidade média de seu investimento ficou POSITIVA em 19,01% ao ano.
- Os dividendos representaram R$3.481/mês, 49% de seu salário de R$7.048,92

Resumindo até o ano de 2018

- 276 aportes, totalizando R$202.315,55. Média de R$733,03.
- 34.136 ações VALE3, R$48.475,49 de dividendos reinvestidos em ações, totalizando um patrimônio de R$1.740.980,09.
- A rentabilidade média de seu investimento ficou POSITIVA em 21,14% ao ano.
- Os dividendos representaram R$4.072,96/mês, 54% de seu salário de R$7.492,17

Comparações com a renda fixa no período

Os resultados de Arnaldo continuaram bons, exceto pelo fatídico ano de 2015, em que a bolsa mergulhou exclusivamente por fatores internos, ou seja, ao contrário de 2008, não houve turbulência externa.

Mas é preciso comparar esses resultados com a renda fixa do período, isso porque o Brasil foi o paraíso do rentismo nesses anos passados. Nas palavras de Delfim Netto, "o último peru com farofa dos especuladores internacionais".

A comparação é simples, simulamos os mesmos aportes em um fundo que paga Selic líquida de IR (não foi retirado o IR do investimento em bolsa, pois é possível vender com isenção ou gerir a carteira a custo baixíssimo para zerar o estoque de imposto, como será visto em Episódio posterior).

O investimento em ações, em empresas com resultados sólidos e pagamento regular de dividendos, leva vantagem exatamente pelo reinvestimento desses dividendos. Na renda fixa há rentabilidade mensal (elevada até meados de 2017), mas não há dividendo a reinvestir, apenas os próprios rendimentos (juros compostos).

Dollar cost averaging x lump sum investing

As comparações comuns entre bolsa e renda fixa, aquelas que mostram a renda fixa quase sempre vencendo da bolsa, estão erradas. A metodologia é falha, pois se baseia na comparação entre investimentos únicos (*lump sum investing*).

Isso é francamente desfavorável para o investimento em bolsa, pois os resultados dependerão, de forma praticamente aleatória, do momento como se entrou na bolsa.

Já a renda fixa não tem esse problema, pois sempre cresce. Comparar bolsa e renda fixa com base no *lump sum investing* é loteria. Investir R$1 milhão em renda fixa de uma só vez é comum e não apresenta risco de "momento". Por sua vez, investir esse mesmo valor em renda variável é incomum e traz riscos elevadíssimos.

A forma correta de comparar é pelo método do *dollar cost averaging*, que nada mais é do que fazer aportes regulares ao longo dos meses. Investir tudo de uma vez em renda fixa é uma atitude conservadora, e investir tudo de uma vez em bolsa é uma atitude altamente agressiva. Investir pouco e regularmente ao longo dos meses é uma atitude conservadora tanto para a renda fixa quanto para a renda variável.

Essa é a comparação correta. *Lump sum investing* em bolsa é cassino. Deve-se comparar investimento com investimento, não investimento com especulação.

Na abordagem do *dollar cost averaging* (investimento regular), o investidor não precisa "acertar o momento". Portanto, compra caro e barato, mas como investe o mesmo valor, se a ação cai, ele compra mais, melhorando a média.

O resultado é evidentemente melhor para o investimento em renda variável (VALE) no exemplo de Arnaldo. A rentabilidade média líquida da renda fixa foi de 11,68% ao ano.

Em 276 meses, a renda fixa teria patrimônio acumulado superior ao da renda variável em apenas 52 meses, sendo que 46 deles nos primeiros 5 anos. Depois a renda variável levou ampla vantagem.

Veja a seguir no gráfico:

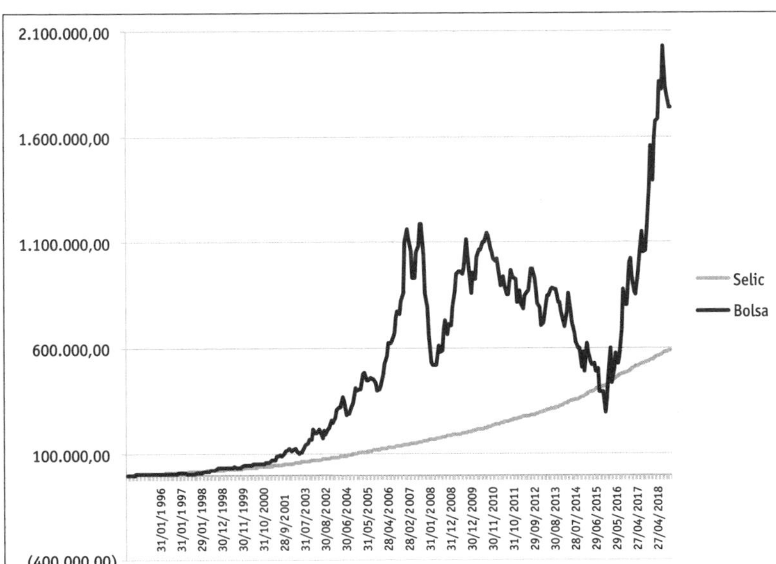

2

Aposentadoria com ações? Vamos fazer as contas?

Pergunta-se em uma sala de aula brasileira: "Quem conhece algum investidor que se aposentou com ações na bolsa?".

Com quase toda certeza, ninguém levantará a mão.

Pois é, há poucas, pouquíssimas pessoas nessa situação confortável de não precisar mais trabalhar porque sua renda proveniente de ações é suficiente para cobrir suas despesas e necessidades de subsistência.

Mas, ao contrário do que o senso comum do brasileiro indica, não é tão inatingível assim se aposentar com suas ações na bolsa. E ainda pode trazer boas vantagens em relação à aposentadoria pública tradicional, ou até mesmo em relação à previdência privada.

A inflação e os juros altos atrapalharam muito

A inflação recorrente que se verificava no Brasil pré-real corroeu não só o poder de compra dos brasileiros, mas a motivação para poupar. Os "excluídos" do sistema bancário só tinham uma alternativa: gastar tudo hoje, pois amanhã valeria menos.

E mesmo aqueles que tinham conta com "remuneração" automática nunca conseguiam saber ao certo se essa estratégia lhe renderia o suficiente para proteger seu capital da inflação e, muito menos, qual seria a rentabilidade real desse investimento.

Uma época muito difícil para o país

Após a introdução do real, o Brasil entrou em uma fase de inflação baixa e juros altos, permitindo às vezes que os juros reais ultrapassassem impressionantes 22% ao ano, um valor tão absurdo que R$1,00 por dia, aplicado ao longo de 66 anos, daria algo próximo a R$1 bilhão!

Além de essas taxas de juros dificultarem imensamente o financiamento dos investimentos produtivos, ainda serviu para que os brasileiros se acostumassem a ganhar 1,5%, às vezes 2% ao mês, sem qualquer esforço ou estratégia de investimentos.

Nem é preciso dizer como isso afastou os investidores da bolsa de valores durante os anos iniciais da estabilidade econômica. De 2005 a 2008, essa realidade de juros mudou um pouco. Ainda eram altos, mas já foi possível encontrar empresas que remunerassem o acionista, por meio de dividendos, em taxas superiores às encontradas na renda fixa.

Os anos de juros baixos

No primeiro governo da presidente Dilma Rousseff, os juros atingiram 7,25%, o que serviu de combustível para uma explosão de investimentos em renda variável e ativos reais (imóveis). Foi necessário até mexer no rendimento da poupança, pois como incide Imposto de Renda sobre os fundos de renda fixa, a remuneração da poupança (isenta de IR) poderia ultrapassar com folga o rendimento dos fundos.

A regra, ainda vigente em 2019, atrelava a poupança à Selic (70% da taxa).

A redução da taxa de juros teve início em meados de 2011 e se estendeu até o início de 2013. Como a inflação permanecia alta e as contas do governo começavam a se desequilibrar, não foi possível manter essa taxa por muito tempo. Mas foi o suficiente para impulsionar pequenas bolhas de consumo e de ativos, como no mercado de automóveis e de imóveis.

Após o impeachment da presidente Dilma Rousseff, o Banco Central retomou a queda nas taxas de juros, que no início de 2018 atingiu 6,5%, a menor taxa nominal da série histórica.

A realidade de inflação em 2017, 2018 e início de 2019 era bem diferente, em alguns momentos abaixo até do piso de meta (3%), mas a deterioração ainda crescente das contas públicas não permite contar com que os patamares de juros no Brasil permaneçam baixos no longo prazo.

De qualquer forma, o que restou ao investidor brasileiro, dentro de um possível horizonte de renda fixa muito ruim (em fevereiro de 2019 a rentabilidade de um excelente fundo DI não passou de 0,38%, uma CPMF, já descontados os impostos e as taxas), foi voltar os olhos para ativos reais e renda variável, e até as inefáveis moedas virtuais entraram no portfólio.

Talvez, se for possível o ajuste das contas públicas, o horizonte pós-eleição de 2018 traga um país mais empreendedor, menos rentista e mais racional, economicamente falando.

De qualquer forma, qualquer futuro virtuoso para nossa economia exigirá do investidor, mesmo inexperiente, que assuma risco em renda variável e ativos reais, isso porque uma realidade de juros baixos atrasa demais a acumulação de patrimônio para a aposentadoria se o investidor ficar apenas na renda fixa.

Se o Brasil der certo, os brasileiros precisarão aprender a investir em ativos de risco.

As duas maneiras de se aposentar com ações

A experiência em países desenvolvidos mostra que há, basicamente, duas maneiras de se aposentar com ações.

Uma em que o investidor não precisa vender suas ações, pois a remuneração com dividendos já se faz suficiente, e a outra em que ele precisará reduzir seu patrimônio para fazer frente às necessidades de caixa do dia a dia.

Primeiro modelo: aposentando-se com base nos dividendos pagos

Os dividendos representam a parte dos lucros que as companhias abertas distribuem. Quando a VALE, por exemplo, apura um lucro de R$4,00 por ação, pode reter R$2,00 e distribuir R$2,00 (ou qualquer outra divisão, desde que de acordo com a lei e com o estatuto da empresa).

O retorno com dividendos dependerá do valor da ação. Se a ação estiver sendo negociada a R$40,00, então os R$2,00 recebidos representarão 5% de retorno com dividendos.

No passado, esse retorno, mesmo situando-se entre 3% e 8%, era considerado baixo em relação à remuneração da renda fixa no Brasil (mais de 14% brutos ao ano durante quase todo o período pós-real), porém essa realidade mudou significativamente com a forte redução de juros observada em 2012-2013 e em 2017-2019. A continuar deprimida a renda fixa, os retornos com dividendos tendem a ficar mais interessantes.

As premissas são:

- Ganho de capital nominal[3] médio: 15% ao ano
- *Dividend yield* médio: 4% ao ano (reinvestidos)
- Investimento mensal de R$550,00
- Inflação de 3% ao ano

---

3 Quinze por cento nominais era a meta de retorno dos investidores ligados à *Better Investing*. Considerando o reinvestimento dos dividendos, é uma meta, na bolsa, plausível no longo prazo.

O valor de R$550,00 é próximo ao teto do desconto mensal para o INSS, para o ano de 2018, que um trabalhador com carteira assinada observa em seu contracheque.

A tabela a seguir indica os "salários mensais" derivados dos dividendos que o investidor hipotético teria caso investisse R$550,00 por mês ao longo dos anos.

Supondo que os R$550,00 representem 10% da remuneração mensal do investidor, ele teria um valor semelhante ao seu salário líquido de R$4.950,00 (R$5.500,00 – R$550,00), por meio dos dividendos, entre o 29º e o 30º ano.

Caso os aportes representassem 20% de seus ganhos mensais, significando que seu salário líquido seria de R$2.200,00 (R$2.750,00 – R$550,00), sua "aposentadoria" viria entre o 22º e o 23º ano.

Caso ele tenha paciência e disponibilidade para passar 35 anos aportando, o mesmo prazo de contribuição estipulado pela lei brasileira (para homens), contaria com uma bela remuneração mensal, por meio de dividendos, de R$9.486,26.

Anos	Complemento	Patrimônio
1	R$23,86	R$7.156,71
2	R$50,49	R$15.147,21
3	R$80,23	R$24.068,64
4	R$113,43	R$34.029,46
5	R$150,50	R$45.150,76
6	R$191,89	R$57.567,75
7	R$238,10	R$71.431,38
8	R$289,70	R$86.910,19
9	R$347,31	R$104.192,36
10	R$411,63	R$123.487,98
11	R$483,44	R$145.031,63
12	R$563,62	R$169.085,23
13	R$653,14	R$195.941,19
14	R$753,09	R$225.926,00
15	R$864,68	R$259.404,18
16	R$989,28	R$296.782,73
17	R$1.128,39	R$338.516,07
18	R$1.283,71	R$385.111,54

Anos	Complemento	Patrimônio
19	R$1.457,12	R$437.135,61
20	R$1.650,74	R$495.220,74
21	R$1.866,91	R$560.073,07
22	R$2.108,27	R$632.481,01
23	R$2.377,75	R$713.324,82
24	R$2.678,62	R$803.587,33
25	R$3.014,55	R$904.365,86
26	R$3.389,62	R$1.016.885,59
27	R$3.808,38	R$1.142.514,40
28	R$4.275,93	R$1.282.779,58
29	R$4.797,95	R$1.439.386,34
30	R$5.380,80	R$1.614.238,54
31	R$6.031,54	R$1.809.461,87
32	R$6.758,10	R$2.027.429,67
33	R$7.569,31	R$2.270.791,78
34	R$8.475,02	R$2.542.506,75
35	R$9.486,26	R$2.845.877,84

Pode-se, ainda, pensar no investimento como um complemento à aposentadoria. Dessa forma, a partir do 16º ano, o investidor poderia contar, em média, com R$1.000,00 de complemento à sua aposentadoria ou ao seu salário.

> *Vale ressaltar que todos os valores da planilha estão descontando a inflação projetada, portanto, são valores de hoje.*

A vantagem de se aposentar com base nos dividendos é que, caso os lucros das empresas cresçam, os dividendos também deverão crescer, pois são derivados dos primeiros.

Outra opção para o investidor é, no momento em que desejar se aposentar, modificar sua carteira de ações, retirando empresas com bom potencial de crescimento, que normalmente pagam poucos dividendos (pois reinvestem muito dos lucros), por empresas maduras e com pouca dependência do ambiente econômico, que em geral pagam dividendos maiores.

Dessa forma, a remuneração poderia dar um salto. Não é difícil encontrar empresas que paguem dividendos semelhantes aos ganhos possíveis em renda fixa, seja no exterior ou seja no Brasil.

No Brasil de 2017/2018, seria como substituir empresas com foco em crescimento como Vale, Lojas Renner, Petrobras, Itaú, Weg etc. por companhias maduras em mercados maduros e pouco voláteis, como AES Tietê, Vivo, Energias do Brasil, Taesa, Ferbasa etc.

Segundo modelo: aposentando-se com base na venda de ações

Ocorre que muitas pessoas consideram investir por 15 ou 20 anos muito tempo. Mesmo que sejam obrigadas a passar 40 ou 45 anos contribuindo para o INSS. Vai entender...

Para essas pessoas, há a possibilidade de mesclar os dividendos com a venda de ações, assim é preciso menos tempo para acumular o capital necessário.

A parte desagradável dessa estratégia é que o investidor precisará definir uma expectativa de vida para o período pós-aposentadoria. É um planejamento que ninguém fica à vontade para fazer, principalmente por medo do efeito "Jorginho Guinle", que planejou torrar toda a sua fortuna até os 80 anos de idade. E o fez. Só que viveu até os 88 anos.

Brincadeiras à parte, o pior dessa estratégia é ter que forçosamente reduzir seu patrimônio em ações.

As premissas são:

- Ganho de capital nominal médio: 15% ao ano
- *Dividend yield* médio (ganho com dividendos): 4% ao ano (reinvestidos)
- Inflação de 3% ao ano
- Investimento mensal de R$550,00
- Tempo de contribuição: 20 anos

Uma contribuição de R$550,00 ao mês (teto do INSS em 2018) por 20 anos permitirá que se acumule (já descontada a inflação) cerca de R$487.304,00.

Imaginemos que a partir desse ponto o investidor comece a utilizar R$5 mil por mês, o que significa que esse valor baixaria para R$427.304,00 (retirando R$60 mil por ano), mais o rendimento anual médio de 15% (nominal).

Repetimos essa fórmula aumentando o valor do uso mensal de acordo com a inflação (no ano 1, seria de R$5.150,00, por força dos 3% de inflação).

Por quanto tempo o dinheiro duraria?

A seguir temos a tabela com o cálculo de quanto ele poderia dispor mensalmente de acordo com sua expectativa de vida.

Expec. vida pós aposentadoria	Complemento
10	R$6.345,31
15	R$5.240,88
20	R$4.763,05
25	R$4.525,25
30	R$4.398,68
35	R$4.328,89
40	R$4.289,67

O que se percebe é que, se ele começar gastando R$6.345,31, aumentando esse gasto em 3% ao ano, o dinheiro só durará dez anos.

Mas como o montante continua aplicado e rendendo, existe um patamar de gastos que não permitirá que o dinheiro acabe (cerca de R$4.237,00 por mês).

Em resumo, caso as premissas se verifiquem — 15% de retorno nominal sobre a carteira de ações e 3% de inflação —, o montante de R$487 mil permitirá uma renda vitalícia de R$4.237,00.

O valor de gastos mensais é composto, em parte, pelos ganhos com dividendos e complementado com venda de ações. Dentro da legislação brasileira atual, não haveria incidência de Imposto de Renda, pois as alienações seriam sempre menores do que R$20 mil por mês.

O leitor deve ver esses resultados e comparar com as possibilidades do INSS. Mesmo sem a reforma da previdência, já seria necessário investir por cerca de 30 a 35 anos para poder pleitear a aposentadoria pelo teto.

Em ambos os modelos apresentados, seria necessário investir por menos tempo para se atingir a renda do teto do INSS.

Outro ponto é que, nas regras da previdência por repartição, os empregadores também contribuem com pelo menos 20% do salário integral dos trabalhadores com carteira assinada. Os órgãos públicos pagam menos, mas também são obrigados a contribuir.

Se fosse possível aportar os R$550,00 por mês mais a parte do empregador, provavelmente nossos resultados viriam em tempo bem mais curto.

Lendo os resultados

A tabela mostra que, com base nas premissas adotadas, um investidor de 45 anos poderia iniciar seus investimentos em bolsa e parar aos 65 anos, totalizando os 20 anos de aportes.

Poderia viver com:

- R$6.345,31 ao mês até os 75 anos, ou;
- R$4.237,54 ao mês para sempre.

E xô, Jorginho Guinle!

■■■

3

Aposentadoria com ações? O 13º pode fazer muito mais do que você pensa

O "Episódio" anterior tratou da aposentadoria considerando um investimento mensal ao longo de períodos superiores a 15 anos. Porém, a gestão do 13º salário já seria suficiente para trazer algum conforto ao poupador hipotético que busca a aposentadoria no mercado de ações.

O modelo de investir mensalmente durante 20 anos e receber uma aposentadoria até o fim da vida lembra bastante aquele vendido pelos planos de previdência privada. Agora, o modelo de investir apenas o 13º não tem qualquer paralelo no mercado previdenciário nacional.

O modelo

As premissas básicas são:

- Salário inicial de R$3 mil, reajustado anualmente pela taxa de inflação
- 13º salário pago precisamente no último dia do ano
- *Dividend yield* médio (retorno com dividendos): 3,5% ao ano
- Rentabilidade nominal: de 12% a 18% ao ano (com reinvestimento)
- Inflação esperada: 3% ao ano

Como metodologia, descontaremos todos os valores pela inflação esperada, de forma que os valores apontados representarão os valores de hoje.

Aposentando-se com seu 13º

Imagine o investimento de todos os 13º salários por um período entre 10 e 35 anos em uma carteira de ações com rentabilidade nominal de 12% a 18% ao ano (já incluído o reinvestimento dos dividendos).

Consideremos que o salário suba anualmente pela taxa de inflação.

Resultados	Rendimentos mensais com dividendos		
	12%	15%	18%
10 anos	R$151,51	R$177,32	R$207,99
20 anos	R$481,43	R$684,76	R$983,90
30 anos	R$1.243,89	R$2.212,30	R$4.005,68
35 anos	R$1.943,06	R$3.893,58	R$7.963,46

Resultados	Porcentagem do salário (em termos reais)		
	12%	15%	18%
10 anos	5,05%	5,91%	6,93%
20 anos	16,05%	22,83%	32,80%
30 anos	41,46%	73,74%	133,52%
35 anos	64,77%	129,79%	265,45%

A leitura dessa tabela indica que, para uma rentabilidade nominal de 15% ao ano (já incluídos nesse valor o reinvestimento dos dividendos), um investimento de cerca de 35 anos seria suficiente para permitir ao investidor ter um rendimento mensal com dividendos bastante superior ao seu salário (quase R$4 mil em valores de hoje, descontados pela inflação).

O 13º representa 7,7% da renda anual do indivíduo (1/13 avos), no INSS colocamos cerca de 11%, e o empregador, mais algo entre 20% e 28%. Percebe-se que os regimes de aposentadoria não estariam quebrados caso capitalizássemos o dinheiro por conta própria (ainda que de forma compulsória).

Todos os valores estão descontados pela inflação.

Rentabilidades superiores a 15% ao ano

As rentabilidades nominais apresentadas, quando levamos em consideração o reinvestimento de dividendos, estão longe de serem desafiadoras.

Uma rentabilidade nominal de 12% ao ano, com *dividend yield* de cerca de 3,5% reinvestido, representaria cerca de 9,5% de valorização das ações, sem descontar a inflação.

Outro ponto relevante é que, em tese, os resultados das empresas também são influenciados pela inflação. Investir em bolsa é diferente de investir em poupança. Nesta, o rendimento de 6%, por exemplo, será negativo (em termos reais) se a inflação for de 8%.

Na bolsa, tudo dependerá do humor dos investidores. Mas os preços das ações são influenciados pelos lucros das empresas, e, naturalmente, em ambiente de inflação, as empresas tendem a subir seus preços (afinal, inflação é aumento de preços).

Em resumo, a própria inflação acaba por influenciar os resultados das empresas, ainda que nominalmente, e impactar as cotações. Adicione-se a isso o reinvestimento dos dividendos e veremos que as taxas não são tão desafiadoras quanto parecem.

O que é possível obter em termos de rentabilidade?

A maior associação de investidores do mundo, a NAIC (www.betterinvesting.org), estipula como meta, desde 1949, 15% ao ano. Ao longo dos últimos 70 anos, na média, os clubes de investimento e os investidores individuais que seguem os princípios da associação norte-americana têm obtido sucesso em atingir essa meta. Isso, naturalmente, com disciplina e método, que são atributos indispensáveis ao investidor de longo prazo.

É razoável aceitar que, se a meta de 15% ao ano para um país desenvolvido e de economia madura é razoável, provavelmente também será para um país emergente e com economia interna em desenvolvimento e ainda carente de investimentos.

O que vimos neste episódio é algo impressionante

Poupando apenas 7,7% da renda anual uma vez por ano, por cerca de 32 anos, com rentabilidade nominal de 15% ao ano, seria possível obter uma aposentadoria integral (com o mesmo salário da ativa) de forma vitalícia.

Hoje a poupança forçada para a aposentadoria é de cerca de 30% a 40% do salário (considerando salários que não superem o teto do INSS), com expectativa de idade mínima e contribuição de 30 a 35 anos.

Se esse dinheiro fosse capitalizado individualmente, é provável que não existisse qualquer rombo a cobrir na previdência. Entretanto, haveria o risco privado de investir por conta própria, de selecionar as ações ou os gestores etc.

Nós calculamos qual seria a renda com dividendos de quem poupasse apenas o seu 13º salário, mas nada falamos sobre o patrimônio acumulado nesse período.

Os valores estão a seguir, devidamente descontados pela inflação, ou seja, são valores de hoje.

	Patrimônio acumulado (em termos reais)		
Resultados	12%	15%	18%
10 anos	R$51.946	R$60.795	R$71.309
20 anos	R$165.061	R$234.775	R$337.338
30 anos	R$426.475	R$758.503	R$1.373.377
35 anos	R$666.193	R$1.334.941	R$2.730.329

Os 7,7% de um salário inicial de R$3 mil teriam permitido acumular um patrimônio de R$1,3 milhão em 35 anos.

Para não ficarmos tristes, farei a conta com as contribuições obrigatórias (pessoal e patronal) ao INSS. Essas contribuições são cerca de quatro a cinco vezes maiores do que os 7,7% da renda anual de nosso modelo.

É devastador ver como construímos um sistema empobrecedor para a aposentadoria dos brasileiros. É empobrecedor porque o dinheiro nunca vai para investimentos e é devastador porque pagamos muito e o retorno é pífio.

Não há milagre

Nos EUA, já no berço os pequenos começam sua vida de acionistas de longo prazo. Muitas escolas, públicas até, ensinam a investir em ações a partir da adolescência. Não raro, o primeiro presente do vovô é uma pequena carteira de ações.

Quem leu os grandes best-sellers sobre finanças pessoais e formação de patrimônio publicados em português deve ter reparado que é comum encontrar sexagenários norte-americanos e europeus com alguns milhões de dólares de patrimônio, mesmo tendo vivido uma vida simples em empregos pouco sofisticados ou até mal remunerados. Para os habitantes do hemisfério norte, a expressão "*millionaire's next door*" é bastante real.

Apesar de parecer simples, a disciplina de investir por 25, 30 anos, aliada à capacidade de manter uma rentabilidade de 15% reais ao ano é uma combinação rara no Brasil.

Talvez muitos dos leitores considerem 30 anos muito tempo. Em alguns casos, 30 anos serão, mesmo, motivo para que alguns desanimem de iniciar esse caminho de construção de patrimônio em bolsa. Entretanto, a realidade não será a mesma para seus filhos ou netos. Para um pai de 50 anos ou um avô de 60, haverá sempre um garoto ou uma garota entre 0 e 35 anos que deve estar precisando de estímulo para chegar aos 30, 40, 60, 65 anos em posição financeira confortável.

■■■

PARTE II

COMO INVESTIR EM AÇÕES

Capítulos

4 Você sempre soube investir na bolsa de valores, acredite! O primeiro princípio do INI de investimento em ações

O Instituto Nacional de Investidores (INI) encerrou suas atividades no ano de 2012, após 10 anos de vida e mais de 60 mil investidores cadastrados e/ou associados.

A realidade do mercado brasileiro (e mundial) se modificou bastante de lá para cá, com excesso de liquidez nos mercados, investimentos em ativos com juros negativos etc.

Entretanto, os princípios de investimento do INI continuam plenamente válidos. Aliás, continuam em uso em pelo menos 20 países mundo afora.

Este Episódio mostrará que, no fundo, qualquer poupador novato saberia se comportar na bolsa. É tudo muito diferente do que a propaganda e o senso comum acabam por transmitir.

Vejamos!

Day trades, *stop gain*, *stops* móveis, derivativos de câmbio, EBTIDA, *credit default swaps*, *puts*, *calls*, *home broker*, Fibonati, *valuation*, travas de alta, WACC... Ufa! Realmente deve ser muito difícil investir na bolsa...

É o que pensam muitos investidores iniciantes e também o que mantém uma boa parcela de poupadores longe das bolsas, ao menos no Brasil.

No entanto, essas expressões complicadas, com cálculos indecifráveis, não estão entre os ensinamentos mais relevantes para se investir em ações. Na maior parte das vezes, são úteis apenas para profissionais, que vivem de realizar operações sofisticadas ou de formatar relatórios competentes sobre os ativos disponíveis para investimento.

Muitos, muitíssimos investidores bem-sucedidos nem sequer sonham em manipular um fluxo de caixa descontado, uma trava de alta ou um financiamento de opções.

Esses mitos, que vagam pelo inconsciente popular, fazem com que pessoas com talento inato para investir na bolsa busquem outras opções de investimento, quando poderiam estar usufruindo dos benefícios de sua própria disciplina.

Um teste

Carla quer comprar um carro de R$20 mil à vista. Consegue juntar R$1.500,00 por mês. O que Carla pode fazer?

A maioria das pessoas responderia: Carla poderia aportar os R$1.500,00 em um fundo de renda fixa que lhe rendesse, líquidos, 0,50% de juros ao mês. Com isso, seria possível comprar o carro em 13 meses, pois teria obtido R$20.095,86.

Na realidade, o fundo de renda fixa foi uma sofisticação, pois a maioria responderia poupança mesmo!

O mesmo teste com outro grupo de pessoas

Nos anos de fartura na bolsa, de 2003 a 2007, havia histórias recorrentes como a que se segue:

No início de 2005, Alfredo diz para seu amigo Lúcio:

— Estou com R$30 mil para comprar um carro. Acho que vou comprar um carrinho 1.4 completaço!

Lúcio, que havia ganhado uma grana na bolsa nos dois anos anteriores, responde:

— Não faça isso! Vai por mim, pegue esses R$30 mil e compre tudo em Gerdau PN, GGBR4. No final do ano você vai andar de Honda Civic.

E foi tiro e queda. Ainda antes do final do ano, Alfredo encontra Lúcio já com seu Honda Civic zero quilômetro, pois as ações haviam lhe rendido mais de 70% no período.

Bom, ocorre que Alfredo vendeu o Honda em maio de 2008 por R$45 mil, um ótimo negócio, e comprou de novo tudo em Gerdau. Pensou: "Agora vou andar de BMW!"

E, no início de 2009, tinha míseros R$ 17.500. Dava para comprar as rodas e os pneus de uma BMW nova. Talvez o estepe.

Lições do teste

Apesar de os hipotéticos investidores espertos terem transformado um Peugeot 1.4 zero quilômetro em um Honda Civic, um mercado em baixa acabou por transformar um Honda Civic em um Uno Mille usado.

O teste serve para ilustrar o seguinte: o método mais comum e mais consagrado para se investir na bolsa é semelhante ao que Carla fez para comprar seu carrinho, e NÃO o que utilizaram Alfredo e Lúcio.

Todas as pessoas que compreendem que a formação de patrimônio se dá por aportes regulares em algum tipo de investimento sabem, em tese, como devem se comportar no mercado de ações.

É chato, não tem muitas emoções, mas é o ensinamento mais básico para um investidor: poupe e aplique esses recursos regularmente!

Vale para a poupança, vale para a renda fixa e vale principalmente para o investimento em ações. Pasmem, senhores!

O primeiro princípio do INI

Investir regularmente, independentemente das condições do mercado. É a regra número um para o investimento consciente na bolsa. Todos sabem disso quando se trata de juntar dinheiro para um carro, um imóvel ou para a aposentadoria, mas pouquíssimos aplicam essa sabedoria à bolsa de valores.

Talvez a causa mais provável seja o histórico de juros altos no Brasil nos últimos 30 anos. Com juros altos, o comportamento utilizado por Carla já seria imensamente lucrativo em renda fixa, deixando a renda variável apenas para especulações de curto prazo.

Com a redução dos juros, iniciada no final de 2016, muitas pessoas começaram a procurar outras opções para remunerar suas poupanças, pois o que antes chegava a 2% ao mês baixou para menos de 0,5% ao mês. É de se esperar que, atingindo níveis internacionais de juros, o país tenha cada vez mais poupadores migrando uma parcela de seu patrimônio para a bolsa.

Um caso prático de investimento regular[4]

Roberto decidiu que não suportava mais a baixa remuneração da poupança. Parou de aportar seus R$1.000,00 mensais em renda fixa e passou a comprar ações da companhia em que trabalhava, a VALE.

4 Esta parte do livro não foi atualizada, pois seu objetivo é ilustrar os efeitos dos desdobramentos, dividendos e outros eventos societários no investimento em ações. Esse período de VALE foi bem mais rico em variações societárias, portanto, atende melhor aos objetivos didáticos.

Na tabela a seguir há uma simulação desses aportes deste o início de 2005 até o final de 2008, quatro anos, portanto.

A primeira compra feita por Roberto[5] foi em 31 de janeiro de 2005, dia de seu aniversário. A cotação da VALE PN (VALE5) era de R$14,59, e ele gastou R$992,00 para comprar 68 ações da empresa.

Como será possível perceber pela leitura da tabela, Roberto chegou a comprar VALE5 a R$13,10 em 28 de abril de 2005, o que o permitiu comprar, com os mesmos R$1.000,00, 76 ações, 11,7% a mais em papéis do que comprou em janeiro.

Nesse mesmo ano, a VALE5 bateu R$19,38 em 30 de novembro. Como havia subido bastante, Roberto comprou apenas 51 ações com seus R$1.000,00, 33% menos papéis do que comprou em abril de 2005, na mínima.

Ao comprar regularmente, não há aquela dúvida eterna: qual é a hora de entrar? O investidor jamais conseguirá acertar a máxima ou a mínima de qualquer período que seja. E se está vislumbrando um prazo entre 10 e 15 anos, qual a diferença de comprar por R$13,10 ou R$12,90 se a ação bater R$100,00?

Parece uma pergunta retórica, mas vale fazer a conta:

- Crescimento percentual – R$13,10 para R$100,00: 663%
- Crescimento percentual – R$12,90 para R$100,00: 675%

Big deal? No big deal!

Preço médio

Roberto, por comprar regularmente, fez um preço médio bastante interessante para seu portfólio.

Sua primeira compra foi a R$14,59. Após 48 aportes, e chegando a ter comprado ações por até R$51,88, ainda assim o preço médio das ações em sua carteira atingiu o valor moderado de R$24,28. Isso significa que seu preço médio é 66% superior ao primeiro valor pago pelas ações VALE5 e 53% inferior ao valor máximo pago pelas ações.

Muitas pessoas ironizam a formação de preço médio por considerarem uma má ideia comprar ações na baixa para reduzir o preço registrado em sua carteira. Elas teriam toda razão caso considerassem que a empresa em que estão investindo não vá crescer. Mas estariam de todo enganadas se a companhia apresentar crescimento no futuro.

5 Com valores ajustados para as bonificações/desdobramentos realizados pela VALE entre 2005 e 2008.

VALE PN - VALE5												2005
Data	31/jan	28/fev	31/mar	28/abr	31/mai	28/jun	29/jul	31/ago	29/set	31/out	30/nov	29/dez
Cotação	R$14,59	R$16,57	R$15,95	R$13,10	R$13,46	R$13,39	R$15,15	R$16,02	R$19,61	R$19,13	R$19,38	R$19,33
Investimento	R$992	R$994	R$989	R$996	R$996	R$991	R$1.000	R$993	R$981	R$995	R$988	R$986
Número de ações	68	60	62	76	74	74	66	62	50	52	51	51
Total de ações	68	128	190	266	340	414	480	542	592	644	695	746
Preço médio	**R$14,59**	**R$15,52**	**R$15,66**	**R$14,93**	**R$14,61**	**R$14,39**	**R$14,50**	**R$14,67**	**R$15,09**	**R$15,41**	**R$15,70**	**R$15,95**
Perda/ganho (%)	0,00%	6,78%	1,86%	-12,24%	-7,86%	-6,95%	4,52%	9,21%	29,98%	24,11%	23,41%	21,17%
VALE PN - VALE5												2006
Data	30/jan	23/fev	31/mar	28/abr	30/mai	30/jun	31/jul	31/ago	29/set	31/out	29/nov	27/dez
Cotação	R$22,26	R$20,65	R$21,58	R$21,62	R$20,71	R$20,60	R$20,24	R$18,61	R$18,50	R$21,85	R$23,95	R$25,87
Investimento	R$979	R$991	R$993	R$995	R$994	R$989	R$992	R$986	R$999	R$983	R$982	R$983
Número de ações	44	48	46	46	48	48	49	53	54	45	41	38
Total de ações	790	838	884	930	R$978	1.026	1.075	1.128	1.182	1.227	1.268	1.306
Preço médio	**R$16,30**	**R$16,55**	**R$16,81**	**R$17,05**	**R$17,23**	**R$17,39**	**R$17,52**	**R$17,57**	**R$17,61**	**R$17,77**	**R$17,97**	**R$18,20**
Perda/ganho (%)	36,54%	24,75%	28,34%	26,79%	20,19%	18,47%	15,53%	5,92%	5,04%	22,97%	33,29%	42,16%
VALE PN - VALE5												2007
Data	30/jan	28/fev	29/mar	30/abr	30/mai	29/jun	31/jul	31/ago	27/set	31/out	30/nov	28/dez
Cotação	R$27,82	R$29,58	R$30,07	R$33,61	R$34,71	R$34,66	R$37,86	R$38,82	R$50,68	R$51,92	R$50,23	R$48,89
Investimento	R$974	R$976	R$992	R$975	R$972	R$970	R$984	R$971	R$963	R$986	R$954	R$978
Número de ações	35	33	33	29	28	28	26	25	19	19	19	20
Total de ações	1.341	1.374	1.407	1.436	1.464	1.492	1.518	1.543	1.562	1.581	1.600	1.620
Preço médio	**R$18,45**	**R$18,72**	**R$18,98**	**R$19,28**	**R$19,57**	**R$19,86**	**R$20,16**	**R$20,47**	**R$20,83**	**R$21,21**	**R$21,55**	**R$21,89**
Perda/ganho (%)	50,79%	58,04%	58,41%	74,34%	77,33%	74,55%	87,75%	89,67%	143,25%	144,81%	133,06%	123,34%
VALE PN - VALE5												2008
Data	31/jan	29/fev	28/mar	28/abr	29/mai	30/jun	31/jul	29/ago	30/set	30/out	28/nov	29/dez
Cotação	R$43,13	R$48,03	R$48,26	R$50,81	R$51,88	R$46,35	R$39,69	R$36,92	R$31,78	R$25,20	R$24,51	R$23,80
Investimento	R$992	R$961	R$965	R$965	R$986	R$973	R$992	R$997	R$985	R$983	980	R$1.000
Número de ações	23	20	20	19	19	21	25	27	31	39	40	42
Total de ações	1.643	1.663	1.683	1.702	1.721	1.742	1.767	1.794	1.825	1.864	1.904	1.946
Preço médio	**R$22,19**	**R$22,50**	**R$22,80**	**R$23,12**	**R$23,43**	**R$23,71**	**R$23,94**	**R$24,13**	**R$24,26**	**R$24,28**	**R$24,29**	**R$24,28**
Perda/ganho (%)	94,39%	113,48%	111,63%	119,79%	121,38%	95,48%	65,81%	52,99%	30,99%	3,78%	0,92%	-1,96%

O investidor deve separar as quedas. De fato, quando se tem, por hipótese, 1.000 ações a R$10,00 cada de uma empresa que apresentou um resultado sofrível e não parece que conseguirá recuperar sua lucratividade, é bobagem comprar mais, mesmo que ela caia a R$5,00. Vender, mesmo com prejuízo, é a decisão mais sensata. Ao menos estará de acordo com a percepção do próprio investidor de que a empresa não terá condições para retomar o crescimento.

Agora, se a queda a R$5,00 ocorreu muito mais por um momento deprimido do mercado, a decisão de comprar mais ações para fazer preço médio pode ser muito bem-sucedida. Veja:

Se comprar mais 2 mil ações a R$5,00, investirá R$10 mil. Terá, então, 3 mil ações, tendo gastado R$20 mil (1.000 x R$10,00 + 2.000 x R$5,00). Seu preço médio será de R$6,67. Caso a ação volte a R$10,00, seu ganho será de 50%.

Para falar de um caso real, a Sadia teve prejuízos extraordinários no final de 2008, o que fez suas ações caírem de R$14,00 para uma mínima, até 27 de fevereiro de 2009, de R$2,79. Não se sabe o futuro da companhia, mas imagine que um investidor tivesse comprado mil ações da Sadia a R$14,00. Muito sem sorte, comprou na máxima histórica. Ele teria, portanto, ações a um preço médio de R$14,00.

Quando a ação caiu a R$2,80, ele resolveu, por acreditar na companhia, comprar mais 5 mil ações, totalizando mais um aporte de R$14 mil.

Qual o preço médio? 14 x 1.000 + 2,80 x 5.000 divididos por 6.000 ações = R$4,66.

Independentemente do futuro da companhia, o investidor sabe que retomará a posição de lucro caso as ações atinjam R$4,66. Vale repetir: caso não confiasse na recuperação da Sadia, deveria ter vendido as ações. Princípio elementar.

E o patrimônio de Roberto?

Voltando à carteira de Roberto. Como a VALE5 tinha um preço médio de R$24,28 e a ação terminou 2008 cotada a R$23,80, Roberto estava perdendo quase 2%.

Se tivesse investido os mesmos valores em renda fixa entre 2005 e 2008, teria algo como R$59.500,00. Para que seu patrimônio de 1.946 ações atinja esse valor, elas teriam que estar cotadas a R$30,65. Isso significa um valor 28,8% maior do que a cotação de 29 de dezembro de 2008, mas 41% menor do que a máxima de compra, de R$51,88.

Roberto construiu um patrimônio com base em ações de uma empresa sólida e com boas perspectivas. Caso essas perspectivas se confirmem, será recompensado.

Ainda há os dividendos e juros sobre capital próprio. A VALE pagou aproximadamente R$4.200,00 de dividendos e JSCP a Roberto, aproximadamente 9% do patrimônio em 31 de dezembro de 2008. Nada mal!

■■■

5 O que o primeiro princípio do INI poderia ter feito por você. Testando o primeiro princípio entre 1996 e 2017

A bolsa costuma ser o primeiro ambiente a antecipar as tendências econômicas para o futuro próximo. O que se verificou na década passada foi uma resposta ao ambiente inédito de pessimismo quanto aos rumos da economia mundial para o biênio 2009/2010, assim como o movimento baixista de 2015-2016 se deveu a uma antecipação de provável crise fiscal brasileira.

As bolsas, ao apagarem 40% de seu valor mundo afora em 2008, estariam antecipando uma forte redução nos lucros futuros das companhias listadas, bem como algumas possíveis falências e concordatas. Esses riscos, ao menos a percepção deles, acabam, invariavelmente, refletidos nos valores das ações.

O que ocorreu após essa turbulência foi um movimento mundial de afrouxamento monetário por conta dos principais bancos centrais. Ainda no início de 2018, havia cerca de US$10 trilhões aplicados em ativos com taxa nominal negativa. Essa liquidez inédita vem promovendo recordes no valor de ativos reais (bolsas e dívida privada) em todo o mundo.

No Brasil, apesar dos juros de 6,5% ao ano no início de 2019 (os menores da história), as turbulências políticas e os erros na economia promoveram uma queda significativa nos ativos reais entre 2014 e 2015, mas a bolsa, em 2018 e 2019, bateu seus recordes históricos, atingindo 100 mil pontos em 18 de março de 2019 (no *intraday*).

É justamente em contextos como o que se verificou, de fortes oscilações (sobretudo no Brasil), que é importante ressaltar os princípios de investimento que o INI pregava.

Propor ao investidor que separe um pequeno valor para aplicar regularmente na bolsa, que compre empresas com histórico consistente de crescimento de lucros e vendas e que reinvista todos os dividendos pode parecer uma estratégia simplória quando a bolsa sobe 60% ao ano e as operações de *trade* (compras e vendas no curto prazo) raramente dão errado. Mas quando o *bear market* se apresenta e a volatilidade torna todos os métodos de curto prazo inviáveis, a força da disciplina tende a aparecer. É o que se pode verificar no breve estudo a seguir.

Verificando o Método INI entre 1996 e 2017

O estudo ilustra a importância de se utilizar os princípios do INI, no sentido de formação de patrimônio no longo prazo. A metodologia adotada foi a seguinte:

- Simulou-se o investimento regular de R$1.000,00 por ano, iniciando-se no primeiro dia útil de janeiro de 1996 e encerrando-se, com o último aporte, no primeiro dia útil de janeiro de 2017. A simulação foi realizada para quatro empresas: PETROBRAS (PETR4), GERDAU (GGBR4), MARCOPOLO (POMO4) e VALE (VALE5).
- O valor final do patrimônio teve por base o valor das ações em 31 de dezembro de 2017.
- Simulamos o mesmo padrão de investimento em renda fixa, atrelada à taxa Selic.
- Descontamos 15% de IR no investimento de renda fixa e não descontamos na renda variável, por dois motivos: porque os dividendos e JSCP já são líquidos de impostos e porque é possível vender ações com ganhos de capital sem pagar Imposto de Renda até R$20 mil (regra de 2019).

Os dados de cotação, dividendos e juros sobre capital próprio foram ajustados de acordo com os eventos que alteraram a base acionária das companhias ao longo destes 22 anos.

Vale lembrar que essa análise NÃO é equivalente à comparação entre dois momentos no tempo para comparar rentabilidade. A técnica utilizada serve para ilustrar crescimento de patrimônio, não de rentabilidade. Ressalte-se, também, que foram desconsiderados os custos de transação, e quando resultavam em frações, as compras de ações tiveram seu valor arredondado para baixo.

Ao final, propõe-se uma comparação dos resultados obtidos com as ações e a renda fixa no período.

Para início, simula-se a compra de R$1.000,00 por ano entre 1996 e 2017, totalizando R$22 mil. Entretanto, SEM REINVESTIR os dividendos.

Primeiro princípio: investir regularmente

Método: de 1996 a 2017, no início de cada ano, comprar R$1.000,00 de ações das companhias citadas anteriormente, totalizando 22 anos e R$22 mil em aportes totais. O valor de compra da ação foi assumido como sendo o da cotação de fechamento do primeiro dia útil do ano em questão. A simulação é feita separadamente para cada empresa.

Para cálculo do valor do patrimônio, consideramos a data de 31 de dezembro de 2017. Os dividendos foram acumulados em conta corrente SEM reinvestimento e também não foram aplicados em renda fixa, e ficaram sem remuneração alguma.

Resultados

Investimento total: R$22 mil.

Em qualquer dos casos, do ponto de vista da formação de patrimônio, o desempenho é expressivo. Convém comentar que o método utilizado para o cálculo da taxa de retorno anual foi baseado no cálculo da TIR (Taxa Interna de Retorno), e que esses valores são nominais e não consideram a inflação.

Resultados sem reinvestimento	PETR4	VALE5/VALE3	POMO4	GGBR4
Qtd. de ações (Dez. 2017)	3.884	3.664	46.568	13.645
Cotação da ação (Dez. 2017)	R$16,55	R$41,72	R$3,94	R$12,97
Dividendo acumulado	34.630,03	62.916,05	64.050,05	79.647,57
Patrimônio acumulado (Dez. 2017)	98.904,06	215.759,86	246.683,98	255.807,58
Rentabilidade anual (Dez. 2017)	11,66%	17,15%	18,08%	18,33%

Mesmo para uma *small cap* como a Marcopolo, com valor de mercado próximo a R$3,5 bilhões em março de 2018 e com negociação reduzida, tendo enfrentado quedas expressivas nas cotações, o resultado chegou a 18,08% ao ano.

A Petrobras, como se verá adiante, foi a única que venceu a renda fixa por pouco, mas há uma explicação para o fenômeno. Apesar de ser um negócio lucrativo, o episódio do Petrolão comprometeu as finanças da companhia e, ainda pior, o aumento de capital de 2010 depreciou demais as cotações da empresa sem gerar o valor esperado.

Outro número interessante a considerar seria obtido ao se investir R$1.000,00 em CADA EMPRESA, de forma que o desembolso anual seria de R$4 mil, em um total de R$88 mil nos 22 anos do estudo. O resultado é bastante expressivo, obtendo-se uma carteira de quatro ações com patrimônio total de R$817.155,00 e rentabilidade média de 17,13% ao ano.

Pior que em 2008?

Quem tem acesso à primeira edição deste livro, que calculou os resultados até 2008, verificará que os da atual edição, em termos de rentabilidade média, foram bem mais expressivos.

É interessante trabalharmos esses períodos mais longos, pois é assim que testamos a resiliência do mercado de ações e, principalmente, a força da disciplina do investimento regular.

E a renda fixa?

Os leitores têm em mente um passado muito pródigo de taxas de juros no Brasil, sobretudo entre 1996 e 2011. Devem imaginar que os retornos de 12% a 18% ao ano obtidos nas ações (sem reinvestimento de dividendos) seriam péssimos em comparação ao que se pôde obter na renda fixa em período semelhante (1996 a 2017).

Ledo engano, caro leitor.

A matemática financeira pode ser traiçoeira. Lembrar de retornos superiores a 20% em alguns anos pode nos levar ao erro de achar que, na média, os retornos em renda fixa foram bem mais expressivos do que os retornos calculados para as ações em questão.

Mas, como ficará demonstrado, não é assim que a matemática financeira funciona.

Vejamos o histórico mensal de retorno da renda fixa desde 1996.

Em 1996, por exemplo, tivemos um retorno anual de cerca de 27,4%, que, descontado o IR de 15%, daria cerca de 23,3%. Ou seja, R$1.000,00 aplicados em janeiro de 1996 teriam atingido R$1.232,95 ao final do ano. Em janeiro de 1997, aplicaríamos mais R$1.000,00, e nosso patrimônio agora seria de R$2.232,95.

O retorno da renda fixa em 1997 foi de 24,8% ao ano (21,1% líquido de IR), logo, ao final daquele ano teríamos R$2.703,00.

Ao terminar 2017, teríamos investido R$22 mil, e o montante seria de R$103.739,00.

As pessoas com menos experiência em ferramentas de matemática financeira poderiam ficar tentadas a calcular a taxa de juros de forma direta, comparando 103.739 com 22 mil, encontrando um crescimento de 371,5%.

Só que a história que a matemática contou não foi a de investir R$22 mil em 1996 e retirar R$103.739,00 em 2017, e, sim, a de investimentos regulares. É necessário calcular a taxa interna de retorno para dar conta dos vários aportes em diferentes períodos de tempo.

Jan.	Fev.	Mar.	Abr.	Mai.	Jun.	Jul.	Ago.	Set.	Out.	Nov.	Dez.
1996	2,58	2,35	2,22	2,07	2,01	1,98	1,93	1,97	1,90	1,86	1,80
1997	1,73	1,67	1,64	1,66	1,58	1,61	1,60	1,59	1,59	1,67	3,04
1998	2,67	2,13	2,20	1,71	1,63	1,60	1,70	1,48	2,49	2,94	2,63
1999	2,18	2,38	3,33	2,35	2,02	1,67	1,66	1,57	1,49	1,38	1,39
2000	1,46	1,45	1,45	1,30	1,49	1,39	1,31	1,41	1,22	1,29	1,22
2001	1,27	1,02	1,26	1,19	1,34	1,27	1,50	1,60	1,32	1,53	1,39
2002	1,53	1,25	1,37	1,48	1,41	1,33	1,54	1,44	1,38	1,65	1,54
2003	1,97	1,83	1,78	1,87	1,97	1,86	2,08	1,77	1,68	1,64	1,34
2004	1,27	1,08	1,38	1,18	1,23	1,23	1,29	1,29	1,25	1,21	1,25
2005	1,38	1,22	1,53	1,41	1,50	1,59	1,51	1,66	1,50	1,41	1,38
2006	1,43	1,15	1,42	1,08	1,28	1,18	1,17	1,26	1,06	1,09	1,02
2007	1,08	0,87	1,05	0,94	1,03	0,91	0,97	0,99	0,80	0,93	0,84
2008	0,93	0,80	0,84	0,90	0,88	0,96	1,07	1,02	1,10	1,18	1,02
2009	1,05	0,86	0,97	0,84	0,77	0,76	0,79	0,69	0,69	0,69	0,66
2010	0,66	0,59	0,76	0,67	0,75	0,79	0,86	0,89	0,85	0,81	0,81
2011	0,86	0,84	0,92	0,84	0,99	0,96	0,97	1,07	0,94	0,88	0,86
2012	0,89	0,75	0,82	0,71	0,74	0,64	0,68	0,69	0,54	0,61	0,55
2013	0,60	0,49	0,55	0,61	0,60	0,61	0,72	0,71	0,71	0,81	0,72
2014	0,85	0,79	0,77	0,82	0,87	0,82	0,95	0,87	0,91	0,95	0,84
2015	0,94	0,82	1,04	0,95	0,99	1,07	1,18	1,11	1,11	1,11	1,06
2016	1,06	1,00	1,16	1,06	1,11	1,16	1,11	1,22	1,11	1,05	1,04
2017	1,09	0,87	1,05	0,79	0,93	0,81	0,80	0,80	0,64	0,64	0,60

Esse procedimento é idêntico ao usado no investimento em ações.

E o resultado está bem longe do que diria o senso comum.

A taxa de retorno média da renda fixa líquida de IR entre 1996 e 2017 foi de exatos 12%. Muitíssimo inferior ao retorno de três das empresas analisadas e levemente superior ao retorno médio da Petrobras no mesmo período.

E ainda não foi considerado o reinvestimento dos dividendos. Isso será visto adiante.

■■■

6 Três por cento parecem pouco, mas fazem diferença! O segundo princípio INI de investimento em ações

Qualquer pessoa que iniciou seus investimentos na bolsa com valores moderados deve ter se assustado ao receber seus primeiros dividendos. Normalmente, são valores pequenos em relação ao patrimônio investido, e muitas vezes são pagos em várias parcelas.

Alguns exemplos quantificam essa percepção.

Dividendos mensais do Itaú

O Itaú declarou dividendos de R$0,012 por ação, pagos em 10 de dezembro de 2008. A cotação da Itaú PN na mesma data era de R$25,69, e o retorno com dividendos foi de 0,05%. Mesmo para quem tinha R$1 milhão, o valor em dividendos não parecia grande coisa, algo como R$467,00.

Ocorre que o Itaú, assim como o Bradesco, costuma pagar dividendos mensais, além de dividendos extraordinários ao longo do ano. Apesar de o valor total dos dividendos ser muito superior ao que foi apresentado, os dividendos mensais, ao entrar na conta do investidor, normalmente representam apenas alguns poucos reais, ou centavos.

Dividendos anuais da Porto Seguro

A Porto Seguro (PSSA3) declarou Juros Sobre Capital Próprio (JSCP) de R$0,4475 por ação em 30 de dezembro de 2008. Sua cotação na época era de R$13,29. Já significou um ganho (*dividend yield,* ou retorno com dividendos) de 3,37%. Quem tivesse naquele dia R$10 mil de Porto Seguro receberia aproximadamente R$337 de JSCP.

Dividendos trimestrais da Gerdau

Para o ano de 2008, a Gerdau declarou aproximadamente R$0,785 de dividendos por ação, divididos em quatro parcelas: R$0,205 no 1T08, R$0,36 no

2T08, R$0,18 no 3T08 e R$0,04 no 4T08. Comparado ao valor de encerramento do ano de 2008 para a Gerdau PN (GGBR4) — R$15,03 —, esses dividendos representariam 5,22% ao ano. Esse valor já se aproxima de uma aplicação conservadora em renda fixa (6% ao ano).

Dividendos elevados, "ações de viúva"

É uma brincadeira comum no mercado chamar as ações de empresas que atuam em mercados maduros, com pequeno crescimento e com altíssima distribuição de lucros, de "ações de viúva", certamente em uma alusão às supostas necessidades de uma viúva tradicional, que deveria privilegiar o fluxo de caixa imediato, em detrimento de um elevado crescimento da empresa no futuro.

Empresas maduras em mercados maduros costumam ter alto *pay out*, que é o percentual de distribuição dos lucros. É assim porque as necessidades de reinvestimento dessas empresas são menores do que para aquelas em franca ascensão, em mercados competitivos e propensos a fusões e aquisições.

A TELESP (TLPP4 atual Telefônica — VIVT4) declarou dividendos próximos a R$4,47 por ação em 2008, praticamente 100% do lucro anual. Para uma cotação ao final do ano de R$46,40, os dividendos representaram um retorno próximo a 10% ao ano. Como representa ganho líquido, esse valor foi melhor do que a remuneração líquida, após impostos, da renda fixa em 2008.

Retornos históricos com dividendos

Como se pôde perceber, os retornos com dividendos não são absolutos e dependem muito do preço relativo da empresa (múltiplo P/L, tratado mais adiante). Não adianta uma empresa valer na bolsa R$10 bilhões, declarar um lucro de R$100 milhões e distribuir tudo a título de dividendos. Isso representaria apenas 1% de retorno, mesmo com esse *pay out* de 100%.

No Brasil, até meados de 2005, as ações apresentavam múltiplos baixos em relação a seus pares estrangeiros. Enquanto uma empresa de petróleo nos EUA era negociada a 15, 20 vezes seu lucro, a Petrobras não passava de seis ou sete vezes. Justamente por serem "baratas" à época, apresentavam excelentes retornos com dividendos.

A média brasileira entre 2003 e 2006 para retornos com dividendos situava-se entre 5% e 5,5%. No biênio 2007-2008, apesar de não haver estudos publicados sobre o assunto, estima-se que a média esteve entre 3% e 4%. Essa redução nos *dividend yields* se deveu sobretudo ao forte crescimento nos preços das ações não acompanhado proporcionalmente pelos lucros.

Em países desenvolvidos, esses retornos costumam ser menores, raramente superando 2%, na média. Não é tão ruim, dado que o retorno em renda fixa nesses países também é baixo. No final de 2007, início de 2008, o mercado norte-americano apresentava *dividend yield* próximo a 2,2%, valor muito expressivo, pois os títulos de renda fixa do governo dos EUA remuneravam os poupadores, à mesma época, em menos de 2% ao ano.

Entre 2010 e 2018, estima-se que os retornos com dividendos situaram-se entre 2% e 6% para empresas com *pay out* médio, e entre 8% e 12% para empresas com *pay out* alto.

O segundo princípio do INI

Reinvestir todos os ganhos no mercado de ações durante o período de formação de patrimônio. Esse princípio pode amplificar de maneira decisiva o capital investido na bolsa. Aqueles pequenos 3% ao ano podem representar até 120% a mais no patrimônio de quem investe para o longo prazo.

A tabela a seguir mostra os efeitos de uma aplicação única de R$1.000,00 com crescimento anual de 12%.

Dividend yield	5 anos	10 anos	15 anos	20 anos	30 anos
Sem reinvestimento	1.762	3.106	5.474	9.646	29.960
1%	1.842	3.395	6.254	11.523	39.116
3%	2.011	4.046	8.137	16.367	66.212
5%	2.192	4.807	10.539	23.106	111.065
7%	2.386	5.695	13.590	32.429	184.675
9%	2.594	6.727	17.449	45.259	304.482
11%	2.815	7.926	22.314	62.821	497.913
13%	3.052	9.313	28.422	86.736	807.794

Para aquele que não reinveste os dividendos, seu patrimônio ao final de 30 anos seria de R$29.960,00. Se os dividendos correspondessem a 1% ao ano, esse patrimônio seria de R$39.116,00, 31% maior do que a hipótese inicial.

A matemática é óbvia, mas o que aconteceu na prática? O próximo "Episódio" dará sequência ao tema.

■■■

7 O que o segundo princípio do INI poderia ter feito por você. Testando o segundo princípio entre 1996 e 2017

Continuando o estudo que mediu os ganhos dos investidores que colocaram R$1.000,00 ao ano em quatro empresas brasileiras, agora os valores serão calculados considerando-se o reinvestimento integral dos dividendos.

Segundo princípio: reinvestir todos os ganhos (JSCP e dividendos)

Método: além de comprar R$1.000,00 por ano, foram reinvestidos os ganhos, tais como dividendos e juros sobre capital próprio, ao longo dos 22 anos do estudo.

Atenção, pois a VALE5, ação PN da Vale, parou de ser negociada no final de 2017, sendo convertida em ON (ordinária) à razão de 0,9342 ON para 1 PN.

Apesar de o ticker no estudo ser a VALE5, fizemos a conversão, e, na verdade, a quantidade refere-se à VALE3 (ON), já ajustada pelo fator de correção.

Resultados

Investimento total: R$22.000,00

Resultados com reinvestimento	PETR4	VALE5/VALE3	POMO4	GGBR4
Qtd. de ações (Dez. 2017)	6.582	7.977	112.842	28.019
Cotação da ação (Dez. 2017)	R$16,55	R$41,72	R$3,94	R$12,97
Patrimônio acumulado (Dez. 2017)	108.932,34	332.795,35	446.654,56	363.409,26
Rentabilidade anual (Dez. 2017)	12,35%	20,14%	22,17%	20,75%

Comparando-se o patrimônio obtido com reinvestimento e sem reinvestimento, verifica-se:

Essa questão do reinvestimento dos dividendos lembra aquela história de respeitar até as moedinhas. Quando se está começando a investir em ações, normalmente o volume de dividendos é pequeno, mas não deve ser deixado de lado, como se pode observar.

Resultados	PETR4	VALE5/VALE3	POMO4	GGBR4
Patrimônio sem reinvestimento	98.904,06	215.759,86	246.683,98	255.807,58
Patrimônio com reinvestimento	108.932,34	332.795,35	446.654,56	363.409,26
Rent. anual sem reinvestimento	11,66%	17,15%	18,08%	18,33%
Rent. anual com reinvestimento	12,35%	20,14%	22,17%	20,75%

Como já ilustrado, um *dividend yield* (retorno com dividendos) de 3% ao ano daria uma ampliação de mais de 30% no patrimônio em dez anos. Algumas das companhias do estudo chegaram a apresentar *dividend yields* superiores a 8% em mais de três anos no período avaliado, por isso tanta diferença entre as estratégias de reinvestir ou não os dividendos.

As incertezas do futuro

Mesmo as previsões dos melhores analistas a respeito do ano de 2008 se mostraram equivocadas. A inédita volatilidade observada na bolsa naquele ano fez com que até o mais experiente investidor evitasse se arriscar em prognósticos de curto ou médio prazo para a bolsa.

Ainda que se pudesse antecipar a crise fiscal e até o impeachment de 2016, nunca é possível "acertar o momento". Mesmo com o mundo em certa turbulência, riscos significativos no mercado de renda fixa pública e privada, e o risco fiscal no Brasil, a bolsa, em março de 2019, estava em sua máxima histórica (100 mil pontos).

Qual o momento de entrar ou sair?

O investidor hipotético do estudo anterior, que segue o método INI há 22 anos, não teria essa dúvida. Ele não trabalha com previsões sobre o futuro imediato da bolsa, e certamente, no início de 2018, deve ter aportado mais R$1.000,00, e assim por diante.

Naturalmente, ele deve aliar os dois princípios discutidos no estudo com o terceiro, que é comprar somente empresas de crescimento, e o quarto princípio, que recomenda a diversificação. A única obrigação desse investidor é se manter informado sobre as companhias em que investe, acerca de seus setores, seus planos e suas projeções de investimento.

Não é fácil, pois requer estudo e disciplina, mas é o preço que se paga para ser um investidor consciente de longo prazo.

E se o futuro for ainda pior do que se viu em 2008 e 2015-2016?

Que tal testar um cenário muito ruim? Veja a seguir, mas bata na madeira antes...

Pergunta: até que valores poderiam cair as cotações da Marcopolo, VALE, Petrobras e Gerdau para que tenham desempenho igual ao do índice DI no período de 1996 a 2017 (considerando 12% ao ano em média)?

Se um investidor tivesse aplicado R$1.000,00 anuais durante 22 anos em um fundo DI com rentabilidade líquida média de 12% ao ano, atingiria R$103.739,00.

Para que obtivesse os mesmos R$103.739,00 (ou a mesma taxa interna de retorno de 12% ao ano) com seu investimento em ações, a Marcopolo teria que cair a R$0,92, a VALE a R$13,02, a Petrobras a R$15,74, e a Gerdau a R$3,67.

É possível, e até aconteceu entre o final de 2015 e início de 2016, por questões internas da política e da economia brasileiras, quando vimos a VALE5 abaixo de R$10,00 e a Petrobras abaixo de R$4,00.

Entretanto, caso as empresas estejam saudáveis e bem administradas, provavelmente será mais uma oportunidade do que um risco.

Resultados com reinvestimento	PETR4	VALE5/VALE3	POMO4	GGBR4
Qtd. de ações (Dez. 2017)	6.582	7.977	112.842	28.019
Cotação da ação (Dez. 2017)	R$16,55	R$41,72	R$3,94	R$12,97
Cotação da ação para rentab. de 12%	R$15,74	R$13,02	R$0,92	R$3,67
Rentabilidade anual (Dez. 2017)	-4,89%	-68,79%	-76,65%	-71,70%

Quem teve coragem de apostar a favor do Brasil e investir em ações naquele momento pré-impeachment deve estar com rentabilidades superiores a 500%.

Os princípios do INI atuando em conjunto

O estudo pretende deixar claro que, para a formação de patrimônio, a disciplina e a regularidade desempenham papel fundamental. O primeiro e o segundo princípios do INI, investir regularmente e reinvestir os dividendos, estão no centro da formação de milhões de investidores conscientes ao redor do mundo, incluindo gente como Warren Buffett, que vem comprovando esses princípios há quase sete décadas.

Como dito, esse comportamento deve estar sempre aliado ao terceiro princípio, que é "investir em empresas de crescimento", pois as companhias utilizadas para exemplo apresentaram também crescimento dos lucros e das vendas nos anos em análise. Sabe-se que quem investiu seu dinheiro por 50 anos na General Motors provavelmente não tem um patrimônio expressivo em ações da montadora.

Todas as empresas analisadas ainda estão muitíssimo longe dos patamares recorde de lucros e dividendos que atingiram antes da crise de 2009, ainda assim, apresentaram uma rentabilidade média superior a um investimento similar feito em renda fixa (R$1.000,00 por ano durante 22 anos).

Além disso, ao contrário do que muitos "axiomas" determinam, os episódios recentes de perdas expressivas com derivativos e de esquemas Ponzi (semelhantes a pirâmides) em fundos renomados alertam para a importância do quarto princípio do INI: DIVERSIFIQUE! Por mais que seja atraente colocar todos os ovos em uma cesta que só sobe, ela pode cair. E sem avisar.

8 Que empresa devo comprar? O terceiro princípio INI de investimento em ações

O terceiro princípio do INI, investir em empresas de crescimento, quer dizer: "No longo prazo, as companhias com lucros crescentes tendem a ter cotações crescentes".

Isso é verdade? Bom, apesar de ser relativamente óbvio, é sempre importante utilizar a matemática para testar o senso comum.

Um breve estudo deve trazer insumos suficientes para que o leitor possa tomar sua decisão a respeito da veracidade da sentença apresentada no primeiro parágrafo.

A lógica e a metodologia são simples. A partir de uma base de dados com os valores de mercado das companhias no último dia útil do ano e do lucro anual acumulado, conseguiremos avaliar a correlação entre eles.

Foram avaliadas 196 empresas de 1996 a dezembro de 2017 — 22 anos de dados. Nem todas as companhias existiam ou tinham dados divulgados em 1996, mas a pesquisa foi feita de forma que as empresas tenham ao menos três anos completos de dados (valor de mercado e lucro líquido).

Seguem os principais resultados (dados extraídos da Economática).

Recordistas de lucros

Das empresas avaliadas, 69 tiveram lucros em todos os períodos da pesquisa. Empresas como Weg, Itaú, Bradesco, Fras-le, Vivo e Marcopolo tiveram lucro em todos os 22 anos estudados.

Algumas empresas com histórico mais recente na bolsa, como BB Seguridade, Ser Educacional, Linx, Multiplus e Raia Drogasil, também apresentaram lucros em todos os anos do estudo.

Segue a lista das empresas mais conhecidas que tiveram lucros em todos os anos estudados:

ABC Brasil	Fleury	ABC Brasil	ABC Brasil
Anima Educação	Fras-le	Marcopolo	SulAmérica
Arezzo	Grazziotin	MRV	Taesa
BB Seguridade	Grendene	Multiplus	Totvs
Bradesco	Guararapes	Natura	Transm. Paulista
BVMF - B3	Iguatemi	Odontoprev	Ultrapar
Cielo	Itaú Unibanco	Porto Seguro	Vivo
Coelce	Itaúsa	Raia Drogasil	Weg
CPFL	Linx	Santander	Wilson & Sons
Energias do Brasil	Localiza	Ser Educacional	Vivo
Estácio	Lojas Renner	SLC Agrícola	Weg
Eztec	M. Dias Branco	Smiles	Wilson & Sons

Maiores altas de valor de mercado (1996-2017)

Empresa	Anual (%)	Empresa	Anual (%)
Kroton	56,66%	Banco do Brasil	16,86%
BRF	31,93%	Itaú Unibanco	19,94%
Lojas Americanas	27,59%	Suzano	19,91%
Ultrapar	26,33%	Braskem	19,77%
Weg	25,84%	Lojas Renner	19,59%
AMBEV	24,85%	Itaúsa	19,15%
Alpargatas	24,69%	Gerdau	19,14%
Estácio	23,60%	Cielo	19,12%
Odontoprev	23,27%	M. Dias Branco	18,81%
Tim Participações	23,19%	Bradesco	17,78%
Randon	22%	Fibria	17,28%
CCR	21,78%	Gerdau Met.	17,06%
Marcopolo	20,05%	Vale	16,97%

Essas altas foram calculadas pelo método da regressão linear, tomando por base os valores de mercado das empresas até dezembro de 2017.

Exemplos de crescimento de lucro e de valor de mercado

Ano	Lucro Ultrapar	Valor (R$ mi)	Lucro Fleury	Valor (R$ mi)	Lucro Itaú	Valor (R$ mi)
1996					592	5.287
1997					721	6.187
1998					880	6.778
1999	88	1.108			1.869	17.825
2000	128	965			1.841	21.287
2001	132	991			2.389	19.572
2002	222	1.484			2.377	17.790
2003	246	2.358			3.152	29.936
2004	414	3.545			3.776	42.205
2005	299	2.637			5.251	56.544
2006	282	3.976			4.309	84.768
2007	182	5.086			8.474	105.930
2008	390	6.804			7.803	96.984
2009	467	10.731	83,69	2.320	10.067	154.411
2010	765	14.078	130,00	3.499	13.323	159.666
2011	849	17.163	100,65	3.343	14.621	137.385
2012	1.011	24.831	106,59	3.603	13.594	145.742
2013	1.225	30.012	61,14	2.876	15.696	150.611
2014	1.242	28.259	85,80	2.544	20.242	183.051
2015	1.503	32.829	107,34	2.501	23.360	150.488
2016	1.562	37.187	228,75	5.601	21.639	207.453
2017	1.574	40.752	320,62	9.336	23.965	259.003

Apresentamos no quadro anterior três das campeãs de lucro e a correlação entre lucro e valor de mercado.

Acompanhe o lucro da Ultrapar, do Fleury e do Itaú Unibanco. Dos 19 anos de lucros da Ultrapar, em apenas três houve queda nos lucros (2005, 2006 e 2007). Para o Fleury, dos nove anos analisados, houve quedas em 2011 e 2013, e o Itaú, nos 22 anos analisados, teve quedas em seis (1999, 2002, 2006, 2008, 2012 e 2016), sendo que, na maioria das vezes, mais pareceu uma estagnação (queda muito pequena).

Empresas com esse perfil deverão ter o crescimento dos lucros refletido, em grande parte, no crescimento do valor de mercado.

A Ultrapar saiu de um valor de mercado de cerca de R$1 bilhão em 1999 para R$40 bilhões em 2017, o Fleury saiu de R$2,32 bilhões em 2009 para R$9,33 bilhões em 2017, e o Itaú, de R$5,28 bilhões em 1996 para R$259 bilhões em 2017.

A correlação entre as variáveis valor de mercado e lucro anual foi de 98,89% para a Ultrapar (a maior de todas as empresas avaliadas), de 96,70% para o Fleury, e de 94,57% para o Itaú Unibanco.

Em todos os casos, a correlação linear é fortíssima, indicando uma relação quase causal entre as variáveis. A definição estatística da ferramenta de correlação é a de que, nos casos citados, em média, mais de 90% do crescimento da cotação pode ser explicado pelo crescimento dos lucros.

Não são os únicos casos. Normalmente, em empresas que conseguem apresentar consistência no crescimento de lucros, pode-se verificar forte correlação com o crescimento dos preços.

As correlações superiores a 90% foram verificadas nas seguintes empresas:

Empresa	Corr.	Empresa	Corr.	Empresa	Corr.
Ultrapar	99%	Linx	94%	Bradesco	92%
Raia Drogasil	98%	Engie Brasil	94%	CCR	91%
Fleury	97%	M. Dias Branco	93%	Lojas Renner	91%
Weg	95%	AMBEV	93%	Hypermarcas	91%
Itaú Unibanco	95%	Kroton	93%	Vivo	90%
Cielo	94%	Sanepar	93%		

Nas próximas páginas serão apresentados os resultados de algumas dessas companhias, para que o leitor possa verificar como é clara a relação entre um crescimento consistente de lucros e o crescimento do valor de mercado.

Ano	Lucro Raia Dr.	Valor (R$ mi)	Lucro Weg	Valor (R$ mi)	Lucro Cielo	Valor (R$ mi)
1996			41	322		
1997			58	432		
1998			98	354		
1999			82	705		
2000			125	803		
2001			176	1.183		
2002			220	1.912		

Ano	Lucro Raia Dr.	Valor (R$ mi)	Lucro Weg	Valor (R$ mi)	Lucro Cielo	Valor (R$ mi)
2003			308	2.974		
2004			403	4.410		
2005			375	4.694		
2006			503	8.764		
2007			575	15.564		
2008			560	7.720		
2009			548	11.425	1.534	20.866
2010			520	13.536	1.829	18.296
2011			587	11.642	1.810	26.246
2012			656	16.737	2.315	37.292
2013			843	19.333	2.674	51.562
2014			955	24.683	3.220	65.273
2015	340	11.683	1.156	24.112	3.511	63.211
2016	448	20.164	1.118	25.006	4.005	62.907
2017	511	30.268	1.142	38.890	4.056	63.837

Ano	Lucro AMBEV	Valor (R$ mi)	Lucro Bradesco	Valor (R$ mi)	Lucro M. Dias Br.	Valor (R$ mi)
1996	325	4.191	824	6.897		
1997	456	5.120	831	10.328		
1998	329	3.637	1.012	6.435		
1999	-311	7.755	1.105	13.095		
2000	470	18.164	1.740	17.864		
2001	785	17.425	2.170	16.546		
2002	1.510	19.686	2.023	14.538		
2003	1.412	26.392	2.306	22.699		
2004	1.162	55.181	3.060	28.750		
2005	1.546	53.646	5.514	64.734		
2006	2.806	63.334	5.054	84.801	116	2.870
2007	2.816	77.936	8.010	107.474	80	2.831
2008	3.059	56.507	7.620	65.354	214	2.247
2009	5.986	98.213	8.012	103.287	346	4.759
2010	7.561	144.362	10.022	109.759	352	4.481

(continua)

(continuação)

Ano	Lucro AMBEV	Valor (R$ mi)	Lucro Bradesco	Valor (R$ mi)	Lucro M. Dias Br.	Valor (R$ mi)
2011	8.641	187.554	11.028	106.971	367	5.412
2012	10.508	264.302	11.381	131.908	471	8.859
2013	9.535	270.935	12.011	128.085	524	11.345
2014	12.066	254.852	15.089	145.536	599	10.324
2015	12.424	279.979	17.190	100.044	604	7.515
2016	12.547	257.498	15.084	160.813	784	12.996
2017	7.332	334.314	14.658	200.521	844	17.662

Ano	Lucro Renner	Valor (R$ mi)	Lucro Engie	Valor (R$ mi)	Lucro CCR	Valor (R$ mi)
1996						
1997						
1998						
1999			-73	998		
2000			163	1.763		
2001			582	2.409		
2002			-184	2.103	-120	628
2003			517	4.482	183	2.188
2004			775	5.784	263	5.855
2005	80	1.822	920	9.824	500	7.457
2006	99	3.733	979	11.749	547	11.629
2007	156	4.377	1.046	13.903	584	11.085
2008	162	1.905	1.115	12.108	714	9.525
2009	190	4.789	1.134	14.054	635	17.607
2010	308	6.900	1.212	17.918	672	20.702
2011	337	5.946	1.448	19.556	899	21.575
2012	355	9.903	1.499	21.769	1.177	34.341
2013	407	7.680	1.436	23.460	1.351	31.374
2014	471	9.742	1.382	22.082	1.349	27.208
2015	579	10.939	1.500	21.860	874	22.158
2016	625	14.888	1.547	22.846	1.714	28.179
2017	733	25.259	2.003	23.179	1.797	32.623

Convém lembrar que esta análise pegou dados dos últimos 22 anos, e o futuro pode ser diferente. A principal regra do mercado continua sendo: desempenho passado não garante o futuro. É uma regra que não deixa ninguém se esquecer de que o mercado é de risco.

No entanto, as empresas com crescimento consistente nos lucros não costumam ser as mais indicadas para grandes ganhos percentuais de curto prazo, pois, em tese, deveriam oscilar de forma mais gradual do que aquelas sem consistência nos lucros. Em suma, para quem busca grandes ganhos no curto prazo, talvez não sejam as mais indicadas.

Matemática para demonstrar o óbvio?

Toda essa matemática vem corroborar o que o senso comum já sopra aos ouvidos dos investidores. Todos sabem que os melhores analistas, os mais bem pagos, obtêm essa reputação por acertarem suas projeções com regularidade.

Isso significa que um analista internacional de mineração deverá ser capaz de projetar com pequena margem de erro os lucros da VALE, da BHP, da Rio Tinto, além dos preços do minério de ferro, do níquel etc.

E por que ele precisa projetar os lucros das empresas de mineração?

A resposta é simples: para saber qual o preço justo a ser pago pelas ações das companhias, ora!

As correlações de 80% a 99%, verificadas no estudo anterior, indicam uma relação de quase causalidade entre o preço e o lucro das companhias, e a história do analista internacional dá ainda mais força a essa evidência.

De qualquer forma, nada como verificar matematicamente uma percepção baseada no senso comum.

É importante colocar, por fim, que, apesar de nada dizer sobre o futuro, o desempenho passado revela muito acerca da empresa, principalmente da qualidade de sua administração e de sua capacidade de crescer e se desenvolver.

Evidentemente, é mais prudente acreditar em quem faz sucesso há anos do que nas promessas de empresas novas ou com resultados sofríveis no passado.

A seguir temos a lista completa das empresas com mais de 70% de correlação entre preço de mercado e lucro.

Empresa	Corr.	Empresa	Corr.	Empresa	Corr.
Ultrapar	99%	Anima Educação	88%	Taesa	82%
Raia Drogasil	98%	Odontoprev	88%	Banco do Brasil	81%
Fleury	97%	Equatorial	87%	Celpe	81%
Weg	95%	Whirlpool	87%	Lojas Marisa	81%
Itaú Unibanco	95%	Porto Seguro	87%	Alfa Financeira	81%
Cielo	94%	Metisa	87%	Localiza	81%
Linx	94%	Grazziotin	86%	Eztec	80%
Engie Brasil	94%	Panvel Farmácias	85%	Coelce	79%
M. Dias Branco	93%	Banrisul	85%	Tarpon	79%
AMBEV	93%	Sabesp	85%	Cemig	78%
Kroton	93%	Guararapes	85%	Porto Bello	78%
Sanepar	93%	Fras-le	85%	Pettenati	78%
Bradesco	92%	Marcopolo	84%	Lopes Brasil	78%
CCR	91%	Natura	84%	Eletropaulo	78%
Lojas Renner	91%	Comgás	84%	Pão de Açúcar	78%
Hypermarcas	91%	Grendene	84%	Wiz	77%
Vivo	90%	Smiles	84%	Cyrela	75%
Mills	90%	Multiplan	84%	Iguatemi	75%
Magazine Luiza	89%	São Martinho	83%	Copel	74%
Hering	89%	CVC Brasil	83%	Technos	73%
Alpargatas	89%	SulAmérica	83%	Metal Leve	72%
Totvs	89%	Coelba	83%	Lojas Americanas	71%
Itaúsa	89%	Estácio	82%	Via Varejo	70%
BR Insurance	88%	Dasa	82%	Energisa	70%

■■■

9 Diversificação é fácil de entender, mas difícil de fazer. O quarto princípio INI de investimento em ações

O quarto princípio da metodologia INI é o da diversificação de ativos. Diversificação é a palavra que traduz a antiga expressão "não colocar todos os ovos em uma mesma cesta". Significa, em resumo, aceitar uma redução de ganhos para ter redução de riscos.

Os períodos de 2006 a 2008 e de 2014 a 2016 trouxeram uma infinidade de provas de que a diversificação é um princípio básico demais da teoria de investimentos para ser deixado de lado. As baixas contábeis por conta da crise do *subprime*, a alavancagem excessiva em dólar de algumas das melhores empresas brasileiras e os riscos políticos e fiscais mostraram os perigos de se apostar todas as fichas em um ativo só, ou até em apenas um mercado.

Diversificação, entretanto, não é uma arte das mais fáceis. As técnicas costumam se apresentar de maneira sofisticada, comumente fora do alcance de quem não tem um bom ferramental matemático.

Entretanto, há formas de apresentar a teoria da diversificação de maneira simplificada, sem entrar em detalhes matemáticos de correlação e covariância entre ativos, mas fornecendo subsídios para que o investidor consiga compreender o que é uma carteira diversificada.

O modelo e o BETA

Um método bastante utilizado para diversificação é o modelo de precificação de ativos financeiros (CAPM — Capital Asset Pricing Model), que fornece o indicador BETA para medirmos a volatilidade de um ativo com relação a algum parâmetro.

A lógica é simples. Os estatísticos comparam a movimentação, dia a dia, do Ibovespa com uma determinada ação. Dessa comparação eles extraem os seguintes indicadores, que demonstram o comportamento de um determinado ativo em relação ao comportamento do Ibovespa.

Quando o Ibovespa sobe, a ação sobe mais do que o índice	Beta > 1
Quando o Ibovespa sobe, a ação sobe exatamente na mesma proporção	Beta = 1
Quando o Ibovespa sobe, a ação sobe, mas menos do que o índice	0 < Beta < 1
Quando o Ibovespa sobe, a ação cai, mas menos do que o índice	-1 < Beta < 0
Quando o Ibovespa sobe, a ação cai na mesma proporção que o índice	Beta = -1
Quando o Ibovespa sobe, a ação cai mais do que o índice	Beta < -1

Como isso permite que se diversifique uma carteira? Simples, veja exemplos para uma carteira hipotética com duas ações apenas (A e B).

Ação A	Ação B	Ibovespa	Ação A	Ação B
Beta > 1	**0 < Beta < 1**	**Sobe**	**Sobe mais**	**Sobe menos**
Beta > 1	0 < Beta < 1	Cai	Cai mais	Cai menos
Beta > 1	**Beta > 1**	**Sobe**	**Sobe mais**	**Sobe mais**
Beta > 1	Beta > 1	Cai	Cai mais	Cai mais
0 < Beta < 1	**0 < Beta < 1**	**Sobe**	**Sobe menos**	**Sobe menos**
Beta = 1	**Beta = 1**	**Sobe**	**Sobe igual**	**Sobe igual**
Beta > 1	Beta < - 1	Cai	Cai mais	**Sobe mais**
Beta < -1	**Beta < - 1**	**Sobe**	Cai mais	Cai mais

Com base nessas análises, o investidor pode escolher montar sua carteira com alta volatilidade em relação ao índice ou com baixa volatilidade. Se escolher betas superiores a 1, sua carteira deverá subir mais do que o índice, mas também deverá cair mais do que o Ibovespa.

Pode ainda escolher betas com sinais trocados, de forma que, quando a bolsa subir, uma ação deverá subir e a outra cair.

A diversificação deve sempre atender a interesses pessoais, pois cada investidor tem sua própria susceptibilidade ao risco.

Vale dizer que é muito difícil encontrar ativos com beta negativo em qualquer que seja o mercado, de modo que o mais comum quanto à diversificação é escolher ativos com Beta positivo, alguns maiores que 1 e outros menores que 1.

Dessa maneira, quando a bolsa sobe, ganha-se mais em ações com Beta maior que 1, porém menos nas outras. E vice-versa.

A diversificação ao alcance do investidor individual

Mas há outros aspectos importantes a tratar quanto à diversificação que não dependem tanto da matemática. O investidor não profissional pode ficar atento às variáveis que influenciam a economia, tais como câmbio, juros, inflação, liquidez internacional, segurança política, preço de commodities etc. e diversificar sua carteira com base nestas variáveis.

E como fazer isso?

Bom, deve pegar cada variável e se perguntar: "Como a empresa X (ou como sua carteira) se comporta frente a essa variável?"

Efeitos do câmbio — exemplos

A empresa X não sofre muito impacto em suas receitas quando o câmbio se valoriza, pois vende seus produtos no mercado interno, de forma que o dólar não traz grande impacto. Em compensação, tem grande dívida em dólar, de modo que seu balanço melhora quando o real se valoriza.

Já a empresa Y é exportadora, então a desvalorização do câmbio reduz suas receitas diretamente, pois para cada dólar vendido ela recebe menos reais.

Efeitos dos juros — exemplos

Nesse caso, as empresas que mais ganham com a elevação dos juros podem ser os bancos, enquanto os outros setores costumam perder, em função do aumento do custo de capital.

Pode ser que alguns setores que não dependam de crédito, como o de alimentos, de serviços públicos e de serviços em geral, também sejam beneficiados por um aumento de juros, pois as pessoas estariam menos propensas a consumir bens duráveis, que dependam de crédito, buscando, por exemplo, consertar seu eletrodoméstico ou seu carro.

Efeitos da inflação — exemplos

Uma elevação na inflação acaba por reduzir o poder de compra da população, pelo aumento dos preços dos produtos. Empresas que vendem artigos básicos, que não têm sua movimentação muito afetada pela queda do poder de compra, tendem a se sair melhor em momentos como o sugerido.

Essas empresas podem ser vistas como uma proteção do investimento contra a inflação, pois, como vendem produtos de pouca elasticidade, ou seja, que as pessoas não param de consumir mesmo que haja aumento moderado nos preços, tendem a repassar os aumentos de custos e repor os efeitos da inflação em suas receitas, protegendo indiretamente o investidor.

Efeitos do preço do petróleo — exemplos

Produtores de petróleo e de derivados tendem a ganhar com a elevação do preço, enquanto consumidores perdem. Por exemplo, petroquímica (Braskem) e aviação (TAM e Gol).

Essa visão sobre diversificação também permite ao investidor elaborar estratégias próprias para montar sua carteira. Caso acredite que o dólar se valorizará no futuro, pode comprar ações que ganhem sob essa hipótese. Caso acredite que a o preço das commodities subirá no mercado internacional, pode se posicionar em empresas afins.

É importante informar que estamos falando apenas de diversificação em carteira de ações. A diversificação da carteira total de investimentos significa distribuir a alocação em bolsa, renda fixa, dívida privada, previdência etc.

A seguir temos exemplos de algumas carteiras diversificadas recomendadas por bancos e corretoras em fevereiro de 2018.

Ação	Peso
BR Malls (BRML3)	10%
Equatorial (EQTL3)	15%
Gerdau (GGBR4)	15%
Itaú Unibanco (ITUB4)	15%
Klabin (KLBN11)	10%
Natura (NATU3)	10%
Petrobras (PETR4)	5%
Raia Drogasil (RADL3)	5%
Ultrapar (UGPA3)	15%
Via Varejo (VVAR11)	15%

Ação	Peso
B3 (BVMF3)	10%
CSN (CSNA3)	10%
Direcional (DIRR3)	10%
Itaú Unibanco (ITUB4)	10%
Lojas Americanas (LAME4)	10%
Petrobras (PETR4)	10%
Smiles (SMLE3)	10%
Usiminas (USIM5)	10%
Vale (VALE3)	10%
Via Varejo (VVAR11)	10%

Ação	Peso
B3 (BVMF3)	6%
Bradesco (BBDC4)	5%
CCR (CCRO3)	6%
Copel (CPLE6)	6%
Eztec (EZTC3)	6%
Fibria (FIBR3)	6%
Gerdau (GGBR4)	6%
Itaú Unibanco (ITUB4)	5%
Magazine Luiza (MGLU3)	6%
Metal Leve (LEVE3)	6%
Petrobras (PETR4)	10%
Raia Drogasil (RADL3)	6%
São Carlos (SCAR3)	6%
Ser Educacional (SEER3)	6%
Smiles (SMLE3)	8%
Vale (VALE5)	6%

Ação	Peso
B3 (BVMF3)	10%
Banco do Brasil (BBAS3)	10%
BR Malls (BRML3)	10%
Fibria (FIBR3)	10%
Itaú Unibanco (ITUB4)	10%
M. Dias Branco (MDIA3)	10%
Petrobras (PETR4)	10%
Randon (RAPT4)	10%
Ser Educacional (SEER3)	10%
Usiminas (USIM5)	10%

■■■

10 Governança corporativa. Aprenda a se proteger! O quinto princípio INI de investimento em ações

Governança corporativa pode ser definida como o conjunto de práticas, valores, costumes, leis, regulamentos, processos e políticas que regem o modo como uma organização é administrada. Como se pode perceber, a expressão governança corporativa em si não traz juízo de valor a respeito da gestão de uma organização. É necessário que a expressão venha acompanhada por adjetivos que a qualifiquem.

Há um entendimento global de que boas práticas de governança corporativa sejam alicerces indispensáveis para a construção do desenvolvimento econômico. Apesar de não haver uma cartilha única para descrever o que seriam essas boas práticas, suas diretrizes básicas são consensuais na maior parte dos mercados desenvolvidos.

Traduzindo para a linguagem direta do pequeno investidor, uma empresa ter boas práticas de governança corporativa significa, entre outros aspectos, que respeita um conjunto de códigos de conduta amplamente difundidos e respeitados no sistema econômico-social em que está inserida.

Traduzindo ainda mais diretamente, significa que as empresas, em tese, concordam em agir com equidade, respeito e racionalidade quando em situações de conflito ou desavença com investidores minoritários ou com outros agentes do mercado.

A cultura do respeito

No livro *A era da turbulência*, Alan Greenspan, ex-presidente do Federal Reserve, o banco central norte-americano, repete várias vezes uma percepção pessoal a respeito do funcionamento dos mercados. Em sua visão, seria impossível ter leis para tudo. Não faz sentido pensar na construção de um mercado absolutamente regulado, pois jamais haverá capacidade humana e regulatória para antever a infindável criatividade dos agentes.

Na visão de Greenspan, o bom funcionamento do mercado baseia-se primordialmente nas relações básicas de confiança entre os diversos agentes. É impraticável para qualquer companhia trabalhar pondo em dúvida todas as atitudes daqueles que interagem com ela. Em princípio, a vasta maioria dos clientes busca a satisfação de suas necessidades pessoais com responsabilidade e discernimento, e apenas um pequeno percentual agiria de má-fé. E Greenspan deve ter razão, pois sua regra é básica também para o convívio em sociedade.

A ação dentro de elevados padrões é, antes de tudo, fruto de uma cultura de boa governança. Apesar de a Bovespa ter sugerido regras objetivas para as boas práticas, nada substituirá a interiorização desses valores elevados, dentro dos códigos de conduta das companhias. É assim nos mercados, é assim na vida.

Nos últimos anos, a ação de várias entidades brasileiras, tais como B3, CVM, IBGC, IBRI, ABRASCA, APIMEC e o extinto INI, entre outras, veio demonstrando permanente diligência no que concerne a informar os investidores sobre a importância de se exigir boas práticas de governança. Como se verá adiante, o mercado brasileiro mudou bastante, e para melhor, apesar dos percalços.

Os perigos da falta de governança

A governança corporativa vai, a cada interrupção de ciclo de prosperidade nos mercados, mostrando seu valor e sua importância. As grandes rupturas enfrentadas pelos mercados nos últimos anos apresentaram, em algum grau, crises de governança, e não só no que se refere às bolsas.

No imperdível livro *A lanterna na popa*, Roberto Campos conta vários de seus périplos, literalmente de pires na mão, em busca de soluções para os desequilíbrios fiscais e cambiais do Brasil, e sobre as negociações com Eximbank, Clube de Paris, Banco Mundial, FMI etc., sempre tentando convencê-los de que o Brasil seria capaz de organizar suas contas e cumprir acordos.

Em dois governos sucessivos, JK e Jânio, Roberto Campos queimou esforços junto aos organismos internacionais, dada a propensão à falta de governança corporativa crônica no Brasil pré-real.

As exigências do FMI a JK eram pesadas. Iam da interrupção da construção de Brasília até uma reforma cambial completa, extinguindo o incompreensível regime de câmbio diferencial, em que um burocrata determinava o valor do dólar para cada atividade de comércio exterior.

Roberto Campos, que ajudou a formular o acordo com o FMI, conta em seu livro que, ao ser chamado para uma reunião com o presidente Juscelino, entrou no palácio e viu Celso Furtado. Pensou: "Acabou o acordo..."

E o Brasil rompeu com o FMI logo em sua primeira tentativa de acordo. Como o país estava quebrado ao final do governo JK, Roberto Campos voltou a trabalhar junto ao FMI representando o governo de Jânio Quadros e o ministro da Fazenda Clemente Mariani.

Durante uma das muitas viagens na tentativa de conciliar as contas externas brasileiras, Roberto Campos teve que voltar correndo ao Brasil, pois Jânio havia renunciado. E os acordos necessários, mais uma vez, não saíram do papel inteiramente.

Em 21 de fevereiro de 1987, o Brasil decretou moratória unilateral durante o governo Sarney. Ainda não se sabe o quanto o Brasil perdeu com essa moratória, mas estima-se que foram longos anos de credibilidade externa.

Em 2018, o Brasil saiu da situação de risco cambial para a situação de risco fiscal. O risco não é mais a falta de divisas estrangeiras para honrar compromissos no câmbio, mas o de solvência da própria máquina estatal.

Independentemente dos motivos brasileiros nos episódios citados, a quebra de confiança e a falta de governança prejudicaram a relação entre o país e a comunidade financeira internacional.

A evidência de que a boa governança é fundamental para o desenvolvimento econômico do país é o que ocorre neste final da década de 2010. Após 31 anos de cumprimento racional das regras de mercado, o Brasil está com sua imagem modificada, além de apresentar números mais saudáveis.

Melhor passar pelas agruras necessárias ao respeito às regras do que promover moratórias decenais, como no caso de alguns países latino-americanos.

O Brasil parece ter interiorizado uma regra básica: quem empresta quer receber de volta. Espera-se que isso seja mantido no futuro.

A única certeza é a de que, se o Brasil retornar ao voluntarismo econômico, perderá o momento de maior liquidez da economia mundial, em que os investidores estão ávidos por projetos, ainda que tenham retorno potencial baixo ou risco elevado.

Falta de informação e conhecimento, as décadas de 1960 e 1970

No final da década de 1960 e início da de 1970, os investidores compravam qualquer coisa que aparecesse na bolsa. Segundo as histórias de corretores que atuavam na época, devido ao grande fluxo de dinheiro proveniente dos benefícios fiscais concedidos pelo governo aos investidores, até boatos banais como a famosa Merposa (M... em pó S.A.) e a Pipisa (Pinicos do Piauí S.A.) geravam burburinho no mercado. Os novatos ficavam loucos para comprar os novos lançamentos. Naturalmente, sem nem saber do que se tratavam.

Na onda da euforia que tomou conta dos mercados no Brasil até 1971, várias empresas sem qualquer condição de abrir capital buscavam recursos no mercado. Dois casos clássicos são Cromagem Tarumã e Companhia de Águas de Petrópolis, empresas sem qualquer condição e estrutura para buscar capitalização na bolsa, mas que lançaram papéis e logo viraram grandes micos nas mãos dos investidores.

Pois essa abundância de falta de governança, conhecimento e racionalidade gerou uma década sofrível para a bolsa brasileira.

De 1971 até 2002, a bolsa minguou, com altos e baixos, mas acabava por não cumprir suas funções principais, que são servir como fonte de financiamento para as empresas se desenvolverem e como instrumento de formação de poupança de longo prazo.

Como se vê, assim no mercado como na vida, confiança é algo dificílimo de se obter, mas facílimo de perder.

Exuberância irracional e grandes fraudes corporativas

No início do século atual, o mercado norte-americano passou por uma formação de bolhas especulativas irracionais por conta do boom das empresas pontocom. Greenspan, presidente do Fed (Sistema de Reserva Federal dos Estados Unidos) à época, só faltava gritar nos ouvidos dos investidores que eles estavam sendo irracionais ao extremo.

Warren Buffett, investidor mais rico do mundo há vários anos, disse nunca ter colocado um só centavo em empresas pontocom. Quando perguntavam a ele os motivos, dizia: "Como posso investir em uma empresa que só dá prejuízo e que vende algo que eu não vejo e não entendo?"

Pois o estouro da bolha da Nasdaq, bolsa norte-americana para papéis ligados à nova economia, aliado às fraudes vergonhosas na Enron e na Worldcom, recolocou a governança corporativa na ordem do dia das finanças mundiais.

O governo norte-americano aprovou uma lei duríssima (considerada por alguns como exageradamente cara), a Sarbannes-Oxley — SOX, que exigia instrumentos para garantir maior controle e mais transparência nas operações de companhias abertas.

Casos brasileiros

Normalmente, a falta de governança faz mais barulho quando evidenciada por atitudes que têm impacto junto aos pequenos acionistas. Os próprios níveis de governança corporativa propostos pela Bovespa em seus segmentos diferenciados de negociação focam bastante a questão da proteção ao minoritário, dado que dificilmente esses investidores conseguem equilibrar situações de conflito com os controladores das empresas.

O *tag along* é um dos instrumentos mais objetivos de proteção ao investidor minoritário, pois é uma garantia da própria companhia de que estenderá aos minoritários os preços praticados em ofertas de compra de controle ou fusão. Em geral, essas garantias situam-se entre 80% e 100% do preço pago pelo controle da companhia.

Outra atitude importante de proteção ao minoritário é estender direito a voto em alguns tipos de conflito aos detentores de ações preferenciais nominativas, as ações PN.

Alguns casos recentes demonstram a importância das boas práticas de governança corporativa, além de ressaltar a atuação de entidades reguladoras na garantia dessas práticas, na aplicação da lei e no cumprimento dos estatutos.

Reestruturação da Telemar

Em 2006, a Telemar buscava reestruturar sua complexa distribuição acionária, com vistas a entrar no novo mercado da Bovespa, segmento em que somente empresas que têm a totalidade de suas ações com direito a voto (ON) são permitidas.

Na visão dos controladores, a Telemar reestruturada e com práticas elevadas de governança se tornaria uma empresa muito mais valiosa.

A empresa, entretanto, ofereceu uma relação de troca que não foi bem vista pelos acionistas detentores de ações preferenciais. Cada detentor de ações ON receberia 2,6 vezes mais ações da nova companhia (especulava-se que o código seria OIOI3) do que o detentor de ações PN. A diferença de preço entre as ações ON e PN da Telemar antes da proposta de reestruturação estava em 40% a mais para as ações ON.

Essa diferença anterior (40%) poderia ser justificada por alguns motivos, porém os mais importantes são o direito ao voto e o *tag along* de 80% assegurado pela justiça para as ações ON, garantia que não se aplica às ações PN, pois não há previsão no estatuto da Telemar.

Em 18 de agosto de 2006, a CVM decidiu proibir a participação dos controladores e dos detentores de ações ordinárias nas assembleias que decidiriam a reestruturação. A proibição era válida caso houvesse diferença nas relações de troca entre as ações, o que era o caso.

Apesar da ideia de reestruturação parecer muito positiva para a empresa e para o mercado, a percepção de que a relação de troca entre as ações não era adequada acabou por fazer a reestruturação não ser aprovada.

Nesse exemplo, mostra-se a atuação do órgão regulador no sentido de manter condições de equilíbrio no conflito societário.

Fusão Arcelor S.A. e Mittal Steel Company N.V.

Em 27 de janeiro de 2006, a Mittal publicou *press release* informando sua disposição de adquirir todas as ações da Arcelor S.A., controladora indireta da Arcelor Brasil e da Acesita.

Dependendo do teor da aquisição, se hostil ou acordada, se fusão ou aquisição, além de outras questões legais, as controladas brasileiras poderiam ter que fazer uma OPA (Oferta Pública de Ações) para aquisição das ações das controladas brasileiras, nas mesmas condições oferecidas aos acionistas da Arcelor internacional.

Em primeiro de agosto de 2006, a CVM determinou que os novos controladores fizessem uma oferta pública, de acordo com o estatuto da Arcelor Brasil (não estendido à Acesita), aos minoritários brasileiros.

Em meados de 2007, a Mittal teve que pagar R$51,27 por ação da Arcelor, valor muito superior ao oferecido inicialmente, de R$34,00, e também muito acima do valor de negociação da companhia antes do episódio citado.

No caso, o que garantiu as condições de extensão do preço pago aos estrangeiros foi o próprio estatuto da Arcelor Brasil. O investidor minoritário encontrará todas as cláusulas principais que regem conflitos societários básicos em uma breve leitura do estatuto da companhia. Simples assim.

Aracruz e VCP

Em um caso de 2009, a VCP adquiriu o controle da Aracruz. Ambas as empresas haviam declarado perdas relevantes com derivativos durante 2008, sendo que o caso da Aracruz foi particularmente grave.

Durante o quarto trimestre de 2008, as cotações da companhia chegaram a cair mais de 85% em pouco mais de dois meses. Os acionistas, de certa forma, já haviam perdido patrimônio significativo por conta das operações alavancadas. Esses fatos provavelmente desestruturam os planos iniciais de fusão entre os dois gigantes da área de papel e celulose.

A Aracruz não tinha cláusulas de *tag along* em seu estatuto, nem qualquer outra cláusula que garantisse proteção ao minoritário no caso de alienação do controle. Dessa forma, a VCP pôde comprar as ações de um dos grupos controladores, detentor de 28,03% das ações ordinárias da Aracruz, por um valor bem acima do que estava sendo negociado no mercado à época.

Em 20 de janeiro de 2009, a Aracruz e a VCP divulgaram fato relevante conjunto apresentando as condições para a compra de controle da primeira, realizada pela segunda. As ações ordinárias da Aracruz (ARCZ3) já haviam caído para algo como R$2,90. A VCP ofereceu pelas 127.506.457 ações ordinárias de um dos grupos controladores o valor total de R$2,710 bilhões, a serem pagos em seis parcelas. Isso dava R$21,25 por ação.

Aos detentores de ações PN, resta esperar que a fusão entregue os resultados vislumbrados pela VCP, como única forma de recuperar seu patrimônio.

Sadia

A Sadia também registrou perdas expressivas com instrumentos derivativos no final de 2008. No primeiro trimestre de 2009, a nova diretoria declarava estar estudando for mas de capitalizar a companhia, a fim de reduzir o elevado nível de endividamento atingido após uma corrida para quitar os derivativos antes que pudessem causar mais danos.

A Sadia garante *tag along* de 80% para as ações preferenciais. Dessa forma, caso haja a alienação do controle da companhia para qualquer grupo, os detentores de ações ON e PN poderão contar com o amparo das regras assumidas pela própria empresa, conforme ocorrido no episódio entre a Mittal e a Arcelor Brasil.

Operação Lava Jato

O envolvimento da Petrobras na Operação Lava Jato acabou por disparar uma série de ações de investidores ao redor do mundo. E até pelo menos o início de 2018, a companhia continuou colhendo prejuízos relacionados ao seu envolvimento em práticas não equitativas e corrupção.

Mas não foi só a Petrobras. O fantasma do envolvimento com um sistema de propinas a políticos ainda atinge companhias listadas, como ocorreu com as empresas de concessões rodoviárias (CCR, EcoRodovias etc.).

O episódio de 17 de maio de 2017, com a divulgação de uma gravação entre o então presidente Michel Temer e o controlador da JBS, levou o Brasil a atrasar a saída da crise política e econômica e levou, mais tarde, à cadeia a cúpula da empresa.

Até o início de 2019, ainda não se podia afirmar que os efeitos negativos do envolvimento de companhias abertas (e fechadas) com políticos e governos estivesse chegando ao fim.

A B3 reinventando a governança corporativa

Um dos mais importantes passos assumidos pela B3 (Bovespa) no sentido da recuperação do mercado acionário brasileiro foi a instituição dos níveis diferenciados de negociação, baseados nas práticas de governança corporativa.

Essa iniciativa instituiu padrões objetivos para se medir o grau de governança corporativa das companhias listadas. Desde um nível mínimo, para garantir a listagem no segmento especial, até o Novo Mercado, segmento em que as empresas se comprometem voluntariamente a manter várias práticas de governança adicionais às exigidas por lei.

O nível 1 de governança corporativa

As exigências para que a empresa ingresse no nível 1 são, em resumo:

- Melhoria nas informações prestadas à sociedade, com inclusão nas informações trimestrais (ITRs) das demonstrações financeiras consolidadas e da demonstração dos fluxos de caixa.
- Prestar informações adicionais, tais como: quantidade e tipo das ações nas mãos dos grupos controladores, membros do conselho de administração, diretores e integrantes do conselho fiscal, bem como a evolução dessas posições.
- Realização de reuniões públicas com investidores e analistas ao menos uma vez por ano.
- Apresentação de calendário anual de eventos corporativos.
- Divulgação de termos de contratos firmados entre a companhia e partes relacionadas.
- Divulgação, em bases mensais, das negociações de valores mobiliários e derivativos de emissão da companhia por parte dos acionistas controladores.
- Vinte e cinco por cento de *free float*, ou seja, manter em circulação uma parcela mínima de ações representando 25% do capital social da companhia.

O nível 2 de governança corporativa

Além de se comprometer com os itens exigidos no nível 1, a companhia ainda deve cumprir as exigências a seguir, em resumo:

- Divulgação de demonstrações financeiras de acordo com padrões internacionais IFRS ou US GAAP.

- Conselho de administração com um mínimo de cinco membros e mandato unificado de até dois anos, permitida a reeleição. No mínimo 20% dos integrantes como conselheiros independentes.
- Direito de voto às ações preferenciais em algumas matérias, tais como transformação, incorporação, fusão ou cisão da companhia, e aprovação de contratos entre a companhia e empresas do mesmo grupo sempre que, por força de disposição legal ou estatutária, sejam deliberados em assembleia geral.
- Extensão para todos os acionistas detentores de ações ordinárias das mesmas condições obtidas pelos controladores se houver venda do controle da companhia, e de no mínimo 80% desse valor para os detentores de ações preferenciais (*tag along*).
- Realização de uma oferta pública de aquisição de todas as ações em circulação, no mínimo pelo valor econômico, nas hipóteses de fechamento do capital ou cancelamento do registro de negociação nesse nível.
- Adesão à Câmara de Arbitragem do Mercado para resolução de conflitos societários.

O Novo Mercado

A grande diferença das empresas listadas no Novo Mercado é a exigência de ter apenas ações ordinárias, ações com direito a voto. Naturalmente, todas as exigências feitas nos níveis 1 e 2 que forem pertinentes deverão ser cumpridas pelas empresas listadas no Novo Mercado.

A governança corporativa e a segurança do investidor

Deve ficar claro que não há qualquer relação entre estar listada em um nível diferenciado de governança e a lucratividade das ações da companhia.

O mercado acredita que empresas com boas práticas de governança tendem, no longo prazo, a gerar mais valor para o acionista e para a sociedade, dado que governança, de um modo amplo, inclui também respeito às leis, à natureza, à ética etc., porém não há e nem haverá garantias de ganhos aos acionistas.

Prestigiando empresas com boa governança, o acionista consegue se proteger de situações em que grupos mais fortes economicamente possam obter vantagens apenas por essa condição privilegiada, o que já traz uma situação de mais conforto ao investidor.

Aos novos e antigos investidores, a mensagem é clara: sua proteção está nas leis, mas também nos estatutos das companhias abertas e nas práticas e compromissos declarados sobre governança corporativa.

Muitos episódios mundo afora são eloquentes o suficiente para que o investidor leve em consideração esse parâmetro na hora de decidir o destino de seus recursos.

■■■

PARTE III

O QUE É FUNDAMENTAL SABER

Capítulos

O QUE É FUNDAMENTAL SABER

De onde vem o preço de uma ação [illegible]

O significado do múltiplo Preço/Lucro (P/L) [illegible]

O [illegible] Preço/[illegible] (P/[illegible]) [illegible] relação com o [illegible] das empresas

A [illegible] R$ [illegible] R$ [illegible]

[illegible]

11 De onde vem o preço de uma ação. Introdução ao *valuation*

Stephen Ross, em seu best-seller *Administração financeira*, ensina os rudimentos sobre *valuation*, indicando o que está por trás do "preço de uma ação" e demonstrando o que forma o valor que pagamos por uma determinada companhia.

Será fácil perceber, pelo texto a seguir, que a lógica apresentada por Ross é bem simples, até cristalina. Embora os detalhes demandem um pouco mais de cuidado e experiência, o entendimento está ao alcance de qualquer investidor.

Valor presente dos dividendos

Ross afirma, ao tratar do valor de ações, que este é fruto do VALOR PRESENTE DESCONTADO DE TODOS OS DIVIDENDOS FUTUROS PREVISTOS. Com um rápido algebrismo, ele demonstra que essa lógica vale tanto para investidores de longo prazo como de curto prazo, aqueles que têm como foco vender as ações mais rapidamente.

O algebrismo torna-se desnecessário para os propósitos deste "Episódio", pois este não trata de objetivos de curto prazo.

Quanto você pagaria hoje para ter direito ao fluxo futuro?

Veja a situação a seguir:

Cotação hoje	R$65,00									
	Ano 1	Ano 2	Ano 3	Ano 4	Ano 5	Ano 6	Ano 7	Ano 8	Ano 9	Ano 10	Perpétuo
Dividendo	2,00	3,00	4,50	5,50	6,40	7,00	7,70	8,15	8,60	9,00	9,40

A cotação da ação HOJE (suponha ser o primeiro dia do ano) é de R$65,00, e existe a previsão de que a ação pagará os dividendos expostos (livres de impostos) no primeiro ano, no segundo, no terceiro, e assim por diante, até chegar a R$9,40 no 11º ano, e assim segue sem mudanças, no que a regra da matemática financeira chama de perpetuidade.

A pergunta é: vale pagar R$65,00 por esse fluxo de caixa futuro? O que você acha?

É óbvio que muitos dirão que DEPENDE. Mas depende de quê?

Para responder à pergunta, o investidor precisará de alguns outros insumos financeiros, tais como: qual a rentabilidade obtida com investimento em renda fixa no país?

A renda fixa como divisor de águas

No exemplo, suponha que a renda fixa (livre de impostos) estivesse remunerando o investidor em algo como 9% ao ano, como se observou durante grande parte de 2008 e início de 2009 no Brasil. A realidade em 2019 é bem diferente, não se consegue mais do que 4% ou 5% líquidos de impostos em renda fixa (a Selic, em março de 2019, estava em 6,5%, patamar inédito na história recente do país).

Para decidir se vale pagar os R$65,00 pelo fluxo de caixa previsto, deve-se comparar esse fluxo com a opção "sem risco", que seria investir em renda fixa. Aplicar R$65,00 a 9% ao ano daria ao investidor um valor fixo de R$5,85, muito superior ao valor de R$2,00 dos dividendos previstos para o primeiro ano.

Ocorre que, na renda fixa, o valor, em tese, não se altera (não se está falando em reinvestimento), mas existe previsão de crescimento dos dividendos.

O quadro a seguir ilustra a comparação.

Cotação hoje	R$65,00										
	Ano 1	Ano 2	Ano 3	Ano 4	Ano 5	Ano 6	Ano 7	Ano 8	Ano 9	Ano 10	Perpétuo
Dividendo	2,00	3,00	4,50	5,50	6,40	7,00	7,70	8,15	8,60	9,00	9,40
Retorno %	3,08%	4,62%	6,92%	8,46%	9,85%	10,77%	11,85%	12,54%	13,23%	13,85%	14,46%
Renda fixa	5,85	5,85	5,85	5,85	5,85	5,85	5,85	5,85	5,85	5,85	5,85
Retorno %	9%	9%	9%	9%	9%	9%	9%	9%	9%	9%	9%

Percebe-se que, a partir do quinto ano, ficaria mais interessante receber o dividendo do que os rendimentos da renda fixa, pois o ganho de R$6,40 é superior aos R$5,85 que a renda fixa estaria pagando ao investidor à época.

Nem pense no seguinte: "Ah, então basta esperar e comprar a ação no ano 5!"

É uma ideia equivocada, pois a ação, muito provavelmente, estará mais cara do que R$65,00.

É possível encontrar uma empresa com potencial de crescimento para os próximos dois anos que tende a se reduzir a partir do terceiro ano. Ainda, é possível achar uma empresa que apresente um pagamento de dividendo na ordem mínima de 3% ao ano. Houve muitos exemplos nos últimos anos de empresas com esse perfil no país.

O *dividend yield* esperado para essa empresa no primeiro ano seria de 3,07% (R$2,00 divididos por R$65,00). Esse indicador é bastante consistente com o que se encontra no mercado brasileiro.

E aí? Renda fixa ou a ação por R$65,00?

Antes de responder, vale sugerir uma pequena chacoalhada no exemplo.

Suponha que o mercado passe por um daqueles momentos difíceis e a ação caia para R$50,00. Suponha também que a crise seja somente de mercado e não afete a empresa e, consequentemente, não afete as projeções para os dividendos.

Reescrevendo a tabela anterior:

Cotação hoje	R$50,00										
	Ano 1	Ano 2	Ano 3	Ano 4	Ano 5	Ano 6	Ano 7	Ano 8	Ano 9	Ano 10	Perpétuo
Dividendo	2,00	3,00	4,50	5,50	6,40	7,00	7,70	8,15	8,60	9,00	9,40
Retorno %	4%	6%	9%	11%	12,80%	14%	15,40%	16,30%	17,20%	18%	18,80%
Renda fixa	4,50	4,50	4,50	4,50	4,50	4,50	4,50	4,50	4,50	4,50	4,50
Retorno %	9%	9%	9%	9%	9%	9%	9%	9%	9%	9%	9%

Agora, já a partir do terceiro ano fica mais interessante ter comprado as ações por R$50,00.

Muitos leitores já estariam se apressando em decidir comprar as ações caso o preço fosse para R$50,00, mas se esquecem de um questionamento básico: qual a certeza de que aqueles dividendos realmente virão?

Duas variáveis

No começo do Episódio, afirmou-se que a maioria das pessoas responderia "depende" para o questionamento inicial.

E estariam certas, pois depende mesmo. E principalmente de duas variáveis.

Primeira variável: quais os outros investimentos disponíveis?

Essa é a variável que diz respeito às alternativas de investimento. Quais as alternativas à compra da ação?

A alternativa de menor risco foi o investimento em fundos de renda fixa, que, na hipótese, remunerava o investidor em 9% ao ano, líquidos de impostos. Normalmente, esse retorno será o mínimo exigido e representa o "retorno do ativo sem risco".

Segunda variável: qual o risco?

Essa é uma variável fundamental na decisão do investidor. É, entretanto, bem mais difícil de estimar e calcular, ao menos para quem não puder contar com instrumentos de análise e matemática adequados.

Por trazer mais riscos do que a renda fixa, é natural que o investidor exija um "prêmio de risco" para investir na ação.

A pergunta é: qual a segurança que o investidor tem de que receberá aqueles dividendos futuros?

É ponto pacífico que o risco do fluxo de caixa proveniente de renda fixa deva ser MENOR do que o dos dividendos de uma empresa. Por isso, normalmente se exige um ganho percentual superior ao investir nas empresas, pois se está assumindo mais riscos.

Taxa de desconto ajustada ao risco

Os analistas profissionais fazem estimativas de quão maior seria esse risco e usam as taxas resultantes para descontar os valores de dividendos projetados, para saber o quanto valeriam HOJE.

Isso significa que, se um analista sugere que o risco do fluxo de caixa daquela empresa REQUER um retorno de 13% ao ano para compensar esse risco, ele calculará quanto aquele fluxo inteiro valeria HOJE, descontando os valores projetados a uma taxa de 13% ao ano.

Ao fazer isso, estará indicando quanto poderia pagar HOJE para ter direito àquele fluxo futuro, exigindo rentabilidade de 13% ao ano.

Descontos compostos

A fórmula do desconto composto de um fluxo de caixa ou de um pagamento futuro é bem simples. Como exemplo, desconta-se o primeiro dividendo previsto, R$2,00, à taxa proposta, de 13%, para ver QUANTO VALEM ESSES R$2,00, PREVISTOS PARA SEREM PAGOS DAQUI A UM ANO, NO DIA DE HOJE.

$$\text{Valor Presente} = \frac{2{,}00}{(1 + 0{,}13)^1} = 1{,}7699$$

Ou seja, R$2,00 a serem pagos em um ano valem, hoje, R$1,7699, descontada a taxa de 13%, que é a taxa que equilibra a relação risco/retorno na visão do analista.

Faz-se o mesmo para todos os outros anos, trocando-se o expoente “1” pelos equivalentes aos anos descontados. No segundo ano, deve-se dividir pela taxa de desconto, elevada ao expoente 2 (elevar ao quadrado); no terceiro ano, divide-se pela taxa de desconto elevada a 3, pois corresponde a três períodos de desconto, e assim por diante.

O resultado é demonstrado na tabela a seguir.

Tx. desconto	13%										
	Ano 1	Ano 2	Ano 3	Ano 4	Ano 5	Ano 6	Ano 7	Ano 8	Ano 9	Ano 10	Perpétuo
Dividendo	2,00	3,00	4,50	5,50	6,40	7,00	7,70	8,15	8,60	9,00	9,40
Valor presente	1,7699	2,3494	3,1187	3,3733	3,4737	3,3622	3,2730	3,0657	2,8628	2,6513	21,3010
Cotação	R$50,60										

Ou seja, o fluxo de caixa previsto, descontado à taxa de 13% para ajustar seu risco, sugere que o investidor deveria pagar R$50,60 por essa ação.

A lógica é simples. Se os dividendos previstos realmente ocorrerem no montante proposto e o custo para o investidor tenha sido de R$50,60 pela ação, seu retorno será de 13%, exatamente.

Perspectivas de crescimento nos lucros

Todo investidor já percebeu que, quando ocorre algo inesperado com a companhia, normalmente os analistas colocam o preço justo em “revisão”. Isso porque os fluxos futuros previstos mudam se a empresa fizer uma aquisição, fusão, incorporação ou se apresentar resultados surpreendentes. Para melhor ou para pior.

Pois então, quando a empresa divulga um resultado ou um projeto que faz com que a projeção de dividendos suba, o que deve acontecer com a ação?

Como sugerido, o analista reverá suas projeções de dividendos, ao menos para os próximos anos, e recalculará o valor presente.

Veja o exemplo a seguir, em que os dividendos previstos para os próximos anos são revisados para cima:

Tx. desconto	13%										
	Ano 1	Ano 2	Ano 3	Ano 4	Ano 5	Ano 6	Ano 7	Ano 8	Ano 9	Ano 10	Perpétuo
Dividendo	3,00	4,40	5,80	7,00	7,30	7,50	7,70	8,15	8,60	9,00	9,40
Valor presente	2,6549	3,4458	4,0197	4,2932	3,9621	3,6024	3,2730	3,0657	2,8628	2,6513	21,3010
Cotação	R$55,13										

Nesse caso, a cotação, para se ter o retorno de 13%, seria de R$55,13, que é a soma de todos os dividendos descontados (valor presente).

A elevação prevista no fluxo de dividendos representou uma elevação próxima a 10% no preço "justo" da ação. De R$50,60 para R$55,13.

E se os juros da renda fixa caírem?

Normalmente, nesses casos, a taxa de desconto tende a diminuir também, pois ela é composta pela taxa de juros "sem risco", que seria a da renda fixa, mais um "prêmio de juros" pelo risco assumido.

Por isso a bolsa costuma ter movimento contrário ao dos juros. Quando os juros sobem, a bolsa tende a cair, pois fica mais atraente investir em renda fixa, de forma que os investidores tendem a migrar uma parcela maior de seus investimentos para essa modalidade. E vice-versa.

Para o pequeno investidor, talvez essa lógica não seja tão direta. Mas para fundos de pensão, institucionais, estrangeiros etc., o rigor dos cálculos atuariais deve falar mais alto e eles não poderiam ignorar uma elevação na renda fixa.

Suponha que o valor anterior, 13%, representasse 9% da taxa de juros "sem risco" mais um prêmio de 4% pelo risco assumido. Se a remuneração da renda fixa caísse 2%, para 7% ao ano, a nova taxa de desconto ficaria em 11% (7% do ativo sem risco + 4% pelo prêmio exigido para investir no ativo com risco).

Veja o exemplo, com a taxa de desconto ajustada para 11% (com base no fluxo de caixa inicial do primeiro exemplo):

Tx. desconto	11%										
	Ano 1	Ano 2	Ano 3	Ano 4	Ano 5	Ano 6	Ano 7	Ano 8	Ano 9	Ano 10	Perpétuo
Dividendo	2,00	3,00	4,50	5,50	6,40	7,00	7,70	8,15	8,60	9,00	9,40
Valor presente	1,8018	2,4349	3,2904	3,6230	3,7981	3,7425	3,7088	3,5365	3,3620	3,1697	30,0958
Cotação	R$62,56										

Nesse caso, a cotação, para se ter o retorno de 11% ao ano, seria de R$62,56, que é a soma de todos os dividendos descontados à nova taxa.

Como se percebe, uma queda nos juros impacta significativamente a disposição do investidor de renda variável.

Esse fenômeno foi verificado no Brasil no período de 2006 a 2008, quando houve queda nos juros e significativa entrada de investidores individuais na bolsa de valores.

Foi observado novamente entre 2011 e 2013, apesar da queda dos juros ter durado pouco, pois o Brasil viria a enfrentar uma das mais graves recessões de sua história entre 2014 e 2016.

Em 2019, tem-se o mais baixo nível de taxas de juros da história recente do país (em março, 6,5%), a poupança não chega a 0,35% ao mês, e a bolsa, nesse mesmo mês de março, estava em patamares próximos a 100 mil pontos.

Por que parece simples?

A lógica é essencialmente a que foi apresentada, porém os mais atentos devem ter percebido que o difícil nessa história toda não é a matemática, e nem a técnica de desconto dos fluxos de caixa. Difícil mesmo é conhecer a empresa, o mercado e o setor o suficiente para fazer uma boa projeção dos dividendos futuros. Além disso, também é muito difícil estimar qual seria a taxa correta de desconto para uma determinada empresa.

É nessas áreas que um bom analista se destaca, pois as técnicas matemáticas são dominadas por todos, até por máquinas. Já a capacidade para projetar resultados de uma empresa e de estimar adequadamente os riscos envolvidos requer muita dedicação e grande capacidade analítica.

A ferramenta é simples, difícil é achar os números certos para alimentá-la.

■■■

12 O significado do múltiplo Preço/Lucro (P/L) e sua relação com a renda fixa

Um dos mais importantes indicadores fundamentalistas é o múltiplo Preço/Lucro (P/L), que mede a proporção entre o preço de mercado de uma companhia e o lucro desta. Esse indicador é muito relevante por ser de fácil compreensão, mesmo para pessoas que estão iniciando no mercado.

A padaria de R$1 milhão

Para testar o poder do P/L, imagine que você entrou em contato com o Seu João Maria, um sueco, dono da padaria na esquina de sua rua. Seu João Maria está vendendo a padaria por R$1 milhão. Você comenta:

— Seu João, não leve a mal, mas você está pedindo uma exorbitância pela padoca.

O dono retruca:

— Nos últimos cinco anos, os lucros líquidos da padaria Ponto das Famílias foram:

	Anos				
Índice	xxx1	xxx2	xxx3	xxx4	xxx5
Lucro líquido	R$125.062	R$108.140	R$131.000	R$104.805	R$122.000

Você pensa (mas não fala): "Esse negócio dá dinheiro..."

Esse exemplo mostra um fluxo relativamente estável superior a R$100 mil. Fica caro pagar R$1 milhão por esse fluxo?

Qualquer pessoa de bom senso saberia compreender a questão e fazer contas básicas, percebendo que os retornos foram sempre superiores a 10% ao ano, na hipótese de se pagar R$1 milhão pela padaria.

Ainda: em quanto tempo o dinheiro retornaria?

Fazendo uma média dos lucros líquidos passados, qualquer pessoa conseguirá ver que, caso os lucros se repitam na mesma proporção, o retorno se daria em aproximadamente nove anos, ou menos.

Pois essa é a essência do entendimento do P/L. Em quantos anos o capital retornaria caso os lucros se mantivessem na proporção atual.

A renda fixa

A dinâmica da renda fixa ou da poupança é ainda mais fácil de entender. Veja um exemplo (ignorando-se os custos de transação e o IR):

Taxa Selic: 6,5% ao ano (março 2019)

- Valor investido: R$1.000,00
- Valor a receber em um ano: R$1.065,00
- (Juros + Principal) = R$1.000,00 x 0,065 + R$1.000,00

Esse é um processo que faz sentido para qualquer investidor, ou seja, ele entrega hoje um valor para recebê-lo, adiante no tempo, acrescido de juros. Essa é a lógica da renda fixa.

E no mercado de ações, qual é efetivamente o ganho que se obtém pelo investimento feito?

No caso do mercado de ações, não há pagamento de juros, nem garantias de valorização do ativo e de que a empresa comprada dará algum lucro. Por que investir, então? O que efetivamente faz com que se possa ganhar investindo em ações?

Vale começar dizendo que é por esses motivos que se diz que o mercado de ações representa um investimento de risco.

Mercado de risco

Quando o investidor compra R$1.000,00 em ações, pode esperar duas formas de retorno. A mais direta é proveniente dos dividendos que aquela ação poderá pagar, e representa dinheiro no bolso, e a outra é derivada da possível valorização da cotação, ou seja, do preço da ação da empresa na bolsa.

Veja um exemplo:

Cotação em 31/12/17: R$10,00
Valor investido: R$1.000,00
Nº de ações compradas: 100
Dividendos pagos durante o ano: R$0,30 por ação
Cotação em 31/12/18: R$12,00
Novo patrimônio: R$1.230,00
(R$12,00 + R$0,30) x 100 ações

Neste exemplo, o rendimento foi de 23%, que é mais do que a renda fixa. Mas esse é um caso de crescimento, poderia haver casos de queda na cotação ou de não pagamento de dividendos.

Mas, até agora, nada se falou diretamente sobre o lucro da empresa...

Qual é a relação entre o preço da ação e o lucro da empresa?

Para o caso de empresas com crescimento consistente em seus lucros e suas vendas, pode-se assumir que os dividendos e o crescimento da cotação estejam intimamente ligados ao lucro, como ficou evidenciado na segunda parte deste livro.

Em princípio, considerando que não haja oscilações muito bruscas no mercado, um crescimento consistente nos lucros deve se refletir em crescimento, também consistente, da cotação e dos dividendos.

É claro que essa relação não é direta, pois o preço de mercado de uma ação não reflete somente a atuação da empresa. Ele se constrói também a partir das percepções dos investidores, da disponibilidade de recursos, do interesse dos investidores estrangeiros e institucionais, da conjuntura macroeconômica, da conjuntura internacional etc.

De qualquer modo, um crescimento no valor do mercado de uma empresa também guarda relação importante com os frutos de sua operação, seus lucros, suas receitas e sua geração de caixa.

Para entender essa relação, um dos indicadores mais utilizados é o índice Preço-Lucro (P/L), cuja fórmula está reescrita a seguir.

1. Índice Preço-Lucro (P/L) = (Cotação)/(Lucro por Ação — LPA), ou
2. Índice Preço-Lucro (P/L) = (Preço de mercado)/(Lucro total)

Atenção, pois há diferenças entre as duas fórmulas. Na modelagem 1, calcula-se o P/L para uma categoria de ação (ON ou PN). Na modelagem 2, calcula-se o P/L global da companhia, pois seu preço de mercado é composto por todas as categorias de ações emitidas.

Lucro: no bolso ou no patrimônio?

É possível pensar que o retorno do investidor em ações seja o lucro da empresa, mesmo que esse lucro não se materialize todo em dinheiro, por meio de dividendos ou de juros sobre capital próprio.

Se ele investiu R$70,00 em uma ação e o LPA naquele ano foi R$7,00, pode-se entender que aquele foi o acréscimo à riqueza do acionista naquele período.

Isso porque uma parte do lucro virá em forma de dinheiro, a título de distribuição aos acionistas, e outra ficará reinvestida na companhia, aumentando o Valor Patrimonial da Ação (VPA) = patrimônio líquido dividido pelo número de ações.

Como sugerido anteriormente, a relação entre o preço e o lucro indica de forma simplificada em quanto tempo o investidor conseguirá ter seu investimento de volta. Essa é a forma mais simples de se entender o P/L.

Mais um exemplo:

Cotação = R$200,00; LPA = R$20,00; P/L = 200/20 = 10

Ou seja, foram investidos R$200,00 e será preciso obter dez vezes esse lucro de R$20,00 para ter todo o investimento de volta, ou seja, isso levará dez anos. Naturalmente, isso é um entendimento simplificado do assunto, porém elucidativo e bastante difundido no mercado.

Mesmo que a empresa distribua R$10,00 e mantenha no patrimônio os outros R$10,00, a riqueza do acionista (dinheiro no bolso mais o acréscimo no valor patrimonial de sua ação) terá aumentado em R$ 20,00.

O investidor já deve conseguir identificar a relação entre P/L e renda fixa

A explicação é direta. Pensando o P/L da maneira exposta anteriormente, há um equivalente evidente para a renda fixa.

Para a renda fixa, o que significaria ter de volta o investimento? Simples, seria ter um retorno de 100%. Portanto, para calcular o "P/L da renda fixa", basta dividir 100% (que representa o total investido) pela taxa utilizada, por hipótese, 6,25% (que representa o montante de juros pagos em cada período). Isso daria um P/L de 16, significando que o investimento retornaria em 16 anos.

Mercado externo

No mercado norte-americano, onde os juros de renda fixa de dez anos estavam em torno de 3% ao ano, qual seria o P/L durante 2019? Simples: 100 divididos por 3 = 33, isto é, a pessoa levaria 33 anos para ter o retorno do capital investido.

Como a renda fixa não é tão atraente, os norte-americanos estão mais propensos a investir em ações ou em títulos de dívidas de empresas privadas, pois, apesar do risco, os retornos esperados são significativamente maiores do que os da renda fixa de títulos públicos.

No Brasil, mesmo com a recente baixa das taxas de juros, dificilmente as pessoas aceitariam pagar por uma ação com P/L muito elevado, pois os riscos para o futuro ainda são grandes. Os juros em março de 2019 estavam baixos, mas os prefixados para 2020 e 2021 já apresentam tendência de alta, ou seja, no mercado futuro o investidor não vê o Brasil com juros de 6,5%, mas com algo mais próximo a 8%.

Isso se dá principalmente pela desconfiança do mercado em relação ao devedor (o governo) e sua capacidade de pagamento. O Brasil interrompeu uma série consistente de superavits primários para, em 2014, iniciar uma série de grandes furos orçamentários, na faixa de várias dezenas de bilhões de reais de deficit (sem contar o pagamento de juros). A expectativa em 2019 é de retornar ao azul (superavit primário) somente em 2020 ou 2021.

De qualquer forma, ainda são taxas baixas em termos históricos. Houve tempo em que os juros brasileiros atingiam 25% ao ano. O P/L de juros de 25% ao ano é 4, ou seja, em quatro anos o sujeito teria retorno integral de seu investimento. Durante essa época, era fácil encontrar empresas com P/L 2, 2,5 ou até menores do que 1. Incrível, mas foi um fato.

É importante ressaltar que isso não é uma regra rígida, nem deve ser usada como único fator de decisão do investidor. Há empresas brasileiras que apresentam P/L mais alto e ainda assim vêm sendo boas opções de investimento.

Alguns cuidados a respeito do P/L são debatidos neste livro.

Mercado acionário x mercado de renda fixa

Por ser a renda fixa uma alternativa imediata ao investimento em ações, o mercado acionário acaba sofrendo com a alta de juros. Entendendo o investimento em renda fixa como mais atraente, o investidor fica menos propenso a investir em renda variável (ações), e o mercado tenderia a ajustar o P/L das companhias para baixo, reduzindo o P (preço) na relação.

Como os preços acabam ficando baixos em relação aos lucros, não há estímulo para as empresas distribuírem ou emitirem mais ações, ficando mais atraente pedir financiamento no exterior, o que aumenta a dívida externa privada brasileira e a vulnerabilidade externa. Afinal, se uma empresa registra um LPA de R$10,00 e sua ação está cotada a R$50,00, significa que o valor integral de mercado dela é apenas cinco vezes o seu lucro, isto é, ela estaria remunerando o capital do investidor em 20% ao ano.

Apesar de estarmos em 2019, enquanto este livro é atualizado, o próximo "Episódio" permanecerá mostrando o que ocorreu no mercado brasileiro da década 2000, pois o boom dos lançamentos de ações ocorreu entre 2005 e 2008. Esses patamares ainda não foram atingidos, mesmo com a recente queda de juros no país.

■■■

13 O múltiplo Preço/Lucro (P/L) e sua relação com o financiamento das empresas

Há duas histórias bem interessantes, ainda do início do trabalho que desenvolvi no INI, que demonstram como as coisas mudaram de maneira significativa no mercado de capitais brasileiro. Tentarei reproduzi-las fielmente, levando em conta que após cinco anos os detalhes podem perder um pouco do foco na memória, mas o sentido será preservado.

A primeira história, quando o INI ainda nem tinha atividade operacional, em meados de 2003, ocorreu durante um almoço com dois executivos do primeiríssimo time da antiga Bovespa (B3). Um dos executivos presentes relatou que, em 2002, época de juros altíssimos, um membro do Copom, comitê que decide a taxa básica de juros da economia, ligou para a Bovespa e perguntou o seguinte: "Quantas empresas obtiveram recursos por meio da emissão de novas ações nos últimos dois anos (2000 e 2001)?"

A resposta foi interessante. Primeiro ele pediu ao integrante do Copom que pegasse caneta e papel para anotar os números. Esperou um pouco, perguntou se ele já havia pegado caneta e papel e disparou: "ZERO!" Engraçado, mas também triste.

A segunda história vem da experiência de mais de cinco anos nos cursos do INI.

Um dos discursos mais comuns era ressaltar que o desenvolvimento do mercado de ações seria fundamental para que as empresas voltassem a buscar financiamento por intermédio da emissão de ações.

Afirmava-se que o fato de as grandes empresas nacionais terem índices P/L muito baixos (4 ou 5) as levava a buscar financiamento com bancos, principalmente estrangeiros. Essa lógica financeira, além de não permitir aos brasileiros participar do crescimento das companhias como acionistas, aumentava a dívida externa privada do país e também os custos de expansão das empresas brasileiras.

A empresa mais utilizada como exemplo era a GERDAU, que cresceu cerca de 40 vezes (em lucro líquido) em dez anos e chegou a apresentar um múltiplo P/L inferior a 1 (em 1998).

Perguntava-se aos alunos: "Por que a Gerdau vai pedir dinheiro para vocês tendo P/L 4? Por que vai lhes dar 25% de rentabilidade (1/4)?"

Pois, quase cinco anos depois, a Gerdau captou R$2,6 bilhões por meio da distribuição pública primária de ações, dando fim (ainda bem) ao exemplo usado nos cursos do INI.

O que mudou? Evolução do lucro por ação e do múltiplo P/L

As empresas brasileiras apresentaram forte crescimento no lucro por ação até 2008. Como já demonstrado no "Episódio" anterior, esse é um fundamento importante para o crescimento da cotação.

Ocorre que, como os múltiplos P/L eram muito baixos há alguns anos, a valorização expressiva das empresas brasileiras traz também um componente de crescimento desses múltiplos, que impulsiona a cotação das empresas. Ou seja, além do crescimento dos lucros, houve um ajuste nos múltiplos P/L para uma realidade mais próxima à internacional.

Não faz qualquer sentido uma empresa de bom nível ser negociada a um múltiplo P/L de 2 ou 3, como ocorria com frequência no mercado brasileiro. É uma disfunção do mercado, só explicada por sua própria fraqueza, baixa liquidez, pouca informação etc.

Vejam o crescimento dos lucros e dos P/L para algumas empresas brasileiras entre 2000 e 2008.[6] Todas as empresas expostas apresentaram crescimento nos lucros e nos múltiplos. Os valores não incluem eventos acionários como subscrições e bonificações ocorridas após maio de 2008.

Só para relembrar, o P/L pode ser entendido como um índice que indica em quantos anos seu capital retornaria se o lucro da empresa NÃO crescesse. Ou seja, quem paga R$10,00 por uma empresa com lucro de R$1,00 por ação levaria dez anos para retornar o capital caso o lucro se mantivesse igual durante esse período.

Algumas empresas, como o Itaú, a Marcopolo e o Bradesco, tinham índices P/L razoáveis no ano 2000. Não eram excessivamente baixos como os índices da Metalúrgica Gerdau, da Petrobras e da Sadia, todos inferiores a 5.

6 O LPA de 2008 acumula os três últimos trimestres de 2007 e o primeiro de 2008. Não houve atualização desses dados, pois o objetivo do "Episódio" é demonstrar a força que o P/L alto teve nas captações realizadas por empresas brasileiras em meados de 2008. Não atenderia aos propósitos do texto atualizar a situação para o início de 2019.

Empresas	P/L (2000)	P/L (2008)	Variação P/L	LPA (2000)	LPA acumul. (2008)	Variação LPA
BRADESCO - BBDC3	7,84	11,68	49%	R$0,57	R$2,74	381%
GERDAU PN - GGBR4*	3,53	16,53	369%	R$0,55	R$4,96	802%
GERTAU MET PN - GOAU4	1,78	17,77	897%	R$1,06	R$6,19	484%
ITAÚ - ITAU3	9,49	11,23	18%	R$0,61	R$2,85	367%
ITAÚSA PN - ITSA4	4,65	11,35	144%	R$0,23	R$0,93	306%
MARCOPOLO - POMO4	8,50	11,99	41%	R$0,08	R$0,61	661%
PETROBRAS - PETR4	3,41	16,39	381%	R$1,13	R$2,77	145%
SADIA PN - SDIA4	4,29	10,40	142%	R$0,17	R$1,18	596%
USIMINAS - USIM5	5,93	13,34	125%	R$0,42	R$6,27	1.392%
VALE PNA - VALE5	6,35	13,90	119%	R$0,43	R$3,49	711%
WEG - WEGE3	4,60	22,68	393%	R$0,20	R$0,93	363%

* A fonte de todos os dados é a TIB, exceto da GGBR4, cuja fonte é o relatório da própria empresa.

Por que seria uma decisão equivocada para a Gerdau Metalúrgica (GOAU) emitir ações para financiar seu crescimento no ano 2000?

Pense. O lucro da GOAU4 foi de R$217,97 milhões em 31 de dezembro de 2000. Seu valor de mercado à época era de aproximadamente R$370 milhões.

A pergunta é: se você tem uma empresa que dá um lucro de R$217 milhões, venderia ela por R$370 milhões?

Considerando o estado mental do leitor como "saudável", supõe-se que a resposta deva ser NÃO. Para os controladores da Gerdau, certamente a resposta foi NÃO até meados de 2008.

Perceba a diferença.

Em 2008, o lucro acumulado aproxima-se de R$1,1 bilhão, e o preço de mercado da empresa é de R$22 bilhões. Vale vender? O valor de mercado é cerca de 20 vezes maior do que o lucro, enquanto que em 2000 era pouco mais de uma vez e meia maior.

Qual a relação disso com a taxa de juros?

Bom, entendendo que as pessoas sejam racionais e busquem maximizar seus ganhos e equacionar seus riscos, é evidente que uma queda de 50% na taxa de juros (de 25% ao ano para 12,25% em 2008) elevou o interesse dos investidores por ativos de maior rentabilidade, mas com risco superior ao da renda fixa.

Se em 2000 o investidor recebia, líquido de impostos, cerca de 20% de juros ao ano (levaria cinco anos para retornar o capital, portanto P/L 5), em 2008 esse retorno líquido estava próximo de 9% ao ano (P/L 11, levaria 11 anos para retornar seu capital). É natural que se queira pagar um pouco mais "caro" por ativos de risco, como as ações na bolsa.

Observe na tabela anterior que as empresas que tinham P/Ls inferiores a 5 apresentaram um crescimento superior a 100% nesse múltiplo nos últimos anos. As mais defasadas chegaram a um ajuste superior a 300% no múltiplo.

Alguns devem estar imaginando que, então, o Brasil poderia estar vivenciando uma "bolha". Apesar das quedas subsequentes no valor dos ativos, a partir do quarto trimestre de 2008, a presença de uma bolha especulativa não parece ter sido o caso do mercado brasileiro.

Pode ter sido um ajuste natural às novas condições de mercado, com um investidor mais ativo e consciente e com um mercado de ações mais aberto e globalizado. Não faz mais sentido ter o mercado norte-americano com P/L 19 e o brasileiro com P/L 5, pois a comunicação é muito rápida e as oportunidades podem ser aproveitadas em segundos.

Mesmo após o início da crise, com o mercado apresentando um P/L médio bem menor em 2009, provavelmente próximo a 7 ou 8, a forte expectativa de queda nos lucros deveria fazer o múltiplo retornar a patamares "internacionais".

Quando se multiplica CRESCIMENTO DOS LUCROS por CRESCIMENTO DOS MÚLTIPLOS, tem-se o crescimento da cotação, que foi muito significativo para algumas das empresas em estudo até meados de 2008, época que sucedeu o boom de aberturas de capital no mercado brasileiro, ainda não reproduzido até pelo menos 2019.

Empresas	Preço (31/12/00)	Preço (09/06/08)	Variação P/L	Variação LPA	Variação da cotação (%)
BRADESCO - BBDC3	R$4,47	32,00	49%	381%	616%
GERDAU PN - GGBR4*	R$1,94	82,00	369%	802%	4.127%
GERTAU MET PN - GOAU4	R$1,89	110,00	897%	484%	5.720%
ITAÚ - ITAÚ3	R$5,79	32,00	18%	367%	453%
ITAÚSA PN - ITSA4	R$1,07	10,60	144%	306%	891%
MARCOPOLO - POMO4	R$0,68	7,30	41%	661%	974%
PETROBRAS - PETR4	R$3,85	45,40	381%	145%	1.079%
SADIA PN - SDIA4	R$0,73	12,30	142%	596%	1.585%
USIMINAS - USIM5	R$2,49	83,60	125%	1.392%	3.257%
VALE PNA - VALE5	R$2,73	48,50	119%	711%	1.677%
WEG - WEGE3	R$0,92	21,00	393%	363%	2.183%

* A fonte de todos os dados é a TIB, exceto da GGBR4, cuja fonte é o relatório da própria empresa.

É claro que para empresas como a Marcopolo, o Itaú e o Bradesco, o que mais influenciou o crescimento de suas cotações foi o crescimento do LUCRO, pois o múltiplo P/L elevou-se menos de 50%, enquanto os lucros cresceram entre 367% e 661% nos últimos anos.

Outras, que apresentavam múltiplos muito defasados em relação à realidade internacional e à realidade de juros no Brasil, acabaram por ter um ajuste mais forte no múltiplo do que no lucro. Foi o caso da Metalúrgica Gerdau, com quase 900% de elevação no P/L, da Gerdau, da Petrobras e da Weg, todas com ajustes superiores a 300%.

Trocando em miúdos

Gerdau, Metalúrgica Gerdau, Perdigão, VALE, entre outras, sem falar nos IPOs, buscaram financiamento para seu crescimento com a emissão de novas ações. Isso significa que puderam crescer sem aumentar o endividamento e que o próprio investidor brasileiro (junto de estrangeiros) esteve financiando os planos de expansão da VALE para outros países, da Gerdau nos EUA e no Brasil e da Perdigão no Brasil, por exemplo.

Esse era um dos mais importantes objetivos do desenvolvimento do mercado de ações e está sendo atingido. Aos poucos, mas a mudança é evidente e significativa. Bom para o Brasil, para as empresas e para os investidores.

A única vítima desse processo todo foram as histórias descritas no início do artigo, pois não faz mais sentido contá-las nos cursos do INI. Que bom!

■■■

14 A empresa pagou R$3,00 por ação de dividendo, mas a ação caiu exatos R$3,00. Perdi ou ganhei?

No começo de fevereiro de 2009, houve uma grande correria no mercado, pois a Tele Norte Leste Participações (TNLP3 e TNLP4), de surpresa, declarou um dividendo da ordem de R$1,2 bilhão, correspondente a exatos R$3,13 por cada ação.

Era um valor impressionante, pois a ação TNLP4 estava cotada a R$28,07 no dia 5 de fevereiro de 2009, um dia antes da declaração. Esse dividendo representaria mais de 11% de retorno ao acionista. A situação foi ainda mais atípica pelo fato de a empresa ter divulgado outro dividendo altíssimo em setembro de 2008, R$3,14 por ação.

No dia, a ação TNLP4 subiu bastante, fechando a R$30,00, alta de 6,8%.

Muitos investidores correram para comprar a ação e receber os dividendos, como se pode depreender da forte alta ocorrida durante o pregão.

Ações ex-dividendos

O dia 6 de fevereiro de 2009 era o último dia em que as ações "carregavam" o direito ao dividendo. No dia 7 elas já não teriam mais esse direito.

Mantenha na mente esses pontos expostos e analise os questionamentos a seguir.

A lógica dos dividendos

Em dez de cada dez cursos ministrados pelo INI, alguém perguntava sobre quando comprar as ações para ter direito aos dividendos.

O raciocínio mais comum é comprar a ação no último dia em que ela carrega o "direito" ao dividendo e vendê-la no dia seguinte.

Naturalmente, os instrutores alertavam que essa operação não traz qualquer lucro, e explicavam a questão do preço ex-dividendo, mas nem sempre convenciam os alunos.

Ocorre que esses dividendos extraordinários são raros. Mesmo para grandes pagadoras de dividendos como a Comgás e a CPFL, por exemplo, o pagamento dos dividendos é repartido ao longo do ano.

Muito raramente alguma companhia divulga dividendos superiores a 10% do valor da ação.

Além disso, na maioria das vezes, os dividendos representam menos de 1% do preço da ação, pois são mensais ou trimestrais, e dessa forma, o investidor acaba não sentindo o impacto do preço ex-dividendo.

Voltando ao preço ex-dividendo

Muitas pessoas correram para receber os dividendos da TNLP4, mas acabaram por se decepcionar bastante. Veja.

O investidor comprou 1.000 ações TNLP4 a R$30,00, último dia para ter direito aos dividendos extraordinários.

No dia 7 de fevereiro de 2009 a ação abriu em alta, a R$26,90, o que trouxe muita confusão à cabeça do investidor. Como poderia ter fechado a R$30,00 e aberto em alta a R$26,90? Parecia uma forte queda, não uma pequena alta.

Nesse mesmo dia, a ação acabou por fechar cotada a R$26,60, com queda de 1%.

O que o investidor não entendeu?

Não entendeu a regra número 1 dos negócios: não há almoço de graça.

No fechamento de 6 de fevereiro de 2009, ele tinha 1.000 ações a R$30,00, totalizando um patrimônio de R$30 mil. No dia seguinte, esse valor da cotação foi ajustado para R$26,87. Dessa forma, ele teria 1.000 ações a R$26,87 e mais o dividendo de R$3,13 para cada uma das 1.000 ações, totalizando R$30 mil de patrimônio.

Qual a lógica disso tudo?

Para explicar a lógica do preço ex-dividendo, pode-se recorrer ao absurdo. Por que uma ação que tem direito a R$3,13 pode custar o mesmo que a mesma ação mas SEM o direito ao dividendo? É claro que não pode.

A lógica da bolsa ao ajustar os preços é manter a base de comparação e a justiça matemática com os investidores. Aliás, mesmo que a bolsa não fizesse isso, o próprio mercado, no movimento de oferta e demanda, se encarregaria de fazer o preço desabar.

Esse ajuste acontece para qualquer empresa que paga dividendos ou juros sobre capital próprio. Não há como escapar.

Essa análise deve colocar um ponto final na questão dos ganhos de curtíssimo prazo com dividendos. Isso não é (ou não deveria ser) possível.

Aliás, quando há uma grande quantidade de compradores de curto prazo atuando nesse último dia "com" dividendos, a tendência no dia seguinte é de forte queda, pois há muitos vendedores interessados em sair do papel, dado que entraram somente pelo dividendo.

Então o dividendo é um jogo de ganho zero?

Não. Simplesmente não.

Durante o ano, o investidor de curto prazo busca atuar na diferença entre as cotações. Não faz qualquer sentido se preocupar com dividendos. Em 12 meses, o preço da ação pode oscilar imensamente. É comum que oscile em um intervalo de 50% de seu valor (do mínimo para o máximo do ano).

Ainda que os investidores tivessem certeza, por hipótese, de que a VALE distribuiria dividendos no valor de R$0,80, divididos em duas parcelas nos dias 30 de abril e 30 de outubro de 2009, mesmo assim essa informação teria pouquíssima relevância nas operações de *trade*.

Para um investidor de longo prazo, aquelas ações da VALE representam um investimento para o futuro, e os dividendos são apenas mais um insumo para ampliar o crescimento de seu patrimônio. Ele não precisa comprar as ações para receber os dividendos, ele já as tem. Normalmente, é uma carteira de anos.

Agora, é evidente que, para quem deseja ganhos de curto prazo, ir atrás dos dividendos é um mau negócio.

Diferenças no *valuation* da ação

Uma das explicações mais utilizadas pelos analistas profissionais para explicar alguma alta forte do mercado é: os investidores correram para comprar ações, dado que os *valuations* estavam baixos. A expressão *attractive valuations* povoa o site depois de grandes quedas nas bolsas.

No primeiro "Episódio" desta parte do livro, tratou-se de princípios básicos do *valuation*. Como se pôde observar, o valor justo de uma ação é dado pelo fluxo de dividendos previstos, descontado a uma taxa que represente o risco daquela empresa.

É evidente que, se desse fluxo de dividendos, um deles fosse pago, a ação deveria cair no montante exato do pagamento.

Mas as técnicas de *valuation* só se preocupam com dividendos futuros. No momento em que o dividendo é pago, deixa de fazer parte do fluxo de caixa a ser descontado.

O fato de a empresa pagar dividendos não deveria, em tese, impactar os dividendos futuros previstos pelos analistas, exceto se forem pagamentos extraordinários que possam interferir nos planos de investimento já divulgados pela companhia.

Em resumo, esse ajuste para o preço ex-dividendo está integralmente de acordo com a filosofia do *valuation*.

Outros impactos nos dados financeiros da empresa

A distribuição de dividendos extraordinários, que utilizam recursos de outras contas que não a do próprio lucro líquido, costumam ter impacto no patrimônio líquido da companhia. Dessa forma, uma eventual redução no patrimônio líquido da empresa reduziria um importante múltiplo fundamentalista, o VPA (Valor Patrimonial da Ação).

A redução no VPA costuma ser motivo para ajustes para baixo nas cotações, porém são raros os investidores que se baseiam no índice P/VPA para decidir seus investimentos.

O índice P/VPA tem um significado importante. Ele divide o valor de mercado de empresa pelo seu patrimônio líquido. Se uma empresa está cotada no mercado a um valor abaixo de seu patrimônio líquido, costuma-se dizer que pode estar depreciada demais.

Já o índice P/L, em princípio, é impactado somente pelo ajuste no preço ex-dividendo. No caso da TNLP4, seu preço caiu, em um dia, de R$30,00 para R$26,87, mais de 10%. Como o L (lucro) não muda, a relação P/L deve cair na mesma proporção da queda do preço.

O P/L mais baixo significa que o "retorno do investimento" poderia ser mais rápido, conforme visto nos últimos dois "Episódios".

Ganho ou perco com dividendos?

O texto quis deixar claro que comprar ações para receber os dividendos no curto prazo pode ser um verdadeiro tiro no pé. Não raro, empresas que pagam dividendos altos apresentam quedas expressivas no primeiro dia ex-dividendo, além da queda natural do ajuste (ajuste técnico realizado pela bolsa).

Para os investidores de longo prazo, um dividendo alto, declarado de surpresa, pode ser uma grande notícia. Mesmo que esse dividendo reduza o valor do patrimônio líquido, o indicador P/VPA é bem menos utilizado do que o múltiplo P/L para decisões de investimento.

Dessa forma, o investidor teria um ganho financeiro pelo recebimento dos dividendos e suas ações ficariam mais "baratas" em termos de P/L.

Mas o principal ensinamento deste "Episódio" é: não existe almoço de graça no mercado de ações. E esse ensinamento vale como princípio para qualquer análise que o investidor queira fazer a respeito do mercado.

15

O que é *dividend yield*? Dividendos em tempos de crise

A definição corrente nos sites de finanças é a seguinte:

Dividend Yield (DY) – Indica a relação entre os proventos pagos em dinheiro por uma empresa e a cotação das ações dessa empresa no mercado de ações. Isso significa, em termos mais simples, que esse indicador expressa qual foi o retorno percentual, em dinheiro, que obteve aquele investidor com os dividendos.

Antes de exibir a fórmula, veja um exemplo simples:

Você fez uma única compra, em 30 de junho de 2008, de R$1.000,00 em ações da Empresa X. Manteve essas ações até o momento em que ela lhe pagou dividendos. Esse montante de dividendos foi de R$80,00. É fácil perceber que a remuneração, em dinheiro, de seu investimento foi de 8% (80/1.000 x 100).

Logo, a fórmula geral do DY é:

$$\textit{Dividend yield}\ (\%) = \frac{\text{Dividendo por ação}}{\text{Preço da ação}}$$

Caso você tenha feito muitas compras da ação em questão, a várias cotações diferentes, deverá utilizar o preço médio (média ponderada entre preço e quantidade) para calcular o "preço da ação", que deverá ser colocado no denominador.

Há algumas inferências interessantes quanto ao DY. Por ser um retorno "em dinheiro" sobre o investimento, serve como um balizador para a queda de preço das ações. Se uma empresa tiver a perspectiva de pagar R$10,00 de dividendos, não fará sentido ter seu preço (cotação) negociado a R$5,00 ou R$8,00, pois isso indicaria um retorno alto e faria com que os investidores corressem para esse ativo.

Segundo artigo publicado na revista *Bovespa* de abril/junho de 2005, a relação entre dividendos e preço em 1998 era de 7,8% no Brasil e de 1,3% nos EUA. Em 2006, início de 2007, esse percentual se mantinha nos EUA, e no Brasil estava em 4,3%. Algumas fontes citam valores superiores a 5% para as empresas brasileiras até 2007.

Em 2008, houve um grande *crash* no mercado, e algumas empresas experimentaram quedas de até 70%, mesmo sem ter demonstrando grande fraqueza nos balanços.

Momentos como os vividos em 2008 mostram como os dividendos podem ficar interessantes nos casos de *bear market*.

Infelizmente, ainda não há no Brasil uma base de dados regularmente atualizada e gratuita para indicar o *dividend yield* do mercado. Nos EUA há vários sites (por exemplo: www.multpl.com/s-p-500-dividend-yield/), de onde se extrai que os *dividend yields* nos EUA estavam na faixa de 1,87% em 2018.

No Brasil, com base em dados obtidos na Economática e também no site www.infomoney.com.br, foi possível obter um *dividend yield* médio de 3,68%, em uma amostra de 175 empresas que pagaram algum dividendo durante o ano de 2017 (regime de caixa).

Como estão os *dividend yields* das companhias brasileiras?

A metodologia adotada foi: o *dividend yield* será calculado a partir do valor de mercado registrado em 2016 (último dia útil) e dos dividendos pagos no ano seguinte, 2017.

O leitor deve ficar atento, pois não se está fazendo nenhum julgamento de valor das companhias listadas como maiores pagadoras de dividendos no período. É bem verdade que algumas delas pagaram dividendos extraordinários e outras praticamente não têm negociação na bolsa, de forma que, mesmo pagando bons dividendos, é muito difícil comprar ações da empresa.

Primeira comparação (DY acima de 8%)

Grupo 1: empresas que apresentariam *dividend yield* superior a 8%, com base no preço final de 2016 e no dividendo de 2017.

Nome	Ticker	*Mkt value* (31/12/2016)	Dividendos (2017)	*Dividend yield*
Eztec	EZTC3	2.582.278	620.757	24,04%
Comgas	CGAS5	5.307.837	1.121.407	21,13%
Banese	BGIP4	254.115	51.591	20,30%
Ferbasa	FESA4	773.246	144.550	18,69%
BRB Banco	BSLI3	728.258	131.077	18%
Whirlpool	WHRL4	4.608.721	785.590	17,05%
Eneva	ENEV3	2.845.630	448.095	15,75%
SLC Agricola	SLCE3	1.404.969	214.221	15,25%
MRS Logística	MRSA6B	1.615.000	198.290	12,28%
Elektro	EKTR4	3.873.248	448.352	11,58%
Cia Hering	HGTX3	2.432.884	259.870	10,68%
Jereissati	JPSA3	695.140	73.019	10,50%
Magnesita S.A.	MAGG3	1.250.007	124.861	9,99%
Multiplus	MPLU3	5.476.353	537.696	9,82%
Tupy	TUPY3	1.731.578	165.973	9,59%
CEB	CEBR6	383.128	34.652	9,04%
ABC Brasil	ABCB4	2.412.592	206.196	8,55%
Nord Brasil	BNBR3	2.197.278	187.360	8,53%
Taesa	TAEE11	7.144.909	608.319	8,51%
Alupar	ALUP11	5.365.648	435.258	8,11%
Copel	CPLE6	6.286.354	506.404	8,06%

Grupo 2: empresas que apresentariam *dividend yield* superior a 5%, com base no preço final de 2016 e no dividendo de 2017.

Nome	Ticker	*Mkt value* (31/12/2016)	Dividendos (2017)	*Dividend yield*
Cosan	CSAN3	15.508.044	1.239.363	7,99%
Cosern	CSRN3	2.404.255	187.790	7,81%
Cielo	CIEL3	62.898.508	4.907.002	7,80%
Banestes	BEES3	828.680	61.874	7,47%
Iochp-Maxion	MYPK3	1.101.602	80.684	7,32%
Grendene	GRND3	5.286.658	376.737	7,13%
Pettenati	PTNT4	86.003	6.000	6,98%
Grazziotin	CGRA4	367.671	24.771	6,74%
Banrisul	BRSR6	4.430.823	292.496	6,60%
AES Tietê E.	TIET11	5.524.818	357.623	6,47%
Copasa	CSMG3	4.613.381	285.670	6,19%
Trans. Paulista	TRPL4	10.306.916	636.118	6,17%
CSU Cardsystem	CARD3	202.203	12.393	6,13%
Tegma	TGMA3	507.061	30.393	5,99%
MRV	MRVE3	4.827.384	282.390	5,85%
Banco Pan	BPAN4	1.198.462	69.800	5,82%
BB Seguridade	BBSE3	56.503.965	3.285.628	5,81%
Cemig	CMIG4	9.772.877	539.632	5,52%
Wiz S.A.	WIZS3	2.152.348	118.386	5,50%
Santander BR	SANB11	110.489.018	5.915.637	5,35%
Sanepar	SAPR11	5.260.366	281.305	5,35%
Telef. Brasil	VIVT4	69.460.848	3.668.583	5,28%
Itaúsa	ITSA4	60.592.205	3.190.000	5,26%
Energias BR	ENBR3	8.121.646	425.381	5,24%
Itaú Unibanco	ITUB4	208.064.969	10.727.932	5,16%
Wilson Sons	WSON33	2.383.324	122.181	5,13%
EcoRodovias	ECOR3	4.585.280	235.014	5,13%
Randon Part.	RAPT4	1.069.187	54.168	5,07%
Josapar	JOPA3	211.640	10.662	5,04%

Grupo 3: empresas que apresentariam *dividend yield* superior a 3%, com base no preço final de 2016 e no dividendo de 2017.

Nome	Ticker	*Mkt value* (31/12/2016)	Dividendos (2017)	*Dividend yield*
CCR S.A.	CCRO3	28.178.772	1.334.249	4,73%
Emae	EMAE4	317.005	14.816	4,67%
Alfa Invest.	BRIV4	470.641	21.969	4,67%
Qualicorp	QUAL3	5.304.003	237.317	4,47%
Fras-le	FRAS3	926.925	40.973	4,42%
Odontoprev	ODPV3	6.688.163	279.412	4,18%
Coelce	COCE5	3.891.986	154.985	3,98%
Bradesco	BBDC4	160.812.777	6.397.874	3,98%
Braskem	BRKM5	25.346.029	998.893	3,94%
Bradespar	BRAP4	4.890.977	191.962	3,92%
Sabesp	SBSP3	19.678.249	765.933	3,89%
Locamerica	LCAM3	380.182	14.731	3,87%
Alfa Financ.	CRIV3	381.475	14.639	3,84%
Porto Seguro	PSSA3	8.696.582	326.435	3,75%
Suzano Papel	SUZB5+SUZB3	15.480.812	570.568	3,69%
Engie Brasil	EGIE3	22.845.977	838.621	3,67%
Vale	VALE3	127.734.201	4.667.210	3,65%
Merc. Brasil	BMEB4	219.684	7.859	3,58%
CESP	CESP6	4.353.168	154.824	3,56%
Ambev S.A.	ABEV3	257.473.325	8.819.754	3,43%
Alpargatas	ALPA4	4.362.152	149.337	3,42%
Brasil	BBAS3	78.223.642	2.623.783	3,35%
Schulz	SHUL4	268.889	8.932	3,32%
Kroton	KROT3	21.619.114	692.357	3,20%
Portobello	PTBL3	321.731	10.112	3,14%
Energisa	ENGI11	6.534.307	203.387	3,11%
Saraiva Livr.	SLED4	159.427	4.788	3%

Grupo 4: empresas que apresentariam *dividend yield* superior a 2%, com base no preço final de 2016 e no dividendo de 2017.

Nome	Ticker	*Mkt value* (31/12/2016)	Dividendos (2017)	*Dividend yield*
São Carlos	SCAR3	1.421.911	41.906	2,95%
Klabin S.A.	KLBN11	18.886.502	548.051	2,90%
Metal Leve	LEVE3	2.663.684	75.085	2,82%
QGEP Part.	QGEP3	1.374.353	38.676	2,81%
SulAmérica	SULA11	6.025.679	165.493	2,75%
B3	B3SA3	29.492.588	779.143	2,64%
Sierrabrasil	SSBR3	1.316.783	34.773	2,64%
CVC Brasil	CVCB3	3.148.079	80.968	2,57%
Iguatemi	IGTA3	4.709.743	120.000	2,55%
Ultrapar	UGPA3	37.187.088	940.250	2,53%
Hypera	HYPE3	16.461.962	409.827	2,49%
Equatorial	EQTL3	10.807.973	263.917	2,44%
Valid	VLID3	1.593.068	38.125	2,39%
Localiza	RENT3	7.127.136	166.866	2,34%
Fleury	FLRY3	5.601.154	130.071	2,32%
Lopes Brasil	LPSB3	486.452	10.996	2,26%
Amazônia	BAZA3	833.052	18.784	2,25%
Fibria	FIBR3	17.643.033	394.842	2,24%
RNI	RDNI3	229.930	5.065	2,20%
Gerdau Brasil	GOAU4	4.220.089	92.872	2,20%
WEG S.A.	WEGE3	25.006.113	548.502	2,19%
Guararapes	GUAR3	3.675.672	77.672	2,11%
BR Insurance	BRIN3	148.058	3.049	2,06%

É claro que se está falando do passado. E, ainda que recente, não é garantia de que o dividendo distribuído será maior ou igual ao relatado, porém é um bom indicador da remuneração do acionista, pois significa que as empresas têm capacidade para "entregar" um dividendo como o relatado (exceto os casos excepcionais, quando as empresas distribuem um dividendo/JSCP maior do que o lucro observado no ano).

É por isso que a atenção do investidor de longo prazo deve ser no crescimento dos lucros e das receitas, pois se crescem, o dividendo deverá crescer também.

Não custa encerrar o "Episódio" relembrando: não adianta comprar agora com base em números passados!

■■■

16

Ajuste nos preços. Desdobramentos, bonificações, subscrições etc.

Uma das maiores dificuldades encontradas pelo investidor, iniciante ou não, é entender os eventos acionários que as empresas promovem. Isso porque quase sempre trazem algum impacto nos preços, deixando os investidores sem padrão de comparação.

No primeiro "Episódio" deste livro, o personagem compra ações da VALE a R$250,00, em 1996. Em 31 de dezembro de 2008, o preço da VALE PN era de R$23,80. Foram muitos ajustes na base acionária da VALE desde 1996, por isso o preço de R$23,80, por incrível que pareça, significa muitíssimo mais do que os R$250,00.

Em 2008, a Usiminas fez uma alteração em sua base acionária que, em resumo, entregaria uma ação para cada duas que o investidor detivesse à época. Não faltaram pessoas afirmando: "Nossa, a Usiminas está muito barata! Outro dia mesmo estava valendo R$135,00, e já está em R$80,00. Que pechincha!"

Erros de avaliação como esse são muito comuns, por isso a importância de entender esses ajustes nos preços das ações.

É verdade que não são conceitos muito simples, mas alguns exemplos poderão ilustrar o que acontece com o preço das ações quando ocorrem os eventos sugeridos.

Definições

- **Pcom** – Preço de fechamento da ação no último dia em que estiver com os direitos incluídos.
- **Pex** – Preço ex-direitos é o preço teórico do ativo após o exercício dos direitos. É preço teórico, pois o preço efetivo depende do mercado, então, se uma ação fechar cotada a R$50,00 e distribuir R$2,00 de dividendos, deveria abrir ao preço ex de R$48,00, mas se o mercado estiver em alta, nada impedirá de abrir valendo até mais que os R$50,00, ou que, caso abra em baixa, a cotação vá a menos que R$48,00.

- **Subscrição** – Emissão de novas ações, com o objetivo de captar os recursos necessários para novos investimentos. Comumente, dando prioridade para os atuais acionistas na compra das novas ações a serem emitidas. Essa prioridade em geral é dada aos acionistas para que não percam sua participação societária devido à diluição do capital.
- **Diluição de capital** – Ocorre quando o acionista não acompanha a subscrição e não compra mais ações, na proporção que já tinha do capital da empresa. Nesse caso, perde participação percentual.
- **Bonificação** – Ações emitidas pelo emissor em decorrência do aumento de capital realizado por incorporação de reservas e/ou outros recursos e distribuídas gratuitamente aos acionistas, na proporção da quantidade de ações já possuídas.
- **Dividendo** – Parcela do lucro apurado pela empresa que é distribuída aos acionistas por ocasião do encerramento do exercício social.

Ajuste de dividendos (ou JSCP — Juros Sobre Capital Próprio)[7]

Os dividendos deliberados pela Gerdau referentes ao 3º trimestre de 2006 foram de R$231,9 milhões, ou R$0,35/ação, a serem pagos em 30 de novembro sobre as posições detidas no dia 21 de novembro de 2006.

Ou seja, o Pcom foi o de fechamento de 21 de novembro de 2006.

Pcom = R$33,69
D = R$ 0,35
Qual o Preço ex?
Pex = 33,69 – 0,35 = R$ 33,34

Ajuste de dividendos
Pex = Pcom - D

Esse valor é teórico. O preço de abertura em 22 de novembro daquele ano foi R$33,50.

O preço teórico é o que a Bovespa utiliza para calcular se a empresa teve valorização no dia. No caso da Gerdau, valorizou de R$33,34 para R$33,50 logo na abertura, significando 0,48% de ganho.

7 Os valores são reais para a época, mas podem ter sofrido ajustes desde então. Para os efeitos desejados, não faz diferença trabalhar com dados de hoje ou de anos atrás.

Ajuste de bonificação

O conselho de administração da Gerdau, reunido em 31 de março de 2006, aprovou o aumento do capital social, mediante a capitalização de reservas de lucro, com a emissão de novas ações, a título de bonificação. Com isso, o capital social passou de R$5,21 bilhões para R$7,81 bilhões. A bonificação foi na proporção de 50%, ou seja, foi creditada uma nova ação para cada duas ações possuídas. A partir de 13 de abril de 2006, as ações já eram negociadas ex-bonificação.

No caso, temos:

Pcom (12/4/2006) = R$52,60
BN = % de bonificação = 50% = 0,5
Pex = 52,60/(1+0,5) = 35,07

Ajuste de bonificação

$$Pex = \frac{Pcom}{(1+BN)}$$

Esse valor é teórico. A cotação de abertura do dia 13 de abril de 2006 foi de R$34,98.

Ajuste de subscrição

Dada a complexidade do processo de subscrição, será utilizado um exemplo genérico, mas baseado no que ocorreu em 2006 com o Bradesco. Suponha que uma empresa delibera um aumento de capital de 2,22%, com base na emissão de novas ações. O capital sairia, por hipótese, de R$55 bilhões para R$56,21 bilhões. Para tanto, a empresa terá que emitir 21.818.182 de ações ao preço de R$55,00 cada.

No caso:

Pcom = R$82,50
s = % de subscrição = 2,22% = 0,0222
S = Preço de subscrição = R$55,00
Pex = [82,50 + (0,022 x 55)] / (1+0,0222) = 81,90

Ajuste de subscrição

$$Pex = \frac{Pcom + (s \times S)}{(1+s)}$$

Uma conclusão não tão evidente é a de que a subscrição funciona como se a empresa estivesse vendendo ações. Se o preço de subscrição fosse idêntico ao Pcom, isto é, se a empresa estivesse vendendo ações pelo preço corrente, naturalmente não haveria qualquer ajuste no preço. O Pex seria igual ao Pcom.

Apesar de parecer que o investidor foi beneficiado por comprar ações a R$55,00, ao se ajustar o preço, o benefício acaba. Não há almoço de graça no mercado.

Vale lembrar que o esse exemplo é baseado apenas no caso Bradesco, porém algumas simplificações foram feitas para facilitar o entendimento.

Ajuste de desdobramento e grupamento

São casos mais simples, em que se decide que uma ação passa a corresponder a X ações, ou X ações passam a corresponder a 1.

Casos práticos:

- **Grupamento** – Em 18 de julho de 2006, a NET aprovou o grupamento de suas ações na proporção de 15 para 1, cada 15 ações emitidas pela companhia foram transformadas em uma ação. O preço de fechamento em 31 de julho de 2006 foi de R$1,22. O preço de abertura teórico seria 15 vezes esse valor (R$18,30). O preço de abertura do pregão em 10 de agosto de 2006 foi de R$18,00.
- **Desdobramento** – Em 29 de março de 2006, a NATURA aprovou o desdobramento de suas ações na proporção de 400%, ou seja, cada ação passou a corresponder a cinco ações, a partir de 31 de março. O preço de fechamento em 30 de março de 2006 foi de R$125,00. O preço de abertura teórico seria cinco vezes menor (R$25,00). O preço de abertura do pregão em 31 de março foi de R$25,73.

O que chama a atenção do investidor é que os valores mudam muito rapidamente, e como a informação não chega a todos ao mesmo tempo, fica a dúvida se as variações são uma baixa ou uma alta no preço da ação ou um evento societário.

Vale lembrar que, sempre que se faz um ajuste no preço, deve-se ajustar todo o histórico, para manter a coerência. Essa é a regra básica para que se possa comparar preços em diferentes épocas. É por isso que, quando se mostra as cotações de VALE e PETROBRAS há dez, 15 anos, os valores são expressos em centavos.

Esse ajuste é simples: divide-se o Preço "ex" (teórico) pelo Preço "com" (último fechamento com direitos), obtendo-se um multiplicador, que deve ser aplicado aos preços históricos para ajustá-los.

No caso da Natura, esse multiplicador seria 0,20 (25/125), a ser aplicado aos preços históricos. No caso da NET, seria 15 (18,30/1,22).

Atenção, portanto, aos eventos societários

Um investidor consciente deve ler com regularidade os comunicados emitidos pelas companhias que acompanha, sob o risco de tomar decisões baseadas em premissas inválidas.

PARTE IV

O QUE É INTERESSANTE SABER

Capítulos

17 Imposto de Renda — estratégia para um investidor de longo prazo

A legislação brasileira isenta de Imposto de Renda os ganhos líquidos auferidos por pessoa física[8] no mercado à vista de bolsas de valores, desde que o valor total da venda (alienação) seja igual ou inferior a R$20 mil. Isso muitos sabem, mas para grandes operadores, *traders* e *day traders*, esse limite é irrelevante. Entretanto, para o pequeno investidor, pode representar uma opção relevante para reduzir sua exposição ao imposto no longo prazo.

O modelo apresentado a seguir pode permitir que o investidor de longo prazo ajuste sua carteira para evitar carregar um grande volume de imposto a pagar no futuro. Uma pessoa que investe em ações há anos, sem mexer nos investimentos, em geral tem preços médios ínfimos, às vezes centavos. Quando for vender essas ações, praticamente todo o valor da venda será interpretado como ganho de capital tributável, pela alíquota atual, em 15%. Por que chegar a esse patamar se é possível, com pequenos ajustes na carteira, evitar carregar esse "estoque" de Imposto de Renda?

Exemplos de grandes investidores

No início da crise do *subprime*, em um só dia foi possível comprar VALE5 (ações preferenciais da Cia Vale do Rio Doce) a R$60,51[9] e vendê-la a R$66,00 no dia seguinte. Um operador que tivesse comprado, por hipótese, 10 mil ações e as vendido no dia seguinte teria ganho, nessa operação, algo como o que se segue:

Operações	Qtd.	Preço	Total 1	Custos*	Total geral
Compra - 10.000 (VALE5)	10.000	R$60,51	605.100,00	183,38	R$605.283,38
Venda - 10.000 (VALE5)	10.000	R$66,00	660.000,00	198,20	R$659.801,80
				Ganho	R$54.518,42

*Supondo corretagem de R$ 20,00 por operação

8 Essa regra era válida ao menos até maio de 2018, quando esse livro terminou de ser escrito.

9 Os valores são todos da época, entre 2006 e 2007. O modelo é atemporal.

É evidente que, para um investidor desse porte, o limite de alienação de R$20 mil não representa qualquer barreira à sua operação. Isto é, quem faz operações de curto prazo e com grandes volumes já considera a questão do Imposto de Renda como uma condição intrínseca de sua estratégia em bolsa. Inclusive quando se tratam de perdas.

Pequeno investidor, pequenas compras, ideias inteligentes

Para o pequeno investidor que opera com visão de longo prazo, o limite de alienação de R$20 mil pode permitir ações inteligentes, que reduzam o impacto do Imposto de Renda quando, dez, 20 ou 30 anos depois, for se utilizar desse patrimônio para compor sua aposentadoria ou comprar algum bem que lhe traga conforto, status ou segurança.

Imagine um investidor que iniciou compras regulares de VALE5 em janeiro de 2006. Investiu cerca de 30% de seu salário, algo como R$1.200 por mês, sendo que, no mês de dezembro, ele aportou todo seu 13º salário.

Como a VALE5 subiu significativamente, o investidor carrega um "estoque" de imposto a pagar, que é dado pela diferença entre o preço médio e a cotação atual, multiplicada pela alíquota de 15% do Imposto de Renda.

Operações	Data	Qtd.	Preço*	Total 1	Custos**	Total geral	Qtd. tot.	Patrimônio	Pço. médio
Compra VALE5	11/01/2006	27	R$44,32	1.196,64	R$20,42	R$1.217,06	27	R$1.196,64	R$45,08
Compra VALE5	10/02/2006	29	R$42,06	1.219,74	R$20,43	R$1.240,17	56	R$2.355,36	R$43,88
Compra VALE5	10/03/2006	31	R$39,32	1.218,92	R$20,43	R$1.239,35	87	R$3.420,84	R$42,49
Compra VALE5	10/04/2006	27	R$44,90	1.212,30	R$20,42	R$1.232,72	114	R$5.118,60	R$43,24
Compra VALE5	10/05/2006	25	R$47,14	1.178,50	R$20,41	R$1.198,91	139	R$6.552,46	R$44,09
Compra VALE5	12/06/2006	32	R$37,56	1.201,92	R$20,42	R$1.222,34	171	R$6.422,76	R$42,99
Compra VALE5	10/07/2006	28	R$42,96	1.202,88	R$20,42	R$1.223,30	199	R$8.549,04	R$43,08
Compra VALE5	10/08/2006	28	R$42,00	1.176,00	R$20,41	R$1.196,41	227	R$9.534,00	R$43,04
Compra VALE5	11/09/2006	32	R$38,28	1.224,96	R$20,43	R$1.245,39	259	R$9.914,52	R$42,53
Compra VALE5	10/10/2006	29	R$41,78	1.211,62	R$20,42	R$1.232,04	288	R$12.032,64	R$42,53
Compra VALE5	10/11/2006	25	R$48,58	1.214,50	R$20,43	R$1.234,93	313	R$15.205,54	R$43,08
Compra VALE5	21/12/2006	100	R$52,70	5.270,00	R$21,84	R$5.291,84	413	R$21.765,10	R$45,46
Compra VALE5	09/02/2007	22	R$60,22	1.324,84	R$20,46	R$1.345,30	435	R$26.195,70	R$46,25
Compra VALE5	12/03/2007	21	R$62,42	1.310,82	R$20,46	R$1.331,28	456	R$28.463,52	R$47,04
Compra VALE5	10/04/2007	20	R$67,46	1.349,20	R$20,47	R$1.369,67	476	R$32.110,96	R$47,94
Compra VALE5	10/05/2007	17	R$73,90	1.256,30	R$20,44	R$1.276,74	493	R$36.432,70	R$48,88
Compra VALE5	10/07/2007	17	R$77,18	1.312,06	R$20,46	R$1.332,52	510	R$39.361,80	R$49,86
Compra VALE5	10/08/2007	18	R$74,52	1.341,36	R$20,47	R$1.361,83	528	R$39.346,56	R$50,74

* Preço antes do desdobramento.
** Supondo corretagem de R$20,00 por operação.

No dia 29 de agosto de 2007, a ação atingiu a cotação de R$79,16, de forma que esse "estoque" de imposto ficaria em:

Patrimônio total (29/08/2007)	R$41.796,48	528 ações
Investimento total (29/08/2007) (inc. custos)	R$26.791,81	528 ações
Ganho a tributar	R$15.004,67	56%
Imposto devido (15%)	R$2.250,70	8,4%

O investidor teve um lucro de 56%, que, caso precisasse vender (alienar) todo seu patrimônio em ações, acarretaria um imposto de R$2.250,70, correspondente a 8,4% de tudo que investiu.

E olha que o exemplo trata de apenas um ano e oito meses, mas é comum haver investidores com VALE5 a um preço médio inferior a R$5,00 e Itaúsa (ITSA4) com preço médio inferior a R$1,00. No longo prazo, caso não haja qualquer operação na carteira, o investidor acaba por ficar com preços médios históricos muito baixos.

O limite de alienação

Isso não seria grande problema, pois a legislação permite a venda de R$20 mil por mês, bastando limitar-se ao valor mensal para não ter que pagar imposto. Ocorre, porém, que as pessoas que juntam dinheiro por longos anos, ao conseguir um patrimônio em ações confortável, podem querer comprar uma casa maior, um carro melhor ou algum outro bem que lhe agrade. Nada mais justo para compensar décadas de disciplina e poupança.

Quando ele precisa alienar um montante vultoso, acaba pagando um valor igualmente volumoso de imposto, pois seu custo médio histórico será baixíssimo.

O investidor de longo prazo pode se precaver e adotar algumas medidas para reduzir esse "estoque" de imposto a pagar.

Operações inteligentes

É possível vender ações e comprar mais caro no dia seguinte e, ainda assim, estar agindo com inteligência financeira. Não acredita? Veja.

Em 29 de agosto de 2007, o investidor vende 200 ações de VALE5 por R$79,16 e recompra-as, no dia seguinte, por R$79,30. É uma operação possível e simples. O que as pessoas mais fazem, porém, é vender e aguardar um momento em que a ação tenha uma baixa para entrar novamente. Lembre-se de que, quanto maior o tempo de espera, maior o risco de não conseguir comprar por um preço próximo ao da venda.

Operações	Data	Qtd.	Preço*	Total 1	Custos**	Total geral	Qtd. tot.	Patrimônio	Pço. médio
Status anterior	29/08/2007		R$79,16				528	R$41.796,48	R$50,74
Venda VALE5	29/08/2007	200	R$79,16	15.832,00	25,54	R$15.806,46	328	R$25.964,48	R$50,74
Compra VALE5	30/08/2007	200	R$79,30	15.860,00	25,55	R$15.885,55	528	R$41.870,40	R$61,61

Pelo custo de R$51,09 (custos de corretagem, emolumentos e outros, de compra, R$25,55, e de venda, R$25,54), mais R$28,00 da diferença da cotação (que poderia ser negativa), o investidor recompõe sua carteira, com a mesma ação (poderia ser feito com outras), com o mesmo valor, mas com um custo médio, agora, de R$ 61,61. O preço médio anterior era de R$50,74.

De novo...

Em 3 de setembro de 2007, mês seguinte, repete a operação, recomprando no dia 5, dois dias depois, por hipótese.

Operações	Data	Qtd.	Preço*	Total 1	Custos**	Total geral	Qtd. tot	Patrimônio	Pço. médio
Status anterior	03/09/2007		R$82,40				528	R$43.507,20	R$61,61
Venda VALE5	03/09/2007	200	R$82,40	16.480,00	25,77	R$16.454,23	328	R$27.027,20	R$61,61
Compra VALE5	05/09/2007	200	R$82,40	16.580,00	25,80	R$16.605,80	528	R$43.771,20	R$69,72

Pelo custo de R$51,57 (custos de corretagem e outros), mais R$100,00 da diferença da cotação, o investidor recompõe sua carteira, com a mesma ação, com o mesmo valor, porém, com um custo médio de R$69,72. O preço médio é, agora, 37,5% superior ao observado inicialmente.

O que ele ganha com isso?

Nessa suposição mostrada, o investidor vende e compra (em dias diferentes) sempre com perdas na cotação, mas é razoável acreditar que isso possa ser feito também com ganhos. Na média, provavelmente ele recomprará com ganhos em 50% das vezes, o que significa que não deverá ganhar nem perder em suas operações.

No exemplo, o investidor gastou R$230,66 para reduzir seu estoque de imposto de R$2.546,91, que seria o imposto devido em 5 de setembro, caso mantivesse o custo médio, para R$1.043,70, que seria o imposto devido no caso da elevação do custo médio, pelas operações antes descritas.

Patrimônio total (05/09/2007)	R$43.771,20	528 ações
Investimento total sem venda (05/09/2007)	R$26.791,81	
Ganho a tributar	R$16.979,39	63,4%
Imposto devido (15%)	R$2.546,91	9,5%

Patrimônio total (05/09/2007)	R$43.771,20	528 ações
Investimento total com venda (05/09/2007)	R$36.813,18	
Ganho a tributar	R$6.958,02	18,9%
Imposto devido (15%)	R$1.043,70	2,8%

Simples e eficaz

Apesar de esse procedimento anterior parecer bem óbvio e simples, é muito pouco utilizado por investidores de longo prazo. Muito por desconhecimento, e um pouco por acreditar que, se ganhar 2.000% em dez anos, não se importará de pagar imposto, pois o ganho seria imenso e ele nem sentiria. Diz isso hoje, mas daqui a dez anos, lamentará não ter tratado com mais atenção esse "estoque" de imposto.

Aparentemente, os custos para se reduzir o imposto foram altos, R$230,66, mas desse valor há R$128,00 de perdas com a diferença na cotação, o que, na média de várias operações, não deverá ocorrer, sendo mais provável que não haja ganhos ou perdas.

Com mais uma ou duas operações, o investidor poderia "zerar" seu imposto devido, o que pode fazer enorme diferença quando tiver que vender as ações para comprar algum bem ou realizar algum sonho.

Cuidado com o *day trade*!

Vale lembrar que essa operação só faz sentido para investidores pequenos com objetivos de longo prazo. É absolutamente dispensável para *traders*, *day traders* e grandes operadores.

Certa vez, essa técnica foi contada em um curso de formação de agentes autônomos, e alguns deles não conseguiram entender, pois seus clientes tinham milhões em ações da VALE. Pensavam: "Quer dizer que Seu Fulano, com 150 mil ações da VALE, tem que vender 200 por mês?" E largavam uma gargalhada.

Eles têm razão, não faz qualquer sentido para Seu Fulano. Se ele tivesse feito isso ao longo do tempo, talvez não carregasse um imposto milionário sobre sua posição na VALE. Mas agora não faz mais sentido.

Outra coisa: o investidor terá uma surpresa muito desagradável se vender e recomprar no mesmo dia. Será tributado por operar no modelo *day trade* e, ainda, não sofrerá qualquer redução em seu preço médio.

Essa estratégia deve ser feita em dias separados, pois evita qualquer dúvida a respeito de a operação ser ou não caracterizada como *day trade*, e SEMPRE abaixo do valor limite permitido pela legislação, que hoje é de R$20 mil de venda em um único mês.

Importantíssimo!

Uma colocação importante é a de que o objetivo do estudo é mostrar EXCLUSIVAMENTE que se pode fazer um planejamento tributário para reduzir o "estoque" de imposto a pagar, e NÃO sugerir que se busque a melhor hora de entrar ou sair de um ativo. Lembre-se, quanto mais se demora a repor seu patrimônio em ações, maior é o risco de não conseguir comprar por um preço próximo ao de venda.

Outro ponto é que essa estratégia só é interessante quando já se teve um ganho expressivo com as ações (em relação ao custo médio), o que, para o pequeno investidor, leva algum tempo. Não adianta fazer isso quando se está ganhando 10% ou 20%, pois há custos de corretagem altos. A partir de 50% de ganhos, já começa a fazer sentido elevar seu preço médio e reduzir o "estoque" de imposto a carregar.

■■■

18 Gestão de carteira. A importância de estabelecer metas na estratégia do investidor

Compro agora ou vai cair mais? O investidor inteligente tem metas bem-definidas para decidir quando comprar ou vender ações.

Os investidores experientes costumam dizer que, para entrar em um papel, você deve ter uma estratégia de saída. A lógica é interessante: se você não sabe em que circunstâncias vai querer sair do papel, então não sabe por que entrou. A moral dessa história é: o investidor deve ter metas bem-definidas para sua carteira e métodos objetivos para geri-la.

Em períodos de turbulência, os investidores oscilam entre "vender porque já subiu demais" ou "manter porque ainda subirá mais", ou ainda "comprar porque não cairá mais", "manter porque não cairá mais" ou "vender porque cairá mais". Isso não é método, é adivinhação. Os investidores que definem métodos objetivos de gestão de sua carteira não passam por esse tipo de dúvida, pois suas ações se baseiam em indicadores objetivos (quantitativos). A leitura do livro *O investidor inteligente*, de Benjamin Graham, indica algumas variáveis objetivas que devem ser observadas pelo investidor para que suas decisões não fiquem dependentes de adivinhações.

O estudo deste "Episódio" mostrará uma técnica simples de gestão de carteira pessoal e estudará seu efeito nos últimos 23 anos.

A metodologia

O método proposto é: manter uma carteira com 50% do valor em ações e 50% do valor em renda fixa. Essa é a meta central do investidor, que avaliará esses percentuais periodicamente e os ajustará, se necessário. Que fique claro que esse percentual é só uma sugestão. Cada investidor, de acordo com suas próprias características, deverá decidir os percentuais.

Um dos benefícios dessa metodologia é obrigar o investidor a seguir a regra de ouro: **comprar ações na baixa e vender na alta**. Isso porque, caso as ações disparem e o percentual de distribuição da carteira fique, por exemplo, com 65%

em renda variável e 35% em renda fixa, ele deverá vender ações para recompor a distribuição desejada (50% em cada). Não dá para ele fazer diferente, não dá para "trocar de perna", pois a meta é quantitativa e bem-definida. Sem adivinhações.

Para verificar a eficácia dessa metodologia, analisa-se o período que vai de janeiro de 1995 até abril de 2018, em um total de 280 meses. O investidor iniciará, em janeiro de 1995, com R$50 mil em renda fixa e R$50 mil em renda variável.

Algumas premissas:

- O retorno da renda fixa será a taxa Selic do mês, menos o Imposto de Renda.
- O retorno em renda variável será baseado no Ibovespa, ou seja, considera-se que a carteira de renda variável do investidor está atrelada ao índice.
- Não será considerado o custo de corretagem, porém ficará fácil estimá-lo ao final do estudo pela quantidade de operações de compra/venda realizadas no período.
- No estudo original, publicado em 2009, descobriu-se que não compensa fazer ajustes para diferenças pequenas (de 20% para baixo) entre os saldos de renda fixa e de renda variável. Ajustar a carteira quando houver diferença de cerca de 30% entre os montantes dá menos trabalho e é mais rentável, portanto, apenas o patamar de 30% de diferença será utilizado para esse estudo.
- O investidor avaliará os percentuais EXCLUSIVAMENTE no final de cada mês. Nem olhará o que acontece durante o mês, somente o valor de fechamento.

O início

Para não haver dúvidas sobre a metodologia, veja um exemplo prático:

				Patrimônio (R$)		
Mês	Ibovespa	Tx. Selic	Selic	Ações	Renda fixa	
02/01/1995	4.319	NA	Ajustada	50.000	50.000	Dif.
jan./97	7.965	1,73%	1,38%	108.746	72.502	-33,33%

Em 2 de janeiro de 1995, o investidor tem R$50 mil em ambas as aplicações (R$100 mil no total). Em janeiro de 1997, a bolsa subiu para 7.965 pontos, fazendo com que a aplicação na bolsa ficasse em R$108.746,00 (em dois anos). Já a renda fixa atingiu, no mesmo período, R$72.502,00.

A diferença entre os montantes está em -33,3% (72.502/108.746 - 1), indicando que o valor em renda fixa está 33,3% inferior ao valor em renda variável. Pela regra, deve-se ajustar toda vez que a diferença ultrapassar 30%, portanto, deve-se vender um pouco das ações e aplicar em renda fixa, restabelecendo o objetivo de ter 50% – 50%.

O investidor terá que vender R$18.122,00 em ações, ficando com R$90.624,00, e aplicar esses R$18.122,00 em renda fixa, ficando com R$90.624,00.

				Patrimônio (R$)		
Mês	Ibovespa	Tx. Selic	Selic	Ações	Renda fixa	
02/01/1995	4.319	NA	Ajustada	50.000	50.000	Dif.
jan./97	7.965	1,73%	1,38%	90.624	90.624	0%

Veja a seguir a base de dados utilizada:

Mês	Ibovespa	Selic-IR
jan./95	3.885	0%
fev./95	3.271	2,90%
mar./95	2.979	2,08%
abr./95	3.814	3,41%
mai./95	3.721	3,40%
jun./95	3.603	3,23%
jul./95	3.877	3,22%
ago./95	4.311	3,07%
set./95	4.670	2,66%
out./95	4.128	2,47%
nov./95	4.379	2,30%
dez./95	4.299	2,22%

Mês	Ibovespa	Selic-IR
jan./96	5.152	2,06%
fev./96	4.958	1,88%
mar./96	4.955	1,78%
abr./96	5.164	1,66%
mai./96	5.728	1,61%
jun./96	6.044	1,58%
jul./96	6.123	1,54%
ago./96	6.259	1,58%
set./96	6.447	1,52%
out./96	6.533	1,49%
nov./96	6.676	1,44%
dez./96	7.040	1,44%

Mês	Ibovespa	Selic-IR
jan./97	7.965	1,38%
fev./97	8.829	1,34%
mar./97	9.044	1,31%
abr./97	9.982	1,33%
mai./97	11.345	1,26%
jun./97	12.568	1,29%
jul./97	12.872	1,28%
ago./97	10.609	1,27%
set./97	11.797	1,27%
out./97	8.986	1,34%
nov./97	9.395	2,43%
dez./97	10.197	2,38%

Mês	Ibovespa	Selic-IR
jan./98	9.720	2,14%
fev./98	10.570	1,70%
mar./98	11.946	1,76%
abr./98	11.677	1,37%
mai./98	9.846	1,30%
jun./98	9.678	1,28%
jul./98	10.707	1,36%
ago./98	6.472	1,18%
set./98	6.593	1,99%
out./98	7.047	2,35%
nov./98	8.631	2,10%
dez./98	6.784	1,92%

Mês	Ibovespa	Selic-IR
jan./99	8.171	1,74%
fev./99	8.910	1,90%
mar./99	10.696	2,66%
abr./99	11.350	1,88%
mai./99	11.089	1,62%
jun./99	11.626	1,34%
jul./99	10.441	1,33%
ago./99	10.564	1,26%
set./99	11.106	1,19%
out./99	11.700	1,10%
nov./99	13.778	1,11%
dez./99	17.091	1,28%

Mês	Ibovespa	Selic-IR
jan./00	16.388	1,17%
fev./00	17.660	1,16%
mar./00	17.820	1,16%
abr./00	15.537	1,04%
mai./00	14.772	1,19%
jun./00	16.727	1,11%
jul./00	16.454	1,05%
ago./00	17.346	1,13%
set./00	15.828	0,98%
out./00	14.867	1,03%
nov./00	13.287	0,98%
dez./00	15.259	0,96%

Mês	Ibovespa	Selic-IR
jan./01	17.672	1,02%
fev./01	15.891	0,82%
mar./01	14.438	1,01%
abr./01	14.917	0,95%
mai./01	14.649	1,07%
jun./01	14.559	1,02%
jul./01	13.754	1,20%
ago./01	12.840	1,28%
set./01	10.635	1,06%
out./01	11.364	1,22%
nov./01	12.931	1,11%
dez./01	13.577	1,11%

Mês	Ibovespa	Selic-IR
jan./02	12.721	1,22%
fev./02	14.033	1,00%
mar./02	13.254	1,10%
abr./02	13.085	1,18%
mai./02	12.861	1,13%
jun./02	11.139	1,06%
jul./02	9.762	1,23%
ago./02	10.382	1,15%
set./02	8.622	1,10%
out./02	10.167	1,32%
nov./02	10.508	1,23%
dez./02	1.268	1,39%

Mês	Ibovespa	Selic-IR
jan./03	10.941	1,58%
fev./03	10.280	1,46%
mar./03	11.273	1,42%
abr./03	12.556	1,50%
mai./03	13.421	1,58%
jun./03	12.972	1,49%
jul./03	13.571	1,66%
ago./03	15.174	1,42%
set./03	16.010	1,34%
out./03	17.982	1,31%
nov./03	20.183	1,07%
dez./03	22.236	1,10%

Mês	Ibovespa	Selic-IR
jan./04	21.851	1,02%
fev./04	21.755	0,86%
mar./04	22.142	1,10%
abr./04	19.607	0,94%
mai./04	19.544	0,98%
jun./04	21.148	0,98%
jul./04	22.336	1,03%
ago./04	22.803	1,03%
set./04	23.245	1,00%
out./04	23.052	0,97%
nov./04	25.128	1%
dez./04	26.196	1,18%

Mês	Ibovespa	Selic-IR
jan./05	24.350	1,10%
fev./05	28.139	0,98%
mar./05	26.610	1,22%
abr./05	24.843	1,13%
mai./05	25.207	1,20%
jun./05	25.051	1,27%
jul./05	26.042	1,21%
ago./05	28.044	1,33%
set./05	31.583	1,20%
out./05	30.193	1,13%
nov./05	31.916	1,10%
dez./05	33.455	1,18%

Mês	Ibovespa	Selic-IR
jan./06	38.382	1,14%
fev./06	38.610	0,92%
mar./06	37.951	1,14%
abr./06	40.363	0,86%
mai./06	36.530	1,02%
jun./06	36.630	0,94%
jul./06	37.077	0,94%
ago./06	36.232	1,01%
set./06	36.449	0,85%
out./06	39.262	0,87%
nov./06	41.931	0,82%
dez./06	44.473	0,79%

Mês	Ibovespa	Selic-IR
jan./07	44.641	0,86%
fev./07	43.892	0,70%
mar./07	45.804	0,84%
abr./07	48.956	0,75%
mai./07	52.527	0,82%
jun./07	54.392	0,73%
jul./07	54.182	0,78%
ago./07	54.637	0,79%
set./07	60.465	0,64%
out./07	65.317	0,74%
nov./07	63.006	0,67%
dez./07	63.886	0,67%

Mês	Ibovespa	Selic-IR
jan./08	59.490	0,74%
fev./08	63.489	0,64%
mar./08	60.968	0,67%
abr./08	67.868	0,72%
mai./08	72.592	0,70%
jun./08	65.017	0,77%
jul./08	59.505	0,86%
ago./08	55.680	0,82%
set./08	49.541	0,88%
out./08	37.256	0,94%
nov./08	36.595	0,82%
dez./08	37.550	0,90%

Mês	Ibovespa	Selic-IR
jan./09	39.300	0,84%
fev./09	38.183	0,68%
mar./09	40.925	0,78%
abr./09	47.289	0,67%
mai./09	53.197	0,62%
jun./09	51.465	0,61%
jul./09	54.765	0,63%
ago./09	56.488	0,55%
set./09	61.517	0,55%
out./09	61.545	0,55%
nov./09	67.044	0,53%
dez./09	68.588	0,58%

Mês	Ibovespa	Selic-IR
jan./10	65.401	0,53%
fev./10	66.503	0,47%
mar./10	70.371	0,61%
abr./10	67.529	0,54%
mai./10	63.046	0,60%
jun./10	60.935	0,63%
jul./10	67.515	0,69%
ago./10	65.145	0,71%
set./10	69.429	0,68%
out./10	70.673	0,65%
nov./10	67.705	0,65%
dez./10	69.304	0,74%

Mês	Ibovespa	Selic-IR
jan./11	66.574	0,69%
fev./11	67.383	0,67%
mar./11	68.586	0,74%
abr./11	66.132	0,67%
mai./11	64.620	0,79%
jun./11	62.403	0,77%
jul./11	58.823	0,78%
ago./11	56.495	0,86%
set./11	52.324	0,75%
out./11	58.338	0,70%
nov./11	56.874	0,69%
dez./11	56.754	0,73%

Mês	Ibovespa	Selic-IR
jan./12	63.072	0,71%
fev./12	65.811	0,60%
mar./12	64.510	0,66%
abr./12	61.820	0,57%
mai./12	54.490	0,59%
jun./12	54.354	0,51%
jul./12	56.097	0,54%
ago./12	57.061	0,55%
set./12	59.175	0,43%
out./12	57.068	0,49%
nov./12	57.474	0,44%
dez./12	60.952	0,44%

Mês	Ibovespa	Selic-IR
jan./13	59.761	0,48%
fev./13	57.424	0,39%
mar./13	56.352	0,44%
abr./13	55.910	0,49%
mai./13	53.506	0,48%
jun./13	47.457	0,49%
jul./13	48.234	0,58%
ago./13	50.011	0,57%
set./13	52.338	0,57%
out./13	54.256	0,65%
nov./13	52.482	0,58%
dez./13	51.507	0,63%

Mês	Ibovespa	Selic-IR
jan./14	47.639	0,67%
fev./14	47.094	0,63%
mar./14	50.415	0,61%
abr./14	51.627	0,65%
mai./14	51.239	0,69%
jun./14	53.168	0,65%
jul./14	55.829	0,75%
ago./14	61.288	0,69%
set./14	54.116	0,72%
out./14	54.629	0,76%
nov./14	54.724	0,67%
dez./14	50.007	0,76%

Mês	Ibovespa	Selic-IR
jan./15	46.908	0,74%
fev./15	51.583	0,65%
mar./15	51.150	0,83%
abr./15	56.229	0,76%
mai./15	52.760	0,79%
jun./15	53.081	0,85%
jul./15	50.865	0,94%
ago./15	46.626	0,89%
set./15	45.059	0,89%
out./15	45.869	0,89%
nov./15	45.120	0,84%
dez./15	43.350	0,93%

Mês	Ibovespa	Selic-IR
jan./16	40.406	0,84%
fev./16	42.794	0,80%
mar./16	50.055	0,93%
abr./16	53.911	0,84%
mai./16	48.472	0,89%
jun./16	51.527	0,93%
jul./16	57.308	0,89%
ago./16	57.901	0,97%
set./16	58.367	0,89%
out./16	64.925	0,84%
nov./16	61.906	0,83%
dez./16	60.227	0,90%

Mês	Ibovespa	Selic-IR
jan./17	64.671	0,87%
fev./17	66.662	0,69%
mar./17	64.984	0,84%
abr./17	65.403	0,63%
mai./17	62.712	0,74%
jun./17	62.900	0,65%
jul./17	65.920	0,64%
ago./17	70.835	0,64%
set./17	74.294	0,51%
out./17	74.308	0,51%
nov./17	71.970	0,46%
dez./17	76.402	0,43%

Mês	Ibovespa	Selic-IR
jan./18	84.912	0,46%
fev./18	85.353	0,38%
mar./18	85.365	0,42%
abr./18	86.115	0,42%

As principais lições

As principais lições do estudo são três. A primeira, que já foi adiantada, é que NÃO adianta fazer ajustes com oscilações pequenas, tipo 5% ou 10% de diferença. Tanto pela complexidade quanto pelo custo de fazer centenas de operações, e também pelo simples fato de que fazer o ajuste com patamares maiores, 20%, 30% ou 40%, dá resultados melhores.

A segunda é que os resultados, se analisados em um prazo curto (cinco a oito anos), dependerão muito do início da renda variável. Se o estudo começasse com a bolsa muito barata, teria sido melhor investir tudo na bolsa, assim como, se iniciasse com a bolsa muito alta (cara), teria sido melhor investir apenas em renda fixa (colocar os R$100 mil em renda fixa e não balancear). Mas quando se vai para horizontes maiores, essa "sorte inicial" faz menos diferença. E, é claro, ninguém pode saber de antemão se está caro ou barato demais.

Por fim, a lição principal é a de que, ao seguir o método, o investidor será racional sempre, e no longo prazo isso faz uma diferença enorme, tanto em aumento de retorno quanto de redução de risco.

Resultados para o período de 23 anos e 4 meses

Para um horizonte longo, ficam bem evidentes não só os bons resultados do método, mas principalmente a redução dos riscos.

De janeiro de 1995 a abril de 2018

Veja o ano de 1995, o primeiro da análise (antes de 1995 não havia moeda estável no Brasil, de forma que o estudo ficaria excessivamente complexo e sem sentido).

O Ibovespa no início daquele ano estava em 4.319 pontos. Se fossem alocados R$50 mil em renda fixa e R$50 mil em renda variável no começo de janeiro e fosse feito o balanceamento de carteira cada vez que o montante de uma aplicação ultrapassasse 30%, o resultado seria que teriam sido feitas 19 operações de balanceamento.

- Se os R$100 mil tivessem sido investidos APENAS em renda variável, teriam se tornado R$1.994.000,00.
- Se os R$100 mil tivessem sido investidos APENAS em renda fixa, teriam se tornado R$1.816.000,00.
- Se os R$100 mil tivessem sido investidos metade em renda fixa e metade em renda variável, fazendo o balanceamento, teriam se tornado R$2.728.000,00.

- 37% a mais do que investindo somente em renda fixa e 45% a mais do que investindo só em renda variável.
- Nos últimos 117 meses do estudo (de agosto de 2008 a abril de 2018), o valor investido na carteira balanceada teria sido MAIOR do que o valor investido em apenas um tipo de ativo.

Essas conclusões ficam claras no gráfico:

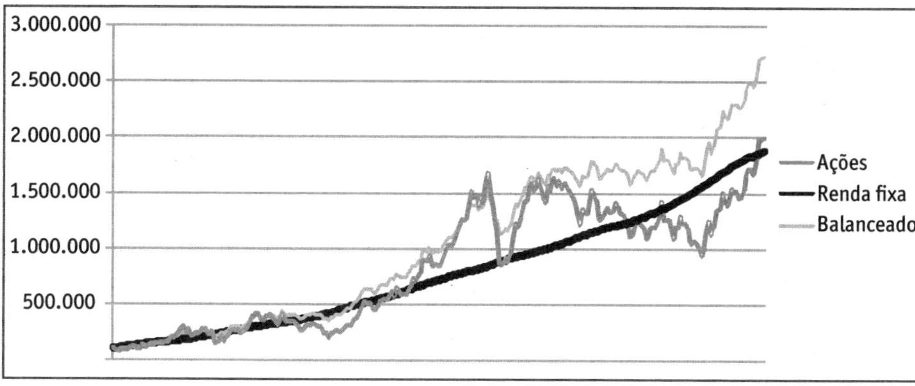

Perceba que a carteira balanceada esteve, na maioria das vezes, acima do investimento individual nos ativos.

Os piores anos para o balanceamento

Não faz sentido trabalhar com horizontes menores que oito anos para esse estudo, pois, como já dito, no curto e médio prazos, a dependência do "momento" é muito grande no que se refere à bolsa e distorce a prática de balanceamento, que deve ser pensada como gestão de longo prazo.

Por isso, o horizonte mínimo de investimento para as comparações do estudo foi de nove anos e quatro meses, e o máximo de 23 anos, ou seja, comparou-se o retorno de quem investiu iniciando em 1995, 1996, 1997, até 2009, indo até abril de 2018.

Na tabela a seguir são apresentados os resultados, da seguinte forma:

- Na primeira linha está o ano em que se iniciou o investimento.
- A quantidade de ajustes indica quantas operações de balanceamento foram realizadas.

- As três linhas a seguir indicam em quantos meses (nos últimos 60), o montante é maior para a RV (Renda Variável), a RF (Renda Fixa) e a Bal (Carteira Balanceada).
- O valor máximo indica quanto cada carteira teria atingido ao final do período de investimento (do ano inicial até abril de 2018).

Resumo	1995	1996	1997	1998	1999	2000	2001	2002
Qtd. de ajustes	19	18	17	15	14	12	11	11
# meses RF vence (5 anos)	-	-	-	8	-	47	9	1
# meses RV vence (5 anos)	-	-	-	-	3	-	-	-
# meses Bal vence (5 anos)	60	60	60	52	57	13	51	59
Ibov. inicial (pts)	4.319	4.299	6.956	10.479	6.784	17.091	15.259	13.577
Vlr. máx. RF (R$ mil)	1.873	1.380	1.137	952	777	647	569	501
Vlr. máx. RV (R$ mil)	1.994	2.003	1.238	822	1.269	504	564	634
Vlr. máx. Bal (R$ mil)	2.728	2.321	1.617	1.087	1.273	706	697	679
Maior (Abr. 2018)	Bal	Bal	Bal	Bal	Bal	Bal	Bal	Bal

Resumo	2003	2004	2005	2006	2007	2008	2009	Qtd
Qtd. de ajustes	10	9	7	9	8	7	6	
# meses RF vence	-	11	26	60	60	60	28	310
# meses RV vence	40	-	-	-	-	-	-	43
# meses Bal vence	20	56	41	-	-	-	32	561
Ibov. inicial (pts)	11.268	22.236	26.196	33.455	44.473	63.886	37.550	
Vlr. máx. RF (R$ mil)	435	368	326	284	253	232	211	3
Vlr. máx. RV (R$ mil)	764	387	329	257	194	135	229	1
Vlr. máx. Bal (R$ mil)	685	444	372	269	252	196	239	11
Maior (Abr. 2018)	RV	Bal	Bal	RF	RF	RF	Bal	

O único ano em que a renda variável foi melhor

Nos 15 anos analisados (anos base de 1995 a 2009, de início do investimento), o método do balanceamento teria sido PIOR que investir tudo em renda variável apenas para quem começou em janeiro de 2003.

O que faz sentido, pois foi um ano de grande dúvida econômica devido à eleição, e a bolsa tinha caído bastante. Como o investidor teria comprado "barato", o investimento em renda variável teria vencido. Veja o gráfico do único ano em que a renda variável teria vencido.

De qualquer maneira, é muito evidente a redução da volatilidade (e do risco) para quem investiu na carteira balanceada.

Interessante também notar que a diferença não foi tão grande da renda variável para a carteira balanceada, de R$764 mil para R$685 mil. Mas em relação à renda fixa, a diferença foi grande. De R$685 mil para R$435 mil em renda fixa.

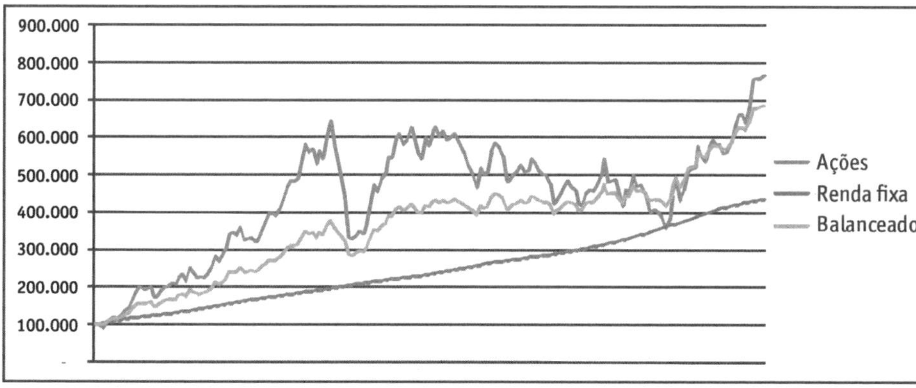

Percebe-se que, no início, como se comprou bolsa muito "barata", o investimento em renda variável ganha quase sempre, pois os prazos são curtos. Já a partir dos últimos cinco anos, há bem mais equilíbrio entre a renda variável e o balanceamento.

Na verdade, foram 40 meses em que a renda variável esteve na frente e 20 em que a carteira balanceada esteve na frente. Pelo histórico da análise, não será surpreendente se nos próximos 60 meses essa lógica se inverter e a balanceada passar a ganhar na maioria dos meses. Foi o que ocorreu para outros períodos, e provavelmente será repetido no futuro.

Os anos em que a renda fixa venceu

Já a renda fixa teria vencido em três oportunidades, para quem iniciou seus investimentos em 2006, 2007 e 2008. Também faz sentido, pois foram os anos de recorde da bolsa, ou seja, comprou-se caro. Os patamares nominais do Ibovespa de 2007 e 2008 foram atingidos apenas em setembro de 2017.

Para quem começou em 2008, a diferença foi a maior em favor da renda fixa: R$232 mil contra R$196 mil da carteira balanceada, e apenas R$135 mil da renda variável (pois em 2008 o investimento se iniciou com o Ibovespa em 63 mil pontos).

Veja o gráfico:

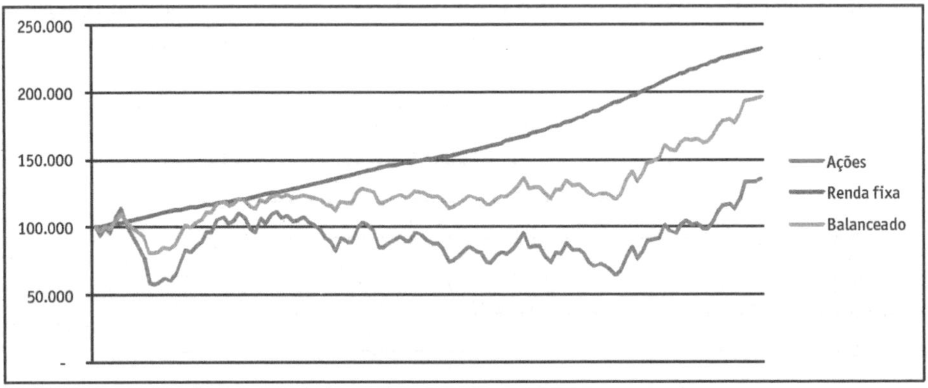

Mais uma vez, percebe-se a redução da volatilidade e da eventual perda caso se arrisque a investir apenas na bolsa em um momento inicial particularmente ruim (caro).

Em resumo

- Nos 15 anos de início dos investimentos (15 períodos iniciados de 1995 a 2009), a carteira balanceada teria VENCIDO em 11, a carteira de renda variável em apenas um ano de início (2003), e a carteira de RF em três anos de início (2006, 2007 e 2008).
- Em todos esses anos em que a carteira balanceada não venceu, houve atipicidades, como mínimas históricas ou máximas históricas da bolsa.
- A considerar um horizonte mínimo de 15 anos (significa contar apenas quem começou a investir de 2002 para trás), o balanceamento teria vencido em TODOS os casos, com ampla vantagem na quantidade de meses em que esteve à frente das outras opções (considerando somente os últimos cinco anos).

Por que funciona e quais os cuidados a se tomar?

Na verdade, não há qualquer mistério no ocorrido. Ele apenas reflete uma conduta racional, com parâmetros quantitativos claros.

É extremamente provável que uma ação objetiva (balancear a cada 30% de diferença),. que garantirá comprar bolsa quando estiver barata (em termos relativos, não absolutos) e vender bolsa quando estiver cara, traga melhores resultados no longo prazo do que tentar acertar ou não fazer nada.

Não é, entretanto, garantia de sucesso futuro. Como visto, para períodos menores, houve momentos em que o balanceamento perdeu.

Parece uma panaceia, uma grande estratégia, que deveria ser seguida por todos. Parece, mas não é seguida por todos e provavelmente não será. E é fácil explicar isso.

Em mais de 23 anos, de 1995 a 2018, o investidor teria feito APENAS 19 operações em 280 meses. Não há emoção. E isso afasta muitos investidores.

Outro ponto é que dificilmente alguém seguirá os parâmetros de forma precisa (30%). Muito provavelmente "achará" que a hora é outra e venderá com diferenças menores. Seja por "intuição" ou por tédio mesmo.

Além disso, investidores profissionais, gestores de fundos, precisam se diferenciar, portanto, se arriscam mais. Principalmente porque esse método é excepcional no longo prazo, mas nos primeiros anos é muito volátil e pode deixar os cotistas dos fundos ressabiados com a competência do gestor.

Entretanto, para o pequeno investidor que quer evitar a "síndrome da troca de pernas", que é comprar na alta e vender na baixa, ou que não quer ser uma mãe Dinah da bolsa de valores para adivinhar o momento, o método é um guia "antivacilo".

Não é panaceia, mas é racional e manterá o investidor na regra básica do mercado: comprar na baixa e vender na alta. Comprar na "mais baixa" e vender na "mais alta" não é racional, é Lei de Bicks ou de Schultz. Popularmente, é chute.

Este "Episódio" termina com a questão que deve estar na cabeça de todo leitor.

Foi ruim investir em renda variável no Brasil nos últimos 23 anos?

A resposta é um simples não.

Apenas se discutiu uma metodologia de gestão de carteira, não se abordou a seleção de empresas ou o retorno de uma gestão de investimentos na bolsa.

De início, o investimento na bolsa não segue a mesma lógica do investimento em renda fixa.

Enquanto para a renda fixa é desejável colocar todo o dinheiro o quanto antes, e de uma só vez, na bolsa isso não é um comportamento de investidor, mas de especulador.

Ou seja, se alguém recebe uma herança de R$100 mil, pode tranquilamente colocar tudo no mesmo dia em um fundo de renda fixa e depois pensar o que fazer com o dinheiro.

Porém, jamais terá essa tranquilidade para comprar bolsa. O correto seria distribuir esse investimento ao longo dos meses, para evitar o risco de comprar tudo em um mau momento.

Ficou claro nos primeiros Episódios que a compra regular de ações, mesmo para empresas que tiverem percalços e perda de valor, ajudou o investidor a vencer da renda fixa no período.

Adiante haverá um Episódio fundamental comparando esses dois métodos, em inglês: *lump sum investing* e *dollar cost averaging*.

■■■

19

Como se calcula o Ibovespa?

Um ditado muito comum nos EUA diz: "*you can measure, you can match*", (se você pode medir, você pode atingir). Parece simplório e óbvio, mas o que há por trás desse simples jogo de palavras é a poderosa crença de que, para qualquer atividade humana racional, é fundamental a existência de uma medida que ofereça parâmetros de avaliação sobre a dita atividade.

É assim com segurança pública, nível de emprego, salários e, naturalmente, com os ativos financeiros. O índice Bovespa, mais conhecido como Ibovespa, desempenha esse papel no mercado de ações brasileiro. Pela sua longevidade, rigidez metodológica e aceitação universal, o Ibovespa serve para dar uma medida compreensível sobre a evolução do mercado de ações brasileiro em qualquer parte do mundo.

Sendo mais preciso, segundo o site Investidor do Governo Federal, o Ibovespa seria:

> "O valor atual, em moeda corrente, de uma carteira teórica de ações constituída em 2 de janeiro de 1968, a partir de uma aplicação hipotética. Supõe-se não ter sido efetuado nenhum investimento adicional desde então, considerando-se somente os ajustes efetuados em decorrência da distribuição de proventos pelas empresas emissoras (tais como reinversão de dividendos recebidos e do valor apurado com a venda de direitos de subscrição, e manutenção em carteira das ações recebidas em bonificação). Dessa forma, o índice reflete não apenas as variações dos preços das ações, mas também o impacto da distribuição dos proventos, sendo considerado um indicador que avalia o retorno total de suas ações componentes."

Deve ficar claro que o Ibovespa foi ajustado, sem prejuízo da metodologia, para comportar todas as mudanças monetárias pelas quais passou o Brasil no período de existência do índice.

Após a exposição da definição formal do índice, o próximo passo é identificar as ações que fazem parte da "carteira teórica do Ibovespa".

Primeiro, para fazer parte do índice, uma ação deve atender cumulativamente aos três critérios a seguir:

- Estar incluída em uma relação de ações cujos índices de negociabilidade (ver a seguir) somados representem 80% do valor acumulado de todos os índices individuais.
- Apresentar participação, em termos de volume, superior a 0,1% do total.
- Ter sido negociada em mais de 80% do total de pregões do período.

Com base nesses critérios, é selecionada a carteira teórica que vigora, em princípio, por quatro meses, de janeiro a abril, de maio a agosto e de setembro a dezembro.

Para calcular o índice, tomemos o exemplo fictício[10] que se segue.

Exemplo de cálculo do Ibovespa

Há um mercado com várias ações, sendo que somente seis delas fazem parte do índice. Em "D zero" (considerado o momento de base para os cálculos), o índice está em 20 mil pontos. Para o cálculo da variação desse índice em "D + 1" (momento seguinte), é preciso conhecer:

- Os volumes negociados por cada ação da carteira teórica, bem como o total geral negociado no mercado à vista.
- As quantidades de negócios realizadas com cada ação da carteira teórica, bem como o total de negócios realizados no mercado à vista.
- As cotações em "D zero" (índice a 20 mil pontos) e "D + 1" (índice a calcular).

Todas as ações do mercado	Nº de negócios (n) (A)	Vol. negoc. v. (B)	Cotação 0 zero (C)	Cotação D +1 (D)	N% A/TOTAL n (E)	V% B/TOTAL v (F)
Ação A (na carteira teórica)	200	150.000	40,00	42,00	8,55%	2,85%
Ação B (na carteira teórica)	250	322.000	31,00	30,50	10,68%	6,11%
Ação C (na carteira teórica)	380	414.000	680,00	700,00	16,24%	7,86%
Ação D (na carteira teórica)	150	1.860.000	1,80	1,78	6,41%	35,29%
Ação E (na carteira teórica)	480	484.000	1.860,00	1.794,00	20,51%	9,18%
Ação F (na carteira teórica)	600	1.500.000	858,00	874,00	25,64%	28,46%
Outras ações (fora do índice)	280	540.000	ND	ND	11,97%	10,25%
TOTAL	2340	5.270.000	ND	ND	100%	100%

10 O exemplo será simplificado para privilegiar o entendimento do leitor. O cálculo real do índice guarda outros detalhes e sofisticações que não são objeto deste texto.

Na tabela anterior se vê:

- A. Número de negócios de cada ação.
- B. Volume financeiro negociado de cada ação.
- C. Cotação considerada como base "D zero".
- D. Nova cotação, em D + 1, utilizada para calcular o novo índice.
- E. Participação percentual de cada ação no total de negócios (2.340 negócios).
- F. Participação percentual de cada ação no volume total negociado (R$5,27 milhões).

Com base nesses valores, monta-se a tabela a seguir, que expõe:

Cálculo do índice (ações)	IN √(E x F)	IN ajust. (G)	Pts. índice G x 20.000 (H)	Qtd. teórica em D zero H+C = (1)	Novo índice em D+1 (1 x D)
Ação A (na carteira teórica)	4,93%	6,16%	1.232	30,79	1.293
Ação B (na carteira teórica)	8,08%	10,09%	2.018	65,09	1.985
Ação C (na carteira teórica)	11,29%	14,10%	2.821	4,15	2.904
Ação D (na carteira teórica)	15,04%	18,78%	3.756	2.086,77	3.714
Ação E (na carteira teórica)	13,73%	17,14%	3.428	1,84	3.306
Ação F (na carteira teórica)	27,02%	33,73%	6.746	7,86	6.872
TOTAL	80,09%	100%	20.000		20.074

- **IN** – Índice de negociabilidade, obtido pela raiz quadrada da multiplicação das participações percentuais em número de negócios (E) e volume (F) de uma ação.
- **G** – IN ajustado, é obtido dividindo-se o IN da ação pelo somatório de todos os IN das ações da carteira (80,09%). Significa os pesos dos INs em base 100%.
- **H** – O número de pontos que a ação representa no índice é dado pela multiplicação do IN ajustado (G) pelo índice em "D zero", que era de 20 mil pontos.
- A quantidade teórica de ações é obtida pela divisão do número de pontos (H) pela cotação em "D Zero" (C).
- Para se obter o novo número de pontos de cada ação, basta multiplicar a quantidade teórica (I) pela nova cotação, em "D + 1" (D).
- E, por fim, basta somar os novos pontos para saber qual o novo índice da carteira teórica.

Desta forma, o novo índice será de 20.074, que representa um crescimento de 74 pontos, correspondente a um crescimento percentual de 0,37%, obtido dividindo-se 74 pelos 20 mil pontos e multiplicando-se o resultado por 100.

■■■

20

Ações ON e PN, por que diferem tanto?

As dúvidas mais frequentes com relação à classe das ações são as seguintes: "Por que há diferença de preço entre a ação ON e a PN?" e "Devo comprar uma ação Ordinária (ON) ou uma Preferencial (PN)?" Apesar das respostas simples que podem surgir, tais como "diferença no pagamento de dividendos" ou "importância do voto para determinada empresa", nem sempre a lógica matemática se verifica. Este "Episódio" investigará esse fenômeno mais a fundo.

Nesta atualização serão abordados casos mais recentes de diferenças nos preços das ações ON e PN, porém os exemplos históricos serão mantidos, pois são didáticos.

Nos exemplos a seguir foram identificadas ações que apresentassem algum padrão ao longo do tempo no que se refere à diferença entre o valor das ON e das PN. Foram considerados apenas valores de final de trimestre, a partir do primeiro trimestre de 2005, até o terceiro trimestre de 2008. Veja.

Empresas com ações ON valendo menos do que as PN

Trimestre	Bradesco ON/PN	Itaú ON/PN	Telesp ON/PN	Trimestre	Bradesco ON/PN	Itaú ON/PN	Telesp ON/PN
03/2005	-13%	-5%	-25%	03/2007	-1%	-15%	-10%
06/2005	-4%	-18%	-27%	06/2007	4%	-11%	-9%
09/2005	-5%	-7%	-27%	09/2007	-2%	-7%	-6%
12/2005	-5%	-18%	-23%	12/2007	-10%	-6%	2%
03/2006	-10%	-14%	-22%	03/2008	-13%	-8%	-13%
06/2006	-5%	-16%	-17%	06/2008	-11%	-8%	-11%
09/2006	-5%	-17%	-16%	09/2008	-13%	-2%	-14%
12/2006	-4%	-17%	-15%				

Empresas com ações ON valendo mais do que as PN

Trimestre	Vale ON/PN	Petrobras ON/PN	Trimestre	Vale ON/PN	Petrobras ON/PN
03/2005	20%	16%	03/2007	19%	13%
06/2005	18%	15%	06/2007	19%	15%
09/2005	15%	15%	09/2007	19%	18%
12/2005	15%	13%	12/2007	17%	20%
03/2006	14%	10%	03/2008	20%	22%
06/2006	20%	14%	06/2008	21%	23%
09/2006	17%	13%	09/2008	12%	21%
12/2006	19%	11%			

Empresas sem padrão observável entre ON e PN

Trimestre	Telemar ON/PN	Br Telecom ON/PN	Trimestre	Telemar ON/PN	Br Telecom ON/PN
03/2005	0%	1%	03/2007	2%	-5%
06/2005	-6%	26%	06/2007	4%	-13%
09/2005	-10%	-9%	09/2007	-6%	-16%
12/2005	-2%	-7%	12/2007	-1%	-10%
03/2006	3%	-11%	03/2008	-4%	6%
06/2006	8%	-16%	06/2008	0%	-7%
09/2006	8%	-9%	09/2008	32%	3%
12/2006	4%	-17%			

Como se pode observar pelas tabelas, a disparidade é enorme. Enquanto as ações da VALE e da Petrobras apresentaram alguma consistência nas diferenças, as das empresas de telecomunicações variaram abruptamente. Em outros casos, as ações com direito a voto (ON) valiam bem menos do que as PN, e em outras empresas parece não haver qualquer lógica nas diferenças encontradas nas classes de ações.

Empresas com ações ON valendo muito mais do que as PN

Trimestre	Telemar ON/PN	Br Telecom ON/PN	Trimestre	Telemar ON/PN	Br Telecom ON/PN
03/2005	36%	73%	03/2007	121%	136%
06/2005	51%	72%	06/2007	120%	140%
09/2005	49%	95%	09/2007	55%	87%
12/2005	39%	53%	12/2007	78%	87%
03/2006	44%	65%	03/2008	35%	114%
06/2006	126%	124%	06/2008	19%	126%
09/2006	141%	112%	09/2008	23%	180%
12/2006	86%	104%			

E por que isso acontece?

Resposta difícil e arisca. A seguir, alguns itens que podem justificar as diferenças.

Política de pagamento de dividendos diferenciada

As ações preferenciais não dão direito a voto, portanto, muitas empresas, para não diluir o controle, lançam ações PN oferecendo atributos que possam interessar ao investidor, como preferência no pagamento de dividendo ou um dividendo maior por ação. Seria uma forma de compensá-lo pela ausência do direito a voto.

Veja o caso do Bradesco. A ação BBDC4 tem garantia de um dividendo 10% maior que o da BBDC3. Nesse caso, deveria se esperar uma diferença de cotação que oscilasse em torno de 10%.

Em 2005 e 2006, a diferença ficou entre 4% e 13% a favor da PN. Em 2007, ocorreu algo atípico: as ações ON do Bradesco ultrapassaram o valor das PN. Não houve explicação oficial, mas quando isso ocorre, significa que o mercado está dando mais valor à situação de controle, capacidade de voto. Entretanto, ninguém se arriscou a dizer, à época, que se esperava alguma transferência de controle no Bradesco. Pode ter sido um evento isolado, sem explicação mesmo.

A Telesp, em 2018 a Telefônica Brasil S.A., garante 10% a mais de dividendos aos detentores de ações PN. Quem comprou ações ON em 2005, com diferenças muito maiores do que esses 10%, recebeu muito mais dividendos (*dividend yield*). Em 2007, o valor das ON ultrapassou o valor das PN, mas logo voltou a um patamar mais lógico, respeitando a diferença de 10% nos dividendos.

O Itaú não tem política diferenciada de dividendos. O mesmo que recebe a PN, recebe a ON. Em princípio, quem compra ações ON deve ter observado um retorno com dividendos melhor. Com relação à diferença nas cotações, mesmo que tenham atingido 18% a favor das PN, em 2008 essa diferença retornou a valores próximos de 2%. Não há muita regularidade.

As outras três empresas analisadas não oferecem dividendo diferenciado para as PN.

Volume negociado — liquidez e *free-float* (ações em circulação)

Uma justificativa plausível seria a falta de liquidez de algumas ações, o que faria com que os investidores não estivessem dispostos a manter grandes posições. O *free-float* (percentual de ações em circulação) também impacta este item, pois se houver muito poucas ações em circulação de uma determinada classe, significa, por exemplo, que um grande investidor teria dificuldade para uma troca de posição.

A seguir expõem-se o movimento médio diário até fevereiro de 2009, para um período de 12 meses, e o percentual de ações em circulação para cada classe.

Vol. médio 12m. fev. 2009	Bradesco	Itaú	Telesp	Vale
PN (R$ mil)	156.090	141.036	5.374	589.104
ON (R$ mil)	12.730	857	1.004	154.854
Dif. (Nº de vezes)	12,3	164,6	5,4	3,8

Vol. médio 12m. fev 2009	Petrobras	Telemar	BR Telecom	Sadia	Randon
PN (R$ mil)	827.053	37.976	18.310	27.761	3.671
ON (R$ mil)	153.440	14.413	15.310	316	75
Dif. (Nº de vezes)	5,4	2,6	1,2	87,9	48,9

% com minoritários	Bradesco	Itaú	Telesp	Vale
PN (% do total de PN)	97,93%	76,72%	10,81%	97,50%
ON (% do total de ON)	31,66%	9,55%	14,30%	38,85%

% com minoritários	Petrobras	Telemar	BR Telecom	Sadia	Randon
PN (R$ mil)	77,31%	47,31%	48,28%	68,03%	54,68%
ON (R$ mil)	42,32%	42,38%	32,12%	22,56%	6,67%

O caso que mais chamou atenção nos exemplos relativos a dividendos foi o do Itaú. A ação ON, mesmo pagando o mesmo dividendo, costuma ter uma depreciação de 15% a 20% em relação à PN. Pode ser que a explicação venha da diferença entre a liquidez das ações.

Há dois pontos a ressaltar. Primeiro, o volume médio das ON era de R$857 mil por dia, 164 vezes menor que o volume da PN. Segundo, o volume de ON em circulação é de somente 10% do total. Imagine um fundo de ações com R$10 milhões em ITAÚ3 que quisesse mudar de posição. Levaria cerca de 30 pregões para efetuar a transação sem impactar severamente o preço.

Para o pequeno investidor, não faz muita diferença, dado que o volume negociado é normalmente baixo, possibilitando a venda ou a compra da ação sem grande dificuldade. Mas quem faz o preço? O pequeno investidor ou o institucional?

Em princípio, no caso do Itaú, a diferença entre a cotação da ON e da PN poderia estar relacionada ao aspecto da liquidez, e no caso das ações do Bradesco, pode-se dizer que a diferença na cotação se deve, em grande parte, à política de pagar 10% a mais de dividendos para as PN.

Outras duas empresas que apresentam séria falta de liquidez nas ON são a Sadia (hoje BRF, derivada da fusão com a Perdigão) e a Randon. O caso da Randon é ainda pior, pois só existiam, à época do estudo, 6,6% de ações ON em circulação com minoritários.

Muito possivelmente, a falta de padrão nas diferenças entre ON e PN, verificadas para Sadia e Randon, é fruto dessa baixíssima liquidez das ON. No caso da Sadia, a diferença de 32% a favor das ON no terceiro trimestre de 2008 é fruto, provavelmente, da forte queda nas cotações das ações PN, por força das perdas com derivativos declaradas no último dia daquele trimestre (as ações já vinham caindo). Como as ON não têm liquidez, demoram mais a se ajustar a uma nova realidade de companhia.

Para o Itaú, a Randon e a Sadia, parece que a liquidez tem muito impacto. Para a Telesp e para o Bradesco, que não têm qualquer falta de liquidez nas ON, parece que a diferença no valor dos dividendos pode ser uma explicação mais plausível para a diferença nas cotações.

Mas para a Telemar, a Brasil Telecom, a VALE e a Petrobras, que não apresentam problemas de liquidez nem de *free-float* e não têm políticas diferenciadas de dividendos, permanece a dúvida: de onde vem a diferença entre ON e PN?

Possibilidade de venda do controle acionário — *tag along*

Itaú e Bradesco, que sempre atuaram como grandes compradores de outros bancos, têm política definida de *tag along*, ou seja, cláusulas que garantem ao minoritário um valor mínimo de 80% sobre o valor pago ao controlador no caso de venda da empresa. O Bradesco garante 100% às ordinárias e 80% às preferenciais, e o Itaú garante 80% para ambas.

Randon e Sadia também tinham cláusulas garantindo 80%, tanto para as preferenciais quanto para as ordinárias.

TELESP, Telemar, Brasil Telecom, VALE e Petrobras não tinham política definida para o caso de mudança de controle, isto é, não há garantias de que uma eventual proposta de compra feita ao controlador seja estendida ao minoritário.

Na VALE, o Governo Federal tem alguma influência, pois detém ações do tipo *golden share*, com direito a veto a algumas alterações no estatuto, e na PETROBRAS, o Governo Federal é o acionista controlador. Na TELESP/VIVO, a Telefônica é a controladora e detinha cerca de 34,87% das ON e 80,53% das

PN, totalizando 65,30% do capital. Na Brasil Telecom e na Telemar (ambas viraram Oi) há muitas ações em circulação com minoritários, tanto ON quanto PN. Exceto para a Telesp, todas as outras apresentam diferenças favoráveis às ações ON, que são as ações de controle, com direito a voto.

Talvez a ausência de cláusulas de *tag along* deixe as ações com direito a voto mais atraentes, pois há garantias legais (Lei 6.404/76) que dão ao menos 80% do valor pago ao controlador em algumas circunstâncias de troca de controle.

Uma justificativa razoável para a VALE e para a Petrobras alia a questão do direito a voto com a do volume de negociação. É que as ações dessas companhias são negociadas (ON e PN) também na bolsa de NY. Lá, o volume de negociação das ON é superior ao das PN. A lógica dos norte-americanos é "*one share, one vote*", ou seja, ação, para eles, tem que dar direito a voto. Pode ser que esse volume maior tenha influência nos preços no Brasil.

No caso da TELESP/VIVO, o controlador francamente majoritário nas PN é estrangeiro, o que pode favorecer remessas de lucros à matriz. Uma olhadela nos dividendos da TELESP/VIVO exemplifica o fato. Não se espera, obviamente, que as decisões de controle prejudiquem o próprio controlador, isto é, pode-se assumir que não é relevante o risco de ter ações sem direito a voto, pois o controlador tem 80% destas. Talvez por isso, além da diferença dos dividendos, as PN sejam mais valorizadas para a TELESP/VIVO. Ela também é negociada no exterior, mas com baixo volume e apenas para uma classe de ações.

No caso da Brasil Telecom e da Telemar (que viraram Oi S.A.), que chegaram a apresentar diferenças superiores a 100% a favor das ON, parece claro que a questão do controle era fundamental. Como não havia garantias estatutárias aos detentores de ON e esse mercado sempre esteve em ebulição, com muitas possibilidades de troca de controle, fusões e aquisições, o investidor deveria considerar ficar do lado do acionista controlador, comprando ações com direito a voto.

A migração para ação ordinária e o aumento de capital da Petrobras

De 2009 para 2019, várias dessas empresas iniciaram procedimentos para converter suas ações PN e ON. A Oi tentou fazer isso, antes de entrar em recuperação judicial, e a VALE recentemente converteu as ações ON em PN, por uma relação de 0,9342 ações ordinárias para cada ação preferencial (cerca de 7%).

Algo interessante aconteceu com a Petrobras em 2014. Em 2010, a companhia promoveu um aumento de capital gigante, que fez seu patrimônio líquido sair de cerca de R$176 bilhões em 30 de junho para R$297 bilhões em 30 de setembro.

Parece ótimo, mas criou um sério problema para o acionista controlador.

O estatuto da Petrobras prevê que "as ações preferenciais terão prioridade no caso de reembolso do capital e no recebimento dos dividendos, no mínimo, de 5% (cinco por cento) calculado sobre a parte do capital representada por essa espécie de ações, ou de *3% (três por cento) do valor do patrimônio líquido da ação*, prevalecendo sempre o maior, participando, em igualdade com as ações ordinárias, nos aumentos do capital social decorrentes de incorporação de reservas e lucros".

Trocando em miúdos, as ações preferenciais da Petrobras, que equivalem a 42,95% do capital da companhia, deveriam receber no mínimo 3% de sua parte nesse patrimônio líquido.

Isso correspondia, à época, a R$3,8 bilhões. Como o lucro da empresa em 2010 atingiu mais de R$35 bilhões, a companhia poderia pagar muito mais dividendos do que o mínimo exigido para as ações preferenciais.

Ocorre que, em março de 2014, antes de a Operação Lava Jato atingir em cheio a empresa (com a recusa do auditor de assinar seu balanço), o patrimônio líquido estava em R$355 bilhões. Os preferencialistas, portanto, teriam direito a no mínimo 3% de 43% desse valor (sua parte no patrimônio). Isso daria um dividendo mínimo de R$4,6 bilhões (R$0,82 por ação).

O lucro da Petrobras em 2013 foi cerca de R$23 bilhões (aproximadamente R$1,81 por ação). E o lucro no primeiro trimestre de 2014 caiu, em relação ao primeiro trimestre de 2013, de R$7,7 bilhões para R$5,3 bilhões (R$0,41 por ação).

Com receio dessa queda nos lucros, pela primeira vez a Petrobras declarou um dividendo menor para os ordinaristas, o que inclui a União Federal, como controladora, do que para os preferencialistas.

Isso porque estes últimos tinham a garantia estatutária de receber pelo menos 3% de sua parte no patrimônio líquido.

O dividendo (juros sobre capital próprio) declarado em 2 de abril de 2014 foi de R$0,5217 para as ações ordinárias e de R$0,9672 para as preferenciais.

Esse exemplo mostra com clareza o poder da regra estatutária, pois mesmo o controlador mais poderoso do país (União Federal) precisou se submeter às regras. E também mostra como se dá a proteção patrimonial ao preferencialista.

Apenas a título de curiosidade, a Petrobras voltou a declarar dividendos apenas em meados de 2018.

Do terceiro trimestre de 2014, quando o auditor independente se recusou a assinar o balanço (este foi entregue apenas em 22 de maio de 2015), até o final de

2017, a companhia acumulou mais de R$82 bilhões de prejuízo, e seu patrimônio líquido caiu de R$355 bilhões para R$263 bilhões.

Trocando em miúdos...

Não é uma ciência exata. Nem sempre a lógica matemática fala mais alto, e muitas vezes vale mais a percepção do mercado, o histórico, o que não está visível.

Cada caso tem suas próprias características, mas uma está presente em todos eles: quem faz o preço é o mercado. Se as percepções a respeito de controle, de dividendos e de governança mudarem, não seria estranho ver situações em que as relações entre ON e PN mudem bruscamente. Em 2007 e 2008, houve oscilação entre as relações ON/PN em empresas como Telemar, Bradesco e Usiminas. Algumas vezes as explicações eram esparsas e nem sempre pareciam ter fundamento. Mas o mercado, soberano, modificou as relações entre ON e PN.

A maioria das empresas que abriram o capital entre 2005 e 2018 entrou no segmento de governança corporativa chamado de Novo Mercado, onde só há empresas com capital formado 100% por ações ordinárias. Esta parece ser uma tendência, visto a migração da Vale, da Suzano e da Eletropaulo em 2017, além dos IPOs de Movida, Instituto Hermes Pardini, Atacadão, IRB, Petrobras Distribuidora etc.

Mesmo diante de uma questão de trato tão complexo, espera-se ao menos que o leitor possa tomar suas próprias decisões com relação a que classe de ação escolher. Foram tratados, essencialmente, os fatores mais importantes para que a decisão seja bem embasada.

21

O verdadeiro longo prazo

É nos momentos de bolsa em baixa, de *bear market*, que encontramos aqueles que conseguem se comportar verdadeiramente como investidores de longo prazo. Na maior parte das vezes, o investidor se declara de longo prazo, porém se frustra quando os retornos não aparecem em alguns poucos meses.

Este "Episódio" deve mostrar, com bastante clareza, os fatos que deveriam motivar o investidor de longo prazo a apresentar reações ponderadas e racionais, especialmente em momentos de grande volatilidade ou quedas bruscas na bolsa.

O método

Serão analisados cinco períodos de investimento:

- Janeiro de 1995 a abril de 2018
- Janeiro de 1998 a abril de 2018
- Janeiro de 2003 a abril de 2018
- Janeiro de 2008 a abril de 2018
- Janeiro de 2013 a abril de 2018

Para cada período, serão comparadas as cotações ajustadas (a proventos, desdobramentos, bonificações etc.) das empresas e calculadas as rentabilidades.

Período 1: comprando ações em janeiro de 1995 e mantendo até abril de 2018

Há pouquíssimas empresas que mantiveram cotações comparáveis nesses mais de 23 anos do estudo.

Na verdade, de uma base de dados de 368 ações com cotações em 30 de abril de 2018, apenas 31 tinham cotações comparáveis no início do plano real (janeiro de 1995).

Muitas empresas de qualidade, infelizmente, saíram da bolsa, fechando capital ou sendo incorporadas a outras. Unibanco, Sadia, Fosfértil e a melhor de todos os tempos, a Souza Cruz, deixaram muitos investidores de longo prazo com menos opções de investimento.

Dessas 31 ações, cinco tiveram resultados negativos: JB Duarte, Inepar, Bombril, Coteminas e Light S.A.

Não significa que as empresas não possam se tornar, adiante, bons investimentos.

Das empresas que permaneceram com cotações comparáveis nesses 23 anos, os resultados anuais de crescimento mais expressivos foram:

Empresa	Ticker	% a.a.
Ambev S.A.	ABEV3	28,8%
Itaúsa	ITSA4	27,9%
Itaú Unibanco	ITUB4	27,9%
Lojas Americ.	LAME4	25,5%
Bradesco	BBDC4	24,5%
Alpargatas	ALPA4	22,4%
Guararapes	GUAR3	22%
Sid. Nacional	CSNA3	21,7%

Empresa	Ticker	% a.a.
Unipar	UNIP6	21,7%
Gerdau	GGBR4	21,6%
Alfa Invest.	BRIV4	19,9%
Vale	VALE3	19,2%
Petrobras	PETR4	19%
Gerdau Met	GOAU4	17,8%
Whirlpool	WHRL4	17,5%
Brasil	BBAS3	16,7%

Empresa	Ticker	% a.a.
Telef. Brasil	VIVT4	16,5%
Cemig	CMIG4	15,3%
Randon Part.	RAPT4	15,1%
Braskem	BRKM5	14,4%
Pettenati	PTNT4	13%
Usiminas	USIM5	12,6%
Celesc	CLSC4	8,5%
Eletrobras	ELET3	6,5%

Período 2: comprando ações em janeiro de 1998 e mantendo até abril de 2018

Para esse período, de uma base de dados de 368 ações com cotações em 30 de abril de 2018, apenas 40 tinham cotações comparáveis em janeiro de 1998.

Dessas 40 ações, seis tiveram resultados negativos: JB Duarte, Recrusul, Inepar, Bombril, Coteminas e Rossi Residencial.

Das empresas que permaneceram com cotações comparáveis nesses 20 anos, os resultados anuais de crescimento mais expressivos foram:

Empresa	Ticker	% a.a.
Lojas. Americ.	LAME4	40,2%
Ferbasa	FESA4	35,1%
Alpargatas	ALPA4	34,2%
Unipar	UNIP6	33%
Itaúsa	ITSA4	28,8%
Coelce	COCE5	26,8%
Ambev S.A	ABEV3	26,3%
Randon Part.	RAPT4	25,8%
Marcopolo	POMO4	25,4%
Whirlpool	WHRL4	25,2%
Itaú Unibanco	ITUB4	24,7%

Empresa	Ticker	% a.a.
Metisa	MTSA4	24,2%
Gerdau	GGBR4	24%
Sid. Nacional	CSNA3	23,1%
Bradesco	BBDC4	22,9%
Brasil	BBAS3	21,9%
Coelba	CEEB3	20,1%
Braskem	BRKM5	19,5%
Comgás	CGAS5	19,4%
Gerdau Met.	GOAU4	18,7%
Usiminas	USIM5	15,8%
Petrobras	PETR4	15,3%

Empresa	Ticker	% a.a.
Merc. Brasil	BMEB4	14,2%
Sabesp	SBSP3	13,7%
P. Açúcar-CBD	PCAR4	12,5%
Cemig	CMIG4	12,4%
Wetzel S.A.	MWET4	12,2%
Telef. Brasil	VIVT4	11,9%
Forja Taurus	FJTA4	9,8%
Copel	CPLE6	7,7%
Celesc	CLSC4	6,6%
Eletrobras	ELET3	4%
Bardella	BDLL4	2,5%

Período 3: comprando ações em janeiro de 2003 e mantendo até abril de 2018

Para esse período, de uma base de dados de 368 ações com cotações em 30 de abril de 2018, apenas 47 tinham cotações comparáveis em janeiro de 2003.

Dessas 47 ações, sete tiveram resultados negativos: JB Duarte, Recrusul, Inepar, Bombril, Coteminas, Oi e Rossi Residencial.

Das empresas que permaneceram com cotações comparáveis nesses mais de 15 anos, os resultados anuais de crescimento mais expressivos foram os seguintes:

Empresa	Ticker	% a.a.
Lojas Americ.	LAME4	30,3%
CCR SA	CCRO3	29,2%
Comgás	CGAS5	28,7%
Coelce	COCE5	27,3%
Tran. Paulist.	TRPL4	27,1%
Itaúsa	ITSA4	26,4%
Engie Brasil	EGIE3	24,9%
Brasil	BBAS3	24,9%
Braskem	BRKM5	24,8%
Ambev S/A	ABEV3	23,9%
Bradesco	BBDC4	23,4%
Ferbasa	FESA4	23,3%
Itaú Unibanco	ITUB4	22,8%

Empresa	Ticker	% a.a.
Randon Part	RAPT4	22,3%
Sabesp	SBSP3	21,2%
Bradespar	BRAP4	21,1%
Marcopolo	POMO4	20,2%
Unipar	UNIP6	20,2%
Telebras	TELB4	18,7%
Tim Part. S/A	TIMP3	17,3%
Usiminas	USIM5	16,9%
Inds. Romi	ROMI3	16,9%
Vale	VALE3	16,9%
Sid. Nacional	CSNA3	16,7%
Cemig	CMIG4	16,1%
Gerdau	GGBR4	15,9%

Empresa	Ticker	% a.a.
Telef. Brasil	VIVT4	14,8%
Celesc	CLSC4	13,4%
Petrobras	PETR4	13%
Copel	CPLE6	12,1%
Gerdau Met.	GOAU4	10,5%
Eletrobras	ELET3	9,6%
P.Açúcar-Cbd	PCAR4	8,6%
Embraer	EMBR3	6,8%
Eternit	ETER3	6%
Light S/A	LIGT3	5,9%
Emae	EMAE4	5,8%
Mangels Indl.	MGEL4	4,7%
AES Elpa	AELP3	3,7%

Antes de continuar a análise dos resultados dos períodos 4 e 5, cabe colocar que poucas empresas que perduraram na bolsa apresentaram resultados negativos nesses três intervalos de investimento (de 15 a 23 anos).

Muitas apresentaram crescimentos significativos, acima de 15% ao ano.

Das empresas que não estão mais na bolsa, há aquelas que deixaram saudades, como a Souza Cruz (falando apenas de retorno ao investidor, não do tabaco), e aquelas que fizeram estragos na carteira.

O que se pode dizer sobre essas ações com potencial de fazer estragos na carteira é que não seriam selecionadas ou teriam sido vendidas se o investidor seguisse, à época, uma metodologia como a do INI ou a do Método SEMPRE, lançada por este autor em 2014 com o livro Investimentos para não especuladores.

A partir dos próximos períodos, muitas das empresas que destruíram valor nos últimos anos aparecerão, como as empresas do grupo X. De qualquer forma, fica uma importante lição do longo prazo (períodos superiores a dez anos de investimento), só quem é consistente se mantém.

Período 4: comprando ações em janeiro de 2008 e mantendo até abril de 2018

Para esse período, de uma base de dados de 368 ações com cotações em 30 de abril de 2018, 155 tinham cotações comparáveis em janeiro de 2008.

Dessas 157 ações, 67 tiveram resultados negativos, entre elas várias empresas bem conhecidas e relevantes na bolsa.

Das empresas **relevantes** que permaneceram com cotações comparáveis nesses quase dez anos de estudo, os piores resultados anuais foram:

Empresa	Ticker	% a.a.	Empresa	Ticker	% a.a.	Empresa	Ticker	% a.a.
Lupatech	LUPA3	-59%	BR Brokers	BBRK3	-25%	B2W Digital	BTOW3	-7%
MMX Miner.	MMXM3	-51%	Gafisa	GFSA3	-21%	Eternit	ETER3	-7%
PDG Realt	PDGR3	-40%	Positivo Tec.	POSI3	-20%	Triunfo Part.	TPIS3	-7%
Rossi Resid.	RSID3	-36%	Gerdau Met.	GOAU4	-12%	Gol	GOLL4	-6%
Oi	OIBR3	-35%	Usiminas	USIM5	-8%	Marfrig	MRFG3	-6%
Eneva	ENEV3	-32%	Even	EVEN3	-7%	Cyrela Realt.	CYRE3	-3%
Plascar Part.	PLAS3	-31%	Telebras	TELB4	-7%	Petrobras	PETR4	-3%
Log-In	LOGN3	-26%	Sid. Nacional	CSNA3	-7%	Gerdau	GGBR4	-1%

As empresas do grupo X estão representadas por MMX e Eneva (ex-MPX) e várias construtoras, como PDG, Rossi, Gafisa, Even e Cyrela.

Empresas como Gerdau e Petrobras, sempre lembradas por investidores de longo prazo, apresentaram perda de valor ao longo dos últimos dez anos (até abril de 2018).

São bons exemplos do poder do longo prazo, pois a perda observada nesses pouco menos de dez anos não foi suficiente para comprometer a rentabilidade de longo prazo. A Gerdau, para quem comprou em 1995, teria rendido 21,6% ao ano até 2018, e a Petrobras teria rendido 19% ao ano até 2018.

Mesmo para quem comprou em 2003, a Gerdau teria rendido 15,9% ao ano, e a Petrobras, 13%, ambas até abril de 2018.

Empresa	Ticker	% a.a.	Empresa	Ticker	% a.a.	Empresa	Ticker	% a.a.
Raia Drogasil	RADL3	36,8%	Itaú Unibanco	ITUB4	15,4%	Telef. Brasil	VIVT4	9,6%
Cia Hering	HGTX3	26,3%	ABC Brasil	ABCB4	15,3%	Duratex	DTEX3	8,8%
Lojas Renner	LREN3	25,1%	Dasa	DASA3	15,1%	Sao Martinho	SMTO3	8,7%
M.Dias Branco	MDIA3	24,7%	Weg	WEGE3	15,1%	Cosan	CSAN3	8,2%
Odontoprev	ODPV3	24,7%	Marcopolo	POMO4	15,1%	Cemig	CMIG4	8,2%
Grendene	GRND3	24,3%	Portobello	PTBL3	15,1%	JBS	JBSS3	7,8%
Ambev S.A.	ABEV3	24,1%	Iguatemi	IGTA3	14,2%	Cristal	CRPG5	7,8%
Haga S.A.	HAGA4	24%	Bradesco	BBDC4	13,8%	BR Malls Par.	BRML3	7,5%
Localiza	RENT3	22,9%	Guararapes	GUAR3	13,7%	Tegma	TGMA3	7,4%
Taesa	TAEE11	22,6%	Engie Brasil	EGIE3	13,7%	MRV	MRVE3	7,2%
Ferbasa	FESA4	22,1%	Copasa	CSMG3	13,4%	Alfa Invest.	BRIV4	6,8%
Eztec	EZTC3	22%	Santanense	CTSA3	13,2%	Valid	VLID3	6,8%
Coelce	COCE5	21,7%	Tran. Paulist.	TRPL4	13,1%	Cyre. Com.-CCP	CCPR3	5,6%
Alpargatas	ALPA4	19,9%	Energias BR	ENBR3	13,1%	Cosan Ltd.	CZLT33	5,5%
SulAmérica	SULA11	18,5%	CSU Cardsyst.	CARD3	12,7%	Copel	CPLE6	5,5%
Whirlpool	WHRL4	18,3%	Lojas Americ.	LAME4	12,7%	Eletrobras	ELET3	5,4%
Braskem	BRKM5	18%	São Carlos	SCAR3	12,6%	Light S.A.	LIGT3	5,3%
Comgás	CGAS5	17,7%	Natura	NATU3	11,8%	BrasilAgro	AGRO3	5,3%
Itaúsa	ITSA4	17,2%	CCR S.A.	CCRO3	11,5%	Schulz	SHUL4	5,2%
Unipar	UNIP6	16,8%	P. Açúcar-CBD	PCAR4	11,2%	Bradespar	BRAP4	5,1%
Totvs	TOTS3	16,6%	SLC Agrícola	SLCE3	11,2%	Pettenati	PTNT4	5%
Multiplan	MULT3	16,6%	CPFL Energia	CPFE3	11%	Randon Part.	RAPT4	4,2%
Banrisul	BRSR6	16,3%	Grazziotin	CGRA4	10,8%	BRF S.A.	BRFS3	3,9%
Tupy	TUPY3	16,2%	Wilson Sons	WSON33	10,7%	Celesc	CLSC4	3,8%
Sabesp	SBSP3	15,7%	Tim Part. S.A.	TIMP3	9,9%	Embraer	EMBR3	3,8%
Porto Seguro	PSSA3	15,6%	Brasil	BBAS3	9,6%	Vale	VALE3	3,8%

Para a Petrobras, o motivo da perda de valor é razoavelmente óbvio, o loteamento político descoberto pela Lava Jato, além de várias decisões de investimento equivocadas, que não trouxeram valor à companhia e deixaram-na com o mais alto endividamento do mundo.

No caso da Gerdau, como para outras siderúrgicas, a questão foi que os recordes de lucro ocorreram entre 2006 e 2008, de forma que as cotações acabaram refletindo isso.

Das empresas que permaneceram com cotações comparáveis nesses dez anos de estudo, os resultados anuais de crescimento mais expressivos foram os seguintes:

Começam a aparecer empresas como Raia Drogasil, Grendene, Taesa, Porto Seguro, entre outras, que entraram na bolsa em período recente.

Cerca de 50 empresas apresentaram resultados superiores a 10% ao ano nesse período. Lembrando que, entre 2011 e 2013 e a partir de 2017, o Brasil passou a operar com juros da renda fixa significativamente mais baixos.

Período 5: comprando ações em janeiro de 2013 e mantendo até abril de 2018

Para esse período, de uma base de dados de 368 ações com cotações em 30 de abril de 2018, 199 tinham cotações comparáveis em janeiro de 2013.

Dessas 199 ações, 96 tiveram resultados negativos, e 37 tiveram resultados de crescimento inferiores a 10% ao ano.

Das empresas **relevantes** que permaneceram com cotações comparáveis nesses quase cinco anos de estudo, os piores resultados anuais foram:

Empresa	Ticker	% a.a.
BR Pharma	BPHA3	-74%
Lupatech	LUPA3	-70%
MMX Miner	MMXM3	-69%
OSX Brasil	OSXB3	-68%
OGX Petróleo	OGXP3	-67%
PDG Realt	PDGR3	-64%
CCX Carvão	CCXC3	-58%
Eneva	ENEV3	-57%
Oi	OIBR3	-51%
Rossi Resid.	RSID3	-46%
Indusval	IDVL4	-40%
Mills	MILS3	-39%
BR Brokers	BBRK3	-38%
Lojas Marisa	AMAR3	-30%
Helbor	HBOR3	-29%

Empresa	Ticker	% a.a.
Eternit	ETER3	-29%
Tecnisa	TCSA3	-25%
Telebras	TELB4	-24%
Gafisa	GFSA3	-22%
Petrorio	PRIO3	-22%
Gerdau Met.	GOAU4	-20%
Profarma	PFRM3	-18%
Direcional	DIRR3	-14%
Ideiasnet	IDNT3	-14%
Rni	RDNI3	-14%
Mangels Indl.	MGEL4	-14%
Even	EVEN3	-12%
Generalshopp	GSHP3	-11%
BRF S.A.	BRFS3	-11%
BR Propert	BRPR3	-9%

Empresa	Ticker	% a.a.
Minerva	BEEF3	-9%
BR Malls Par.	BRML3	-8%
Cia Hering	HGTX3	-8%
Marcopolo	POMO4	-8%
Positivo Tec.	POSI3	-7%
Cyre. Com.-CCP	CCPR3	-7%
Natura	NATU3	-7%
CCR S.A.	CCRO3	-7%
Aliansce	ALSC3	-6%
Ecorodovias	ECOR3	-6%
Marfrig	MRFG3	-6%
Totvs	TOTS3	-3%
Cyrela Realt.	CYRE3	-2%
Cemig	CMIG4	-1%
Sid. Nacional	CSNA3	0%

Praticamente todas as empresas do grupo X tiveram perdas superiores a 50% ao ano. A campeã do período é a Brasil Pharma, do grupo BTG. A Oi, que entrou em recuperação judicial, e várias construtoras e empresas ligadas à área, também apresentaram quedas significativas.

Das empresas que permaneceram com cotações comparáveis nesses quase cinco anos de estudo, os resultados anuais de crescimento mais expressivos foram:

Empresa	Ticker	% a.a.	Empresa	Ticker	% a.a.	Empresa	Ticker	% a.a.
Unipar	UNIP6	78,1%	Tran. Paulist.	TRPL4	22,3%	Bradespar	BRAP4	12,9%
Magaz. Luiza	MGLU3	67,6%	B3	B3SA3	20,4%	Arezzo&Co	ARZZ3	12,9%
Equatorial	EQTL3	38,8%	Hypera	HYPE3	19,4%	Cielo	CIEL3	12,7%
Santander BR	SANB11	36,7%	Bradesco	BBDC4	18,7%	Taesa	TAEE11	12,5%
Braskem	BRKM5	35,8%	Merc. Financ.	MERC4	18,7%	MRV	MRVE3	12,4%
Locamerica	LCAM3	32,2%	B2W Digital	BTOW3	18,5%	Bahema	BAHI3	12%
Atompar	ATOM3	32%	Brasil	BBAS3	18,4%	Brasilagro	AGRO3	11,9%
Rede Energia	REDE3	31,7%	Tim Part. S.A.	TIMP3	18,2%	Qualicorp	QUAL3	11,4%
Raia Drogasil	RADL3	31%	Banestes	BEES3	18%	Wilson Sons	WSON33	11,3%
Encorpar	ECPR3	30,9%	Comgás	CGAS5	17,9%	Magnesita S.A	MAGG3	11,2%
Fibria	FIBR3	29,6%	Grendene	GRND3	17,8%	Energias BR	ENBR3	11,1%
Eletrobras	ELET3	29,4%	Dasa	DASA3	17,3%	Vale	VALE3	11%
Whirlpool	WHRL4	28,1%	Celesc	CLSC4	16,6%	Coelce	COCE5	11%
Fleury	FLRY3	27,7%	SulAmerica	SULA11	16,4%	Ambev S.A.	ABEV3	10,1%
Localiza	RENT3	27,1%	Grazziotin	CGRA4	16,2%	Portobello	PTBL3	9,7%
CSU Cardsyst.	CARD3	26,7%	ABC Brasil	ABCB4	16,1%	GPC Part.	GPCP3	9,1%
Itaú Unibanco	ITUB4	26,6%	São Martinho	SMTO3	16%	Embraer	EMBR3	8,8%
Itaúsa	ITSA4	26,3%	Dufry AG.	DAGB33	15,2%	Guararapes	GUAR3	8,4%
Weg	WEGE3	25,1%	Trisul	TRIS3	15,1%	Ultrapar	UGPA3	8,3%
Kroton	KROT3	24,8%	Odontoprev	ODPV3	15,1%	Engie Brasil	EGIE3	8,3%
Estácio Part.	ESTC3	24,2%	Inds. Romi	ROMI3	14,3%	CPFL Energia	CPFE3	8,2%
Aço Altona	EALT4	23,8%	M.Dias Branco	MDIA3	13,9%	Celul. Irani	RANI3	8,2%
Porto Seguro	PSSA3	23,5%	Lojas Americ.	LAME4	13,8%	Cesp	CESP6	8%
SLC Agrícola	SLCE3	23,4%	Biomm	BIOM3	13,4%	Petrobras	PETR4	7,9%
Ferbasa	FESA4	23%	Banrisul	BRSR6	13,1%	Telef. Brasil	VIVT4	7,9%
Lojas Renner	LREN3	23%	Alpargatas	ALPA4	13%	Sabesp	SBSP3	7,8%

IMPORTANTE!

É preciso lembrar ao leitor que esses retornos são ANUAIS, e não em todo o período. Quem lembra que a OGX teve uma queda superior a 95% desde seu recorde pode achar estranhos os 67% de queda colocados no estudo, mas o valor calculado indica que a empresa caiu 67% ao ano, em média.

Longo prazo não cabe em 60 meses

É natural imaginar que um verdadeiro investidor de longo prazo, que tenha posições de 12 anos ou mais em empresas de bom nível, não deva ter perdido o sono com seus investimentos nos últimos anos, mesmo com a turbulência política e econômica do país.

É claro que a preocupação com a economia mundial, com a China, com a solvência das empresas, entre outras, deve povoar a mente do investidor consciente. Ao menos com relação às empresas que tem em sua carteira, deve se manter informado e avaliar os impactos possíveis.

Mas o longo prazo é tão forte, que mesmo ações de empresas que sofreram severamente com perdas extraordinárias recentes, como Petrobras e Gerdau, quando o horizonte se expande para 15 anos ou mais, ainda apresentam perspectivas interessantes de rentabilidade.

O estudo evidencia um comportamento que foi recompensado no período estudado: o de investir pensando em formação de patrimônio no longo prazo.

É perfeitamente compreensível que investidores que colocaram seu dinheiro na bolsa recentemente (até abril de 2018) tenham se sentido iludidos ou muito sem sorte, mas a principal justificativa para essa aparente insucesso é a sua própria definição de "longo prazo".

Não raro, vê-se pessoas reclamando de ações que não subiram nos últimos três anos, três meses, até mesmo três minutos. São prazos curtos demais para a bolsa de valores. Quem precisa do dinheiro para o fim do ano, ou para se casar em um ou dois anos, precisará se comportar como investidor de curto prazo e sofrer as agruras de "torcer" para a bolsa subir.

Naturalmente, essas empresas que apresentaram grandes resultados no passado não necessariamente apresentarão no futuro. É preciso estudar e se manter informado para que seu portfólio tenha sempre mais ações vencedoras do que perdedoras.

A bolsa não é lugar para dinheiro de remédio, dinheiro para trocar de carro ou para planejar casamento. A não ser que você seja um solteirão ou uma solteirona convicta que enrolará seu parceiro por mais dez anos...

Brincadeiras à parte, lembre-se: investir pouco e sempre por um longo período de tempo e em empresas com boas perspectivas de crescimento é um comportamento consagrado na bolsa. Desde que seu longo período não seja sete ou oito segundos.

■■■

PARTE V

TÓPICOS AVANÇADOS

Capítulos

22 Cuidados a se tomar com ações com múltiplo Preço/Lucro muito baixo

Aswath Damodaran, reconhecido por muitos como um dos mestres na arte de avaliação de empresas, escreveu um livro sobre os *Mitos de investimento*. Seu objetivo era investigar as grandes "verdades" a respeito do mercado de ações.

Com forte embasamento estatístico, ele demonstra o que tem e o que não tem fundamento nessas "verdades" espalhadas pelo mercado e ainda ensina como extrair o melhor de cada uma das estratégias abordadas no livro.

Uma breve discussão acerca de um dos mitos abordados por Damodaran é apresentada a seguir, tratando da compra de ações de baixo P/L.

Por que as pessoas investem em ações de baixo P/L?

Antes de qualquer coisa, o uso do múltiplo P/L é muito útil para comparar preços relativos das ações. Não faz sentido, por exemplo, dizer que a Usiminas, cotada a R$80,00, seja mais cara do que a Gerdau, cotada a R$50,00. Para uma comparação menos distorcida, divide-se o preço pelo lucro por ação de cada uma delas e obtém-se o múltiplo P/L.

Veja:

$$\text{P/L USIMINAS} = \frac{\text{Cotação} = \text{R\$80,00}}{\text{Lucro por ação*} = \text{R\$8,74}} = 9{,}15$$

*LPA acumulado nos 12 meses encerrados no 2T08.

$$\text{P/L GERDAU} = \frac{\text{Cotação} = \text{R\$50,00}}{\text{Lucro por ação*} = \text{R\$4,12}} = 12{,}14$$

*LPA acumulado nos 12 meses encerrados no 2T08.

A Usiminas, apesar de ter uma cotação mais alta, tem um múltiplo mais baixo do que o da Gerdau.

Os principais motivos que levam as pessoas a investir em ações de baixo P/L são, segundo Damodaran:

1. Essas ações seriam mais baratas do que as de elevado P/L.
2. São bons substitutos para a renda fixa, pois apresentam retorno elevado. O retorno é calculado da seguinte forma: (1÷ P/L) x 100. Para a Usiminas, seria 10,92% (1 ÷ 9,15 x 100), superior à renda fixa brasileira (rendimento líquido no 2T08).
3. Ações negociadas a múltiplos P/L mais baixos do que suas semelhantes estariam com o preço incorreto ou subavaliado.

Fatores determinantes do P/L

De forma bem simples, Damodaran demonstra que a fórmula do P/L pode ser escrita da seguinte forma:

$$P/L = \frac{\text{Taxa de } \textit{pay out} \text{ esperada}}{(\text{Custo do patrimônio - taxa esperada de crescimento})}$$

Pela definição apresentada no livro, pode-se entender o custo do patrimônio como sendo a taxa de retorno exigida pelo investidor, dado o risco da empresa.

A taxa esperada de crescimento se refere especificamente aos dividendos, e o *pay out* se refere ao percentual de distribuição do lucro.

O importante da equação anterior é entender como o P/L se comporta com a variação de seus determinantes.

Uma investigação rápida mostra que:

- O P/L tende a aumentar quando a taxa de *pay out* aumenta.
- O P/L tende a ser menor caso a empresa apresente muito risco ao investidor, pois o retorno exigido (custo do patrimônio) seria alto, aumentando o denominador da fração.
- O P/L tende a ser maior se a empresa tiver perspectivas de grande crescimento, uma vez que diminuiria o denominador da fração.

É bem intuitivo para o investidor que empresas de baixo risco e grande perspectiva de crescimento apresentem P/Ls altos, assim como é razoável acreditar que as pessoas tendam a pagar mais caro por empresas com elevados *pay outs*.

Análise das evidências — resultado da pesquisa

Damodaran submeteu as ações norte-americanas ao "filtro de Graham", que serve para selecionar empresas de baixo P/L, porém exclui as empresas que têm baixo P/L por motivos errados: baixo crescimento e risco elevado.

O filtro primeiro seleciona ações que tenham um P/L igual ao dobro do rendimento de um título AAA. Isso significa que um título de dívida de baixo risco (AAA) que, por hipótese, dê uma rentabilidade de 10% ao ano teria um P/L 10, então este primeiro filtro eliminaria todas as ações com P/L maior que 20.

Depois se excluem empresas com elevado endividamento, baixo patrimônio líquido, baixo crescimento e com prejuízos recorrentes.

Da amostra obtida, Damodaran montou duas carteiras, uma ponderada pelo valor da empresa, ou seja, empresas com maior valor de mercado tinham maior participação, e outra com ponderação equivalente, isto é, todas as empresas têm o mesmo peso na carteira.

Depois, comparou essas duas carteiras com o desempenho das ações de elevado P/L (o restante das ações norte-americanas, excetuando-se aquelas que não têm lucro, às quais, portanto, não se aplica o conceito de P/L).

O resultado da comparação foi que, com base nos critérios utilizados por Damodaran, a carteira de baixo P/L obteve quase o dobro de rentabilidade das ações de elevado P/L.

Mesmo subdividindo-se o período (1952-2001) em diferentes subperíodos, para ver se em algum momento as ações de elevado P/L tiveram melhor desempenho, a carteira de baixo P/L se saiu melhor.

O que está oculto na história do P/L baixo?

Bom, o objetivo de Damodaran era identificar falhas na estratégia, e não prová-la, porém acabou por demonstrar que ações com P/L baixo tendem a ter melhores resultados. Além dos evidentes resultados superiores, o autor mostra, dentro das premissas de seleção de carteira, como se livrar de empresas com P/L baixo mas que apresentam elementos que poderiam prejudicar a estratégia.

O autor ensina a se livrar de empresas de alto risco, baixo crescimento e, principalmente, a identificar a "qualidade" dos lucros das empresas. Esses ensinamentos são objeto de outro excelente livro, O investidor inteligente, de Benjamin Graham, há decadas a bíblia de investidores de longo prazo.

O resultado evidenciou que as empresas de baixo P/L costumam oferecer desempenho melhor do que as de alto P/L, desde que não apresentem P/L baixo por motivos errados.

A evidência estatística da experiência de Damodaran foi bastante robusta, indicando que, muitas vezes, o que parece barato é mesmo...

Para mais sobre o assunto, o próximo "Episódio" é imperdível.

■■■

23 Mercados irracionais, perspectivas de recessão, medo de depressão: cuidados com a leitura do índice Preço/Lucro

Investidores conscientes costumam trabalhar com alguns parâmetros fundamentalistas para verificar se uma empresa está com preço alto ou baixo. Baseiam-se nos índices Preço/Lucro (P/L), no índice Preço/Valor Patrimonial (P/VPA), no *dividend yield*, além de verificar o crescimento histórico de vendas, lucro, margens, endividamento e retorno sobre o patrimônio líquido.

O índice mais usado, pela facilidade de leitura e proximidade com o conceito de retorno do investimento (*pay back*), é o índice P/L, tratado em vários "Episódios" deste livro. Muitos utilizam esse múltiplo como um indicador rápido para verificar o quanto uma ação estaria descontada ou defasada em relação à média de seu setor ou do mercado.

Ocorre que, com mudanças muito bruscas no cenário econômico, incertezas quanto à liquidez internacional, resultados muito influenciados por eventos não recorrentes e peculiaridades de algumas companhias, que apresentam disparidades grandes entre seus tipos de ações, deve-se tomar cuidado com a leitura direta do P/L.

A seguir ilustram-se alguns desses perigos e os cuidados necessários para se fazer uma leitura mais educada do P/L.

A leitura básica do P/L

Relembrando, o P/L é a divisão da cotação da ação pelo lucro por ação da companhia. Indicaria o seguinte:

- Se o investidor comprasse a ação por P e ela desse o mesmo lucro L pelos próximos anos, levaria P/L anos para o capital investido retornar.

Com números:

- Se o investidor comprasse a ação por R$30,00 e ela desse o mesmo lucro (R$3,00) pelos próximos anos, levaria 30/3 = 10 anos para o capital investido retornar.

P/L da renda fixa *versus* P/L da renda variável

A primeira comparação básica é com a renda fixa, dado que teria mais previsibilidade do que a renda variável.

No Brasil existe a poupança, que remunerava o investidor em 2008 com algo como 7% ao ano, e os fundos DI, dando cerca de 9% ao ano, líquido de imposto e taxas de administração.

A conta do P/L desses itens é simples:

- P/L poupança: 100%/7% = 14,28 anos
- P/L fundos DI: 100%/9% = 11,11 anos

É natural pensar que uma ação poderia ser negociada a um P/L próximo ao da renda fixa e até superior se a expectativa for de que o lucro vá crescer nos próximos anos.

Essa seria a leitura básica do P/L, mas o investidor consciente NÃO DEVE PARAR por aí.

Há alguns elementos fundamentais a se questionar antes de decidir se uma ação está com P/L baixo ou não. Os mais importantes estão a seguir.

Perspectiva de crescimento do lucro

De que adianta ter um P/L baixo se a expectativa é de queda nos lucros?

Veja:

Ação XYWZ4	
Cotação ano ZERO	R$35,00
Lucro por ação ano ZERO	R$7,00
P/L	5,00

Parece bem baixo, mas se a expectativa para os lucros futuros for como se segue:

	Ano 1	Ano 2	Ano 3	Ano 4	Ano 5	Ano 6	Ano 7	Ano 8	Ano 9	Ano 10
Lucro por ação	R$5,00	R$4,50	R$4,00	R$3,50	R$3,00	R$3,00	R$3,00	R$3,00	R$3,00	R$3,00
Retorno do investimento	R$5,00	R$9,50	R$13,50	R$17,00	R$20,00	R$23,00	R$26,00	R$29,00	R$32,00	R$35,00

O retorno (linear) do investimento só se daria no décimo ano.

Isso significa que, ao identificar uma empresa com P/L baixo, deve-se perguntar imediatamente: qual a perspectiva para os lucros dessa empresa?

Para obter elementos que permitam responder à pergunta, faz-se necessário aliar:

- Leitura de análises de profissionais.
- Leitura dos *releases* de resultados e dos relatórios anuais da companhia.
- Conhecimento dos históricos de lucro, vendas e margens da companhia.
- Leitura sobre as perspectivas do setor no Brasil e no mundo.

Não é simples, mas construir um patrimônio confortável em ações requer estudo e disciplina, disso não há como duvidar.

Em situações em que, na conjuntura mundial, as incertezas são grandes, nem todo P/L baixo significa boa oportunidade de investimento.

Deve-se ficar atento às perspectivas dos diversos setores, não só para o ano seguinte ou para dali a dois ou três anos, mas para o longo prazo.

É preciso ter em mente que se uma ação caiu 50%, se ela voltar, implicará 100% de ganho.

Em números: se a XPTO cair 50%, de R$54,00 para R$27,00, quando ela voltar, será 100%, pois vai de R$27,00 para R$54,00.

Um retorno de 100% em dois ou três anos seria muitíssimo expressivo.

Comparações com a média do setor e com a média do mercado

Outra atitude importante é comparar o P/L da companhia estudada com a média de seu setor e, se possível, com a média do mercado. O INI e outros sites especializados oferecem ferramentas que facilitam bastante essa medida. No site do INI (www.ini.org.br) há a Aquarela do Mercado, que é especialmente simples para se fazer essa comparação.

Na Aquarela de Mercado, as empresas estão divididas por setor, de forma que fica fácil saber a relação P/L, o retorno com dividendos e, ainda, a relação P/VPA para todas as companhias em seus setores específicos.

Há outras fontes fidedignas, e muitas corretoras oferecem acesso a bancos de dados que permitem uma comparação entre empresas do mesmo setor.

Empresas com disparidades grandes entre ON e PN

Há algumas empresas para as quais as ações de controle (com direito a voto) têm especial importância, portanto, as ON são muito mais apreciadas do que as PN. Dessa forma, ao fazer a análise do P/L isoladamente para as duas classes, não se terá a verdadeira dimensão do índice P/L da companhia. Vejamos alguns exemplos.

A ação ON da Itaúsa valia R$12,00 em 10 de novembro de 2008, e a PN valia R$8,37. Como o lucro por ação à época era de R$0,9320, o P/L da ON era de 12,88, e o da PN era de 8,98. Para saber o P/L da EMPRESA, que é o que conta efetivamente, deve-se dividir o valor de mercado total à época, que era de R$37,93 bilhões, pelo lucro acumulado nos últimos 12 meses, que era R$3,62 bilhões, o que daria um P/L de 10,48.

Um caso ainda mais dilatado foi visto na Brasil Telecom. A PN (BRTO4) valia R$11,85 em 11 de novembro de 2008, e a ON (BRTO3) valia R$47,00. Para um lucro por ação de R$1,8768, os P/Ls ficariam: 25,04 para a ON e 6,31 para a PN. Altíssimo para a ON, mas baixíssimo para a PN.

O preço de mercado da companhia era de R$15,42 bilhões, e o lucro acumulado nos últimos 12 meses era de R$ 1,05 bilhão, o que daria um P/L de 14,65 para a companhia. Dentro de média aceitável da época.

É importante que o investidor se atente para essas situações. São raros os casos em que ON e PN apresentam disparidades tão grandes, 50% na Itaúsa ou 400% na BRT, mas acontecem e distorcem bastante a análise.

Ganhos (perdas) não recorrentes

Aqui reside um grande perigo. Em momentos de grande turbulência e volatilidade, as empresas podem apresentar ganhos ou perdas extraordinários por força do câmbio, de venda ou valorização de ativos, perdas ou ganhos financeiros, ajustes contábeis, benefícios fiscais temporários etc.

Isso faz com que a leitura do P/L fique muito distorcida, para cima ou para baixo.

Os casos de Sadia e Aracruz, no final de 2008, tiveram dois impactos graves nos balanços. O primeiro no registro de grandes prejuízos, o que já compromete o P/L, e o segundo no aumento de endividamento e consequente aumento do serviço da dívida (juros). O investidor deverá ter em mente que, até que as baixas contábeis cessem, e seus efeitos se diluam, não haverá um múltiplo P/L muito confiável para trabalhar. Portanto, deverá esperar alguns trimestres para essa "limpeza" no balanço. Também precisará considerar custos financeiros maiores, o que acarreta lucros menores ou com crescimento menor.

Há ainda o caso de empresas que apresentam lucros fortes por considerarem benefícios fiscais que podem (ou não) ser cassados. Nesse caso, o investidor conservador deverá optar por calcular o P/L com o lucro ajustado (retirando os benefícios fiscais).

Via de regra, as empresas apresentam em seus *releases* lucros líquidos recorrentes e não recorrentes para que os investidores tenham boa noção de qual é a capacidade de geração de lucro do negócio da companhia.

Por sorte, na maioria das companhias esses lucros/perdas extraordinários são pouco significativos, de forma que o P/L costuma estar ajustado às realidades operacionais das empresas.

Trocando em miúdos

O P/L é um excelente indicador, porém deve-se ter conhecimento mais profundo da companhia e da estrutura de seus lucros.

Isso hoje é bem fácil, em se tratando de empresas com boa governança corporativa, pois é função de um bom departamento de relações com investidores manter a comunicação com os acionistas em altíssimo nível, com uma linguagem que permita ao investidor ler e compreender os *releases* e relatórios.

Antes de afirmar que uma ação está barata, observe perspectivas de crescimento de lucro, verifique se há eventos não recorrentes impactando os lucros e se não há grandes distorções entre os diferentes tipos ou classes de ações.

São atitudes simples que vão formando um bom capital de conhecimento a respeito das companhias e do mercado.

Que tal começar investigando as ações de sua própria carteira?

■■■

24 Entenda o que são baixas contábeis, as principais fontes de prejuízos e lucros não operacionais

EXTRA! EXTRA! TRILHÕES DE DÓLARES DE PREJUÍZOS!

Por que o mundo viu prejuízos trimestrais sem precedentes em 2008 e 2009, ou como uma empresa pode perder em um trimestre duas, três, quatro vezes seu valor de mercado?

Prejuízos maiores do que a própria empresa

No dia 3 de fevereiro de 2009, a Alcatel-Lucent, maior fornecedora de equipamentos para telefonia fixa, reportou um prejuízo trimestral de €3,89 bilhões. E não foi o primeiro, mas o oitavo prejuízo trimestral seguido.

A empresa estava valendo naquele dia, na bolsa de Paris, €3,48 bilhões de, muitíssimo menos do que seus últimos prejuízos somados. E os exemplos de prejuízos astronômicos não param. Não se passa uma semana, desde o final de 2008, sem que alguma instituição registre prejuízos sem precedentes. Bancos e até petrolíferas registram perdas de dezenas de bilhões de dólares.

Parece catastrófico, mas pode não ser bem assim. Entender a questão das baixas contábeis é um excelente caminho para diferenciar prejuízos operacionais, prejuízos financeiros e prejuízos contábeis e verificar se uma empresa está no caminho da recuperação ou da insolvência.

A injustiça do seu Imposto de Renda e o valor de mercado do seu patrimônio

Qualquer brasileiro que tenha um imóvel em seu nome há alguns anos já se perguntou: "Poxa, comprei meu imóvel em 1999 por R$120 mil, hoje ele está valendo R$300 mil, mas ainda tenho que colocá-lo na minha declaração do IR pelo valor pago à época mais as melhorias que fiz!"

O problema disso é que, se for vender o imóvel, pagará 15% de IR sobre os ganhos de capital, ou seja, a diferença entre o valor da venda e o valor declarado. Não são raros os brasileiros que têm imóveis comprados há 20, 30 anos cujo valor declarado é quase residual.

Agora imagine um sujeito que comprou três apartamentos por R$50 mil cada, na praia da Barra da Tijuca, Rio de Janeiro, em 1980, quando eram baratíssimos. Pois ele tem que declarar um patrimônio total de R$150 mil (mais alguns ajustes) sabendo que os apartamentos valem, no mínimo, R$500 mil cada!

Na contabilidade das empresas não é diferente. Por muitos anos, as regras contábeis brasileiras não permitiam, ao menos com facilidade, o registro de ativos e/ou passivos a valor de mercado. Não raro, havia imóveis totalmente depreciados que constavam nos balanços a R$0,01, mas valiam milhões.

Nos EUA e na Europa não funciona mais assim há algum tempo, e o Brasil, a partir de 2010, segue também esses princípios contábeis internacionais.

Contabilidade por valor de mercado

É evidente que essa modelagem brasileira, apesar de conservadora, não é adequada às necessidades dinâmicas do mercado de capitais. Ter ativos registrados a valores históricos pouco diz sobre o verdadeiro valor da companhia. Por esse motivo, e pela necessidade de se comparar ativos em diversos mercados, muitos países (Brasil em 2010) adotaram as normas IFRS (International Financial Reporting Standards).

Entre muitas mudanças, esse modelo prevê o registro de ativos e passivos pelo seu valor justo (*fair value*), que nada mais é do que o valor pelo qual ele poderia ser vendido (ou quitado) em uma transação entre partes interessadas em condições normais (isto é, que não seja uma liquidação de ativos/passivos).

Bom, já dá para notar que houve um incremento de subjetividade e que foi introduzido nos balanços um elemento altamente volátil. Anteriormente, se um imóvel estivesse registrado por R$0,01, sob nenhuma hipótese a empresa sofreria perdas contábeis caso o valor de mercado do imóvel desabasse. Até porque ela não era obrigada a registrar nada pelo valor de mercado.

No modelo contábil moderno, que busca ser mais adequado para medir o valor das empresas, a coisa funciona de forma diferente, e as perdas podem ser grandes, imensas. Assim como os ganhos. Mas nem sempre isso significa prejuízo na operação ou furo no caixa.

Prejuízos incrivelmente elevados!

Essa técnica de se ajustar os ativos/passivos a valor de mercado e atualizá-los ano a ano tem sido a fonte das perdas contábeis sem precedentes dos últimos meses, assim como foram responsáveis por ganhos extraordinários nos últimos anos. Contabilizando-se todos os prejuízos dos últimos cinco anos da General Motors, o montante chegará facilmente a valores 30, 40 vezes maiores do que seu valor de mercado no início de 2009. E ainda maiores do que seu valor histórico mais alto.

O leitor poderia perguntar: em se permitindo tanta subjetividade para dar preço aos seus ativos/passivos, será que essas empresas não estavam com registros contábeis em valores muito acima do razoável e aproveitando a fase em que tudo vem dando errado para baixar esses exageros, de forma a ter menos impactos na imagem da companhia? E aí cabe devolver a pergunta: será?

A seguir discorre-se sobre alguns exemplos de baixas contábeis que provocam variação no patrimônio líquido mas não estão relacionados diretamente com o resultado operacional atual da companhia (exceto se as operações registradas forem liquidadas).

PCLD — Provisões para Créditos de Liquidação Duvidosa

Essa conta do balanço tem a utilidade de adequar as expectativas de receita futura às características atuais de inadimplência em determinado setor. Não é uma imposição do IFRS, já existe há muitos anos e é amplamente utilizada pelos bancos, pois seus resultados dependem bastante da capacidade dos mutuários pagarem suas dívidas.

Como funciona?

Se um banco adota um patamar, por hipótese, de 6% de PCLD, deverá pegar sua conta "empréstimos a receber" (ou semelhante) e subtrair de uma subconta (PCLD), que terminará por reduzir a expectativa futura de recebimento dos empréstimos exatamente no montante esperado pelas condições de mercado.

Veja o exemplo:

Em 31 de dezembro de 2007, o banco X tinha R$100 milhões a receber de empréstimos e uma provisão de 6%, totalizando R$6 milhões. Essa conta contribuirá para o ATIVO TOTAL com R$94 milhões (100 menos 6).

Em 31 de dezembro de 2008, o banco tinha os mesmos R$100 milhões a receber, mas sua PDD mudou. Veja as possibilidades:

Independentemente do que aconteceu durante o ano, o impacto da PCLD no resultado é dado por sua variação positiva ou negativa no momento da contabilização dos resultados.

- **PCLD de 6%:** não há variação no resultado por que a expectativa de inadimplência não mudou.
- **PCLD de 5%:** com uma inadimplência esperada menor, surgirá no balanço mais R$1 milhão, que será contabilizado no resultado, aumentando-o por força da queda da inadimplência.
- **PCLD de 7%:** com uma inadimplência esperada maior, o balanço terá menos R$1 milhão, que será contabilizado no resultado, reduzindo-o por força do aumento da inadimplência.

No resultado do quarto trimestre de 2008, o Bradesco registrou uma provisão extra de R$597 milhões, por ter expectativa de que haveria aumento na inadimplência nos meses seguintes. Essa provisão reduziu os resultados do banco.

A PCLD é uma prática contábil corriqueira e tem sua volatilidade possível testada ao longo dos anos. O que tem impactado mais severamente os balanços é a variação de ativos e passivos menos ortodoxos.

A seguir, exemplos de operações mais estruturadas e perigosas para os registros contábeis e financeiros.

Ágio ou *goodwill*

No caso da Alcatel, a amortização de ágios referentes à compra da Lucent em 2006 foi a principal causa dos prejuízos recorrentes.

A Alcatel, durante o *bull market*, comprou a Lucent com ágio, ou seja, pagou mais do que o valor considerado justo pelo mercado à época.

Naturalmente, a Alcatel pagou esse ágio julgando que a Lucent poderia valer ainda mais ao ser integrada em suas operações e com as sinergias possíveis entre as duas gigantes.

Na hora de incorporar a compra ao balanço, por hipótese, saem algumas dezenas de bilhões de dólares do caixa e entra um ativo no mesmo valor, NÃO IMPACTANDO o patrimônio líquido e o resultado. É claro que uma operação complexa como a do exemplo não é feita de forma tão trivial. Normalmente há a formação de uma nova companhia, com troca de ações, acordos de acionistas etc., mas deixe-se a situação simplificada apenas como exemplo.

Imagine que o valor de mercado da Lucent estivesse em €20 por ação e a Alcatel tivesse oferecido €40 por ação. Seria possível dizer, grosso modo, que a Alcatel pagara um ágio de €20 por ação (100%).

Na contabilidade internacional há previsão de registro desses ágios e instruções sobre como devem ser levados adiante, modificados ou baixados.

Nem é preciso dizer que o mercado de telefonia fixa, entre outros, perdeu muito de suas brilhantes perspectivas. Qualquer pessoa com consciência econômica mediana sabe dizer que o que foi registrado no balanço da Alcatel em meados de 2006 deve ter sido muitíssimo acima do que as sinergias valeriam no começo de 2009.

O negócio foi fechado por €11,1 bilhões. Muitos desses bilhões já não faziam sentido em fevereiro de 2009. Havia um ativo mal-avaliado no balanço da Alcatel, e isso precisou ser ajustado. E foi justamente o que ela fez. Caso as baixas contábeis não fossem levadas em consideração, o resultado ajustado seria um lucro próximo a €300 milhões.

O leitor deve estar imaginando que essa perda é irreal, mas está errado ao pensar assim. A perda não é operacional, mas dá uma dimensão das perdas que o patrimônio do acionista sofreu. Um dos objetivos do IFRS é aproximar o valor contábil de uma companhia de seu valor de mercado. Além disso, o teste de *impairment* (comparação entre o valor contábil e o valor justo), tomado como base para as baixas ou ganhos contáveis, é realizado regularmente por empresas consideradas idôneas e amplamente capazes.

Para traduzir em uma linguagem mais corriqueira, ao baixar o ágio e o valor de mercado da companhia que foi comprada em 2006, a Alcatel não está incorrendo em perdas operacionais, apenas reconhecendo ter pagado um preço irreal por esse ativo há alguns anos, tipo: "Rasguei dinheiro em 2006..."

Derivativos marcados a mercado

No início de 2009 havia muitas discussões em curso nos EUA e na Europa para que os mercados de derivativos passassem a ser regulamentados ou ao menos que tivessem um processo de liquidação e negociação transparente (*clearing house*). Não é para menos, pois os bancos norte-americanos iniciaram já em 2007 o expurgo dos derivativos que tinham em carteira e ainda não haviam terminado no início de 2009.

São centenas de bilhões de dólares de ajustes nos balanços. Em todas as manchetes se lia: *write downs* (baixas contábeis). Infelizmente, o caso aqui tende a ser pior do que nos dois últimos tipos de registros contábeis discutidos, pois derivativos tendem a ser muitíssimo mais voláteis e, em alguns casos, representam alavancagens muito perigosas.

Antes de explicar as baixas contábeis, veja uma forma de perder mais do que se tem

Suponha que sua empresa tenha contratos vendidos no valor de US$1 bilhão. Em várias datas futuras você receberá esse bilhão, fruto das vendas de suas mercadorias ao exterior.

Daí, disciplinadamente, conforme manda a regra do conservadorismo financeiro, você VENDE esses dólares no mercado futuro, mesmo sem tê-los ainda. Essa atitude, bastante coerente, chama-se *HEDGE*, que significa proteção, pois evita que suas receitas fiquem expostas às oscilações de ativos que não dizem respeito ao seu negócio (no caso, o câmbio).

Suponha que o dólar estivesse valendo, à época, R$1,70 e que havia gente comprando a divisa norte-americana no mercado futuro, para entrega em dois meses, a R$1,80.

Você vende os dólares por R$1,80, e quando seu cliente lhe pagar em dólares dali a dois meses, você entrega a divisa norte-americana para o comprador (do dólar futuro), que lhe paga uma taxa pré-combinada de R$1,80 por cada dólar.

Você fica feliz, pois está se protegendo de uma eventual queda. E o comprador dos dólares também fica feliz, pois está se protegendo de uma eventual alta.

Mas você pode ter recebido uma "dica quente" de que o dólar continuará caindo, daí pensa:

— Olha, só tenho US$1 bilhão para receber mas "sei" que o dólar continuará caindo. Então venderei US$3 bilhões por R$ 1,80, pois quando chegar a hora de entregar os dólares, irei ao mercado, os comprarei por um valor mais barato e ganharei a diferença. Sou muito esperto!

Ocorre que, contra todas as suas previsões, o dólar foi a R$2,40. Um breve cálculo mostrará o tamanho da perda que sua brincadeira de adivinhação gerou...

Quanto perdeu?

Naturalmente, você nada perdeu com o US$1 bilhão que já tinha para receber. Só deixou de ganhar, pois vendeu o direito de repassá-los a R$1,80, e o dólar chegou a R$2,40. Em vez de receber R$2,4 bilhões, receberá R$1,8 bilhão.

Agora, quando o comprador, feliz da vida, pois pagará R 1,80 em algo que consegue vender por R$2,40, exige que você entregue os dólares, o que deve ser feito?

Você vai a mercado e compra os US$2 bilhões que faltam, pagando R$4,8 bilhões, pelo preço de mercado. Entrega para o comprador, que lhe pagará somente R$3,6 bilhões (R$1,80 x US$2 bilhões). Você perdeu na operação R$1,2 bilhão.

Esse exemplo ilustra bem que os derivativos podem não ter piso para perdas. E os bancos norte-americanos estão repletos deles, sendo que os mais tóxicos são os derivativos de crédito relacionados a hipotecas de alto risco (*subprime mortgage*) e os CDS (*Credit Default Swaps*).

Antes de explicar esses dois tipos de derivativos, é importante entender que o processo hipotético citado só gerou perdas reais porque o contrato venceu e o vendedor foi exercido. Se a empresa tiver vendido dólares por R$1,80 com vencimento em junho de 2009, o registro no balanço deverá explicitar que NO DIA 31 de dezembro de 2008 a perda com derivativos estava em R$X, porém, se chegando ao vencimento o dólar estiver em R$1,80, não haverá perda alguma. Entretanto, o vendedor ficará com a corda no pescoço até lá.

A baixa contábil pode OU NÃO se tornar prejuízo real. Naturalmente, para quem está acostumado com mercados futuros, há sérios problemas de chamada de margem, pois, mesmo que no futuro o dólar caia, a empresa terá problemas de caixa por ter que manter margens elevadas nos bancos em que contratou os derivativos.

No Brasil houve casos sérios com a Sadia, a VCP e a Aracruz em 2008. Em todos eles, as companhias buscaram encerrar os contratos de derivativos antes do prazo, para evitar os riscos de ter uma elevação ainda maior do dólar. Isso, portanto, tornou-se prejuízo real, não apenas um ajuste no valor dos derivativos.

Derivativos ligados a hipotecas de alto risco (*subprime*)

Os bancos estão registrando, mês após mês, baixas contábeis absurdamente altas por conta da elevação na inadimplência nesses contratos de hipoteca.

Para se ter uma noção de quão perigosas são essas baixas, o mercado de hipotecas nos EUA chega a mais de US$12 trilhões. Uma elevação de 2% na inadimplência já daria baixas contábeis extras na ordem de US$240 bilhões.

Isso tudo, aliado a outros mercados de crédito (incluindo cartões de crédito), com outros trilhões de dólares em empréstimo, tem feito os bancos baixarem contabilmente valores muito superiores aos seus lucros e, inclusive, ao seu patrimônio líquido. Não é de admirar que grande parte dos bancos estrangeiros tenha tido perdas superiores a 80% em seu valor de mercado nos últimos 24 meses. No início de março de 2009, o Citigroup foi negociado a menos de US$1 por ação, o que representava perda superior a 95%.

A inadimplência é um item muito sério para os bancos, pois quando ela aumenta 1%, o banco deve registrar perdas contábeis de 1% sobre TODA A CARTEIRA DE EMPRÉSTIMOS ligados àquele patamar de inadimplência. Como sabemos, a carteira de empréstimos dos bancos é muitíssimo superior ao seu patrimônio líquido, ao seu lucro anual e até ao seu valor de mercado.

Há bancos nos EUA com carteiras de crédito de US$1,5 trilhão, com valor de mercado de US$30 bilhões e patrimônio líquido de US$20 bilhões. Quaisquer 1% ou 2% comprometem fortemente a capacidade operacional do banco.

Parece ruim, não é? Pois ainda nem tratamos dos derivativos de crédito. O que foi revelado antes é semelhante à PDD, que foi explicada no início do "Episódio".

Os derivativos de crédito são os SIV (*Structured Investiment Vehicle*). Funcionam como uma espécie vetor que dissemina, mundo afora, a toxicidade potencial do ativo.

Em vez de a hipoteca ficar com o banco emissor, ela é "empacotada" junto a outras semelhantes e gera um SIV, que é vendido para terceiros, de forma que o banco repassa os riscos de inadimplência. Os terceiros, comumente fundos de pensão que têm muito dinheiro em caixa e necessitam de fluxo de caixa constante para pagar seus segurados, trocam um valor em dinheiro por um fluxo futuro de recebimentos, derivados dos pagamentos das hipotecas.

Nem é necessário dizer que, dado que a inadimplência explodiu nos EUA, todos os que têm esses ativos registrados em carteiras devem registrar severas baixas contábeis. Nesse caso, não é PDD, mas baixa no valor dos derivativos mesmo, pois foram vendidos por um valor R$X e constavam nos balanços por esse valor, entretanto, no mercado, passaram a valer menos, pelo aumento na inadimplência, sendo necessário reduzir seu valor registrado no ativo.

Fica mais fácil entender da seguinte forma:

Um SIV comprado por US$1 bilhão deveria render US$100 milhões por ano, ou 10%. Essa remuneração é alta, justamente pelo ativo ser de risco.

Esses US$100 milhões vêm do pagamento das hipotecas, já com o desconto da taxa de inadimplência esperada para a época da venda do SIV.

Se a inadimplência aumentar, significa que menos mutuários estarão pagando suas dívidas e, em consequência, que os US$100 milhões passaram, por hipótese, a ser US$85 milhões. Ora, não é necessário ser professor de finanças para ver que esse SIV vale bem menos do que valia quando a inadimplência era menor, pois sua expectativa de fluxo de caixa se reduziu bastante.

CDS — *Credit Default Swaps*, uma fonte de perdas ainda mais perigosa

Desde o final de 2008, o governo dos EUA está debruçado sobre esse mercado de balcão (sem regulamentação), na tentativa de se precaver caso haja problemas graves também nesse mercado.

É um mercado bem perigoso, pois chegou, em meados de 2008, a US$62 trilhões. Depois que o governo norte-americano começou a se aprofundar sobre o assunto, seu montante caiu à metade no início de 2009. Há diversas propostas para a regulamentação do mercado de proteção a créditos privados.

Por que esse mercado é potencialmente perigoso?

Quando um banco precisa captar dinheiro, pode emitir títulos de dívida prometendo pagamento de juros aos compradores ao longo dos anos. Imagine, em 2004, uma emissão do Lehman Brothers de US$1 bilhão, com pagamento de juros anuais, por hipótese, de 5%.

Um fundo de pensão norueguês poderia querer comprar esses direitos anuais. Ocorre que existia uma chance, pequena à época, de o Lehman não honrar os pagamentos anuais.

O fundo então buscava o Bank of America para comprar um CDS e se proteger contra o risco de *default* (calote) do Lehman. Pagava, por hipótese, 0,5% ao ano do valor total segurado, e caso o Lehman falhasse no pagamento ou quebrasse, o Bank of America (BofA) deveria honrar o compromisso.

No balanço do BofA entraria um recurso financeiro (dinheiro) no ativo e um equivalente em obrigações relativas a seguros vendidos.

Como a chance de o Lehman quebrar era pequeníssima à época, esse movimento acabava, na realidade, sendo uma boa forma de fazer caixa, expondo o balanço do BofA a riscos muito reduzidos.

O Lehman foi à falência. E havia gente "segurando" US$120 bilhões em recebíveis ligados ao Lehman. Pergunta-se: o que fazer com as obrigações relativas a esses seguros nos balanços das instituições que venderam os CDS protegendo os compradores de um eventual *default* do Lehman?

Bom, se o BofA tivesse, por hipótese, vendido proteção para US$20 bilhões de dólares, deveria registrar uma baixa contábil nesse valor (um pouco menos, pois outras instituições compraram cerca de 8% das dívidas do Lehman em leilão). Não significa que ele pagará US$20 bilhões imediatamente, apenas que terá que arcar com as prestações da dívida do Lehman, que valem os tais US$20 bilhões.

E a festa era grande. Há proteção para todos os fluxos de caixa que se pode imaginar. Venderam-se CDS até para proteger *default* do governo argentino. Esse CDS da dívida soberana argentina disparou de 2,2% ao ano para 30% ao ano quando a presidente Kirchner estatizou fundos de pensão privados.

O exemplo dado, do Lehman, é um pouco forte, pois é sabido que o banco quebrou no já notório dia 15 de setembro de 2008. Mas há uma infinidade de CDS para todo tipo de dívida, privada ou pública. E qualquer percepção de que haverá aumento na inadimplência desses emissores, 1% que seja, já acarretaria um enorme prejuízo contábil, pelo ajuste a mercado do valor dos CDS. O mercado, no começo de 2009, estava em algo como US$30 trilhões. Um por cento disso já daria US$300 bilhões de perdas contábeis.

Parece complexo, mas é bem simples

Imagine que esteja registrado em seu balanço um derivativo, vendido por você, que protege o comprador contra um *default* argentino. Você vendeu, em 2006, o CDS por 2,2% e protegeu, por hipótese, US$1 bilhão. Recebeu por isso US$22 milhões e registrou obrigação semelhante no balanço.

É importante entender que, naquela época, o custo para se proteger de um calote argentino era de 2,2% ao ano do total da dívida. Portanto, quando se registra a operação no balanço, entram US$22 milhões no ativo (caixa) e US$ 22 milhões nas obrigações. Você NÃO registra a dívida total segurada, de US$1 bilhão, obviamente. Só deveria fazer isso se a Argentina efetivamente desse o calote.

O tempo passou, e, em 2007, com a melhoria das condições econômicas mundiais, a Argentina parecia ter colocado suas contas em dia e havia se tornado, na percepção do mercado, um devedor mais confiável. Dessa forma, no mercado de CDS, sua cotação estava em 1,5%, por hipótese.

Você teve um ganho contábil que pode se tornar financeiro. Por quê? Se comprasse de outra instituição proteção para US$1 bilhão da dívida argentina, pagaria, naquele momento, US$15 milhões, porém já fez um caixa US$22 milhões.

Há duas formas de se registrar isso. Efetivamente fazendo o negócio e embolsando os US$7 milhões da diferença, OU registrando o novo valor da obrigação, que daria um ganho contábil (mas não operacional) no mesmo montante, US$7 milhões.

Resumindo ainda mais, como recebeu US$22 milhões para segurar uma dívida e, na época, o mesmo seguro custaria US$15 milhões, você poderia ir a mercado e "zerar" seu compromisso pagando US$15 milhões para que um terceiro se responsabilize pelo seguro. São US$7 milhões de ganho.

Ocorre que o mundo dá voltas e o vizinho portenho acaba quase sempre no calote. No final de 2008, a Argentina resolveu estatizar seus fundos de pensão privados, e o CDS para proteger contra o calote foi a 30%. Se a Argentina declarasse moratória, de novo, a perda contábil será integral, ou seja, US$1 bilhão.

Sem controle!

Não há um centro de liquidação sequer para todo esse mercado. Não há uma *clearing house* que permita saber quem vendeu o que para quem. Esses seguros podiam ser comprados e vendidos por instituições intermediárias, às vezes minúsculas, que buscavam auferir lucros na especulação sobre a capacidade de uma empresa ou um de país pagarem suas dívidas.

Imagine que um carioca, no final de 2008, comprasse um seguro para seu Golf 2008 por R$3 mil. Imagine também que, no início de 2009, o roubo de carros disparasse no Rio de Janeiro e as peças do carro ficassem caríssimas, pela alta do dólar. Em março de 2009, por hipótese, o seguro do carro passou para R$6 mil.

Pergunta-se: imaginando que fosse possível pela regulamentação de seguros brasileira, você imagina que alguém venderia o seguro do próprio carro para um terceiro, para ganhar a diferença?

Não faz qualquer sentido pensar assim, não é? Mas é exatamente isso o que acontecia no mercado de CDS. Havia fundos, empresas, assets etc. sem nenhuma condição de segurar qualquer fluxo de caixa com posições vendidas de CDS mundo afora.

O mercado segurador costuma ser altamente regulado, pois os compradores de fato desejam proteção quando suas casas queimam e seus carros são roubados. No mercado de CDS não há regulação, nenhuma exigência para que se venda um seguro.

Apesar das informações precárias prestadas pelo governo dos EUA, ao que tudo indica, a seguradora AIG padece severamente desses seguros não regulamentados. Ao que parece, suas perdas com derivativos têm sido a fonte de sua insolvência em 2009. Não é de se espantar que os EUA tenham tentando tomar pé da situação no final de 2008, pois esse mercado é potencialmente devastador por não ter nenhum limite de perdas, ou seja, ninguém sabe ao certo quem são os vendedores e compradores. Tudo que é grande demais e não tem controle é muito perigoso.

Finalizando

O objetivo do "Episódio" não é dissertar precisamente sobre as técnicas contábeis que obrigam as empresas às baixas que assombraram o mundo a partir de 2007, mas, principalmente, demonstrar que muito do que se está vendo é fruto da marcação a mercado dos ativos e passivos.

Como houve uma profunda depressão nos mercados mundo afora e todos os ativos/passivos estão registrados de alguma forma nos balanços das empresas ou nas declarações de patrimônio das pessoas, é normal esperar que as perdas contábeis fossem imensas. Assim como pode haver uma presença forte de ganhos contábeis nos balanços quando houver recuperação no valor dos ativos.

Para ficar, de novo, em um exemplo brasileiro, o Bradesco tinha, antes da crise, mais precisamente na declaração de resultado do terceiro trimestre de 2008, R$4,7 bilhões de lucros não realizados. Esses lucros são registros em balanço que valem potencialmente muito mais do que o valor contabilizado. Com a queda no valor das participações em empresas negociadas em bolsa e outros ativos, esses lucros não realizados caíram 87% no quarto trimestre de 2008, para R$605 milhões.

Se o Bradesco registrasse esses ativos por seu valor de mercado, possivelmente teria que dar baixas contábeis superiores a R$4,1 bilhões, o que impactaria imensamente o resultado final, porém não teria qualquer efeito prático mais grave. Como não teve mesmo.

Não é fácil, mas é importante conhecer essas questões. Como dizem, é nas crises que aparecem as melhores oportunidades!

25 Entenda o que são derivativos de câmbio e seus impactos no balanço

Os meses de setembro e outubro de 2008 desafiaram todos os *players* do mercado de ações e de derivativos. Foram meses que apresentaram alguns dos piores e mais assustadores desempenhos nos mercados de ações e de commodities dos últimos 100 anos, culminando com a pior semana da história das bolsas até então, encerrada em 10 de outubro de 2008.

No Brasil, além da crise sistêmica, que afeta todos os ativos, houve surpresas desagradáveis vindo de empresas sólidas como Sadia, Aracruz e VCP, entre outras, provenientes de operações alavancadas no mercado de derivativos de câmbio. O presente "Episódio" ilustra essa dinâmica, alerta para outras fontes de perdas contábeis e traça um paralelo com a experiência da maxidesvalorização do real, ocorrida em 2002.

Hedge (proteção) usando o mercado futuro de câmbio

Como exemplificado em "Episódios" anteriores, os exportadores brasileiros, por força de suas vendas ao exterior, recebem uma grande quantidade de dólares, de acordo com seus contratos comerciais. As empresas têm previsões de receber a moeda norte-americana em variadas datas no futuro, e para se precaver de uma maior desvalorização dessa moeda, costumam vender o direito de compra desses dólares futuros a eventuais interessados. Veja um exemplo:

Empresa A receberá de um comprador asiático US$100 milhões no dia 30 de novembro de 2008. Em 10 de agosto de 2008, o dólar estava cotado, no mercado à vista, a R$1,56. No mercado futuro, para entrega em 30 de novembro do mesmo ano (a data precisa é apenas para facilitar o exemplo), há compradores de dólar a R$1,75. Imagine que um desses compradores seja um importador brasileiro que tem que pagar US$100 milhões também no dia 30 de novembro. Ele compra esse direito de pagar R$1,75 para se proteger de uma eventual disparada.

O exportador quer se proteger da queda do dólar, já o importador quer se proteger da disparada do dólar. Nessa operação, não há perdas ou ganhos contábeis, pois não há qualquer alavancagem. O exportador terá os dólares para entregar.

Veja duas possibilidades para o fechamento desse negócio proposto, uma em que o dólar chega cotado a R$1,50 em 30 de novembro e outra em que chega cotado a R$2,00:

	R$1,75	R$1,50	R$2,00
Exportador A	R$175 milhões	R$(25 milhões)	R$25 milhões
Importador B	R$175 milhões	R$25 milhões	R$(25 milhões)

Na segunda coluna (R$1,75), vê-se o que cada um deve pagar/receber pelos dólares caso tenham se acertado no mercado futuro. Nas colunas subsequentes, vê-se o que ganhariam ou deixariam de ganhar caso não utilizassem o mercado futuro.

Se deixassem as operações ao sabor do mercado e o dólar chegasse a R$1,50, o exportador receberia R$150 milhões, em vez dos R$175 milhões, fazendo com que deixe de ganhar R$25 milhões. No caso do importador, o efeito é contrário, pois só precisará pagar R$150 milhões, tendo que desembolsar menos R$25 milhões do que se tivesse feito a operação no mercado futuro.

Agora, se o dólar vai a R$2,00, as posições se invertem totalmente, pois o exportador receberá R$25 milhões a mais, e o importador terá que desembolsar R$25 milhões a mais para comprar os US$100 milhões de que precisa para pagar sua compra no exterior.

As empresas costumam fazer isso para proteger seu fluxo futuro contra oscilações bruscas no câmbio, como as presenciadas em setembro e outubro de 2008. Isso se chama *hedge*, uma operação de proteção, amplamente realizada e louvável do ponto de vista financeiro. Mas...

Operações alavancadas no mercado futuro de câmbio

A operação exposta no parágrafo anterior é prudente, desejável e permite à empresa manter controle sobre seu planejamento de caixa. Mas essa operação SÓ É ASSIM se os dólares envolvidos já estiverem garantidos na operação.

E se a empresa, por hipótese, não tivesse os dólares para entregar? Ou ainda, se tivesse vendido cinco vezes mais do que tem para receber?

Nesse caso, estaria assumindo riscos NÃO INERENTES ao seu negócio. Pode-se dizer que estaria especulando no mercado futuro de câmbio.

Imagine uma situação bem próxima da realidade das companhias brasileiras que se mostraram envolvidas com essas operações. Suponha que a empresa tenha contratos de venda em dólares, até o final do ano, no montante de US$1 bilhão. Poderá vender esses dólares no mercado futuro. Porém, suponha que no acordo com o banco ela se comprometeu a entregar US$5 bilhões até o final do ano. Para facilitar, imagine que ela tenha assumido esses contratos no começo de agosto de 2008, com o dólar na casa dos R$1,60, e que os tenha vendido a R$1,80.

Perdendo muito dinheiro: dólar vai a R$2,00 no final do ano

Nesse caso, como a empresa só terá US$1 bilhão proveniente de recebimento de suas mercadorias, terá que ir ao mercado comprar a diferença para entregar a quem comprou o direito de pagar R$1,80 para cada dólar. A empresa perderá R$0,20 para cada dólar vendido a descoberto. A perda será de R$800 milhões.

Quebrando: dólar vai a R$3,00

Nesse caso, dependendo do tamanho da venda descoberta, a empresa pode se desestruturar de maneira severa. Provavelmente temendo um desequilíbrio maior no câmbio, muitas empresas brasileiras compraram dólares no mercado à vista, para encerrar suas posições descobertas e evitar surpresas piores no futuro. Uma das explicações para a maxidesvalorização verificada nos primeiros dias de outubro.

A perda se o dólar fosse a R$3,00 seria de R$1,20 por dólar a descoberto (US$4 bilhões). No total, a empresa perderia R$4,80 bilhões. Poucas empresas brasileiras poderiam arcar com uma perda desse porte sem se tornarem insolventes. E houve empresas com perdas ainda maiores em 2008.

O abalo na confiança do investidor

Certamente o volume de perdas das companhias brasileiras, ao menos daquelas que as revelaram, não deve ser suficiente para desestruturá-las severamente. Perderam algo como um a dois anos de lucro, o que é muito, mas é gerenciável.

Nos balanços do terceiro trimestre de 2008, essas empresas apresentaram um prejuízo não operacional bem grande, o que levará, no mínimo, quatro trimestres para ser apagado dos registros de lucro. Provavelmente os balanços só estarão livres desses prejuízos pontuais na divulgação do quarto trimestre de 2009 ou no primeiro de 2010, caso as empresas consigam expurgar todos os derivativos e alavancagens até o final de 2008.

Outro problema é que a empresa deverá incorrer em custos maiores de capital e em uma maior necessidade de endividamento em um primeiro momento, o que impactará seus resultados negativamente por alguns trimestres.

Poderá haver redução ou suspensão do pagamento de dividendos, para recompor o caixa e o equilíbrio no endividamento.

Tudo isso é superável e não deverá levar mais que dois ou três anos para voltar a se estabilizar, porém o maior prejuízo, e aí é um prejuízo do mercado como um todo, veio da quebra na confiança do investidor. O preço de uma ação embute perspectivas futuras, que, depois do ocorrido, passaram a incluir um risco de alavancagem que antes nem passava pela cabeça de muitos agentes do mercado.

Vale ressaltar que os instrumentos utilizados pelas empresas são semelhantes aos apresentados nos exemplos, porém o mais comum era pegar dinheiro com bancos, prometendo devolver-lhes dólares no futuro e pagar uma pequena taxa de juros por esses empréstimos. Não é necessário detalhar essas operações, pois o mecanismo de risco já foi adequadamente ilustrado.

O que pode estar por vir nos anos seguintes?

Em 2002, por conta da maxidesvalorização do real, houve severos impactos contábeis nos balanços das companhias brasileiras, causados principalmente pelo ajuste das dívidas em dólar.

Se uma empresa começa o ano com US$1 bilhão de dívidas, ao dólar do início do ano (R$1,75), devia R$1,75 bilhão. Se o dólar vai a R$2,50 ao final do ano, a empresa VAI SER OBRIGADA a registrar uma dívida de US$1 bilhão, que valerá R$2,5 bilhões, ou seja, R$750 milhões a mais.

O balanço tem dois lados: ativos e fontes de financiamentos (passivo e patrimônio líquido). Esses 750 milhões a mais de dívida, apesar de não serem desembolso de dinheiro, impactam o balanço, diminuindo o lucro da empresa ou aumentando seu prejuízo. É um fenômeno contábil.

O que se verificou na experiência de 2002 foi que o prejuízo contábil foi forte no ano, mas no ano seguinte as vendas cresceram muito, pelo dólar mais alto. As exportadoras se recuperaram fortemente em 2003.

Os investidores que seguem os princípios de investimento de longo prazo são muito atentos aos lucros das companhias e buscam se posicionar em empresas com lucro ascendente. Em 2008, tiveram que ficar atentos aos lucros OPERACIONAIS (LAJIR), pois o lucro líquido foi impactado por esses fenômenos contábeis, e isso deixou a impressão de que a empresa estava muito mal, quando, no caso, é um ajuste contábil na posição de ativos e passivos.

Outro indicador relevante é o fluxo de caixa (LAJIDA). O investidor, no caso dessas perdas pontuais, deve verificar se as margens referentes ao fluxo de caixa e ao LAJIR não caíram significativamente.

Conclusão

Os impactos nos balanços de empresas que incorreram em perdas com derivativos costumam trazer algum susto aos investidores. No caso das operações alavancadas no mercado futuro, o ideal é que a companhia reduza o quanto antes os riscos excedentes aos limites operacionais de proteção. Estes devem ser eliminados tão logo seja possível, mesmo com perdas severas, pois não é adequado que grandes companhias industriais coloquem sua solvência e sua sobrevivência ao sabor da variação do câmbio.

Entretanto, no que se refere ao ajuste das dívidas e ativos em dólares, poderá ser uma oportunidade para o país e para as companhias exportadoras, pois a valorização do real significa mais dinheiro na economia brasileira. Mesmo que as *commodities* tenham ajustes negativos, a valorização do dólar poderá trazer equilíbrio aos balanços dos exportadores em um momento de retração no comércio mundial.

Em resumo, o impacto no curto prazo poderá assustar um pouco, mas a experiência mostra que a elevação do dólar torna os produtos brasileiros mais competitivos e aumenta as receitas dos exportadores. Os próximos cinco anos, a partir de 2019, darão essa resposta, se as oportunidades foram ou não aproveitadas.

APÊNDICES

Apêndices

A

Ferramentas para o investidor

Este livro teve seu lançamento no Rio de Janeiro em um dia inesquecível, 25 de junho de 2009, dia da morte de Michael Jackson, ídolo da música pop.

Enquanto este autor palestrava, metade dos presentes acompanhava a GloboNews em uma TV do lado de fora do auditório.

Entre junho de 2009 e março de 2019, foram publicadas algumas atualizações pontuais sobre os estudos deste livro, muitos outros artigos com temas de interesse do investidor foram divulgados por este autor e outros dois livros (em 2010 e 2014) foram lançados.

Este Apêndice A tem por objetivo descrever brevemente essas ferramentas disponibilizadas ao investidor pelo autor deste livro, pois são complementares aos ensinamentos debatidos por aqui.

Quanto custa ficar RICO?

Este livro, lançado em meados de 2010, complementava estes "25 Episódios" apresentando uma visão global da formação de riqueza.

O título do livro, originalmente, seria *Riqueza que liberta, riqueza que aprisiona*, o que daria uma indicação mais adequada de seu conteúdo. Infelizmente, a editora à época, a Campus-Elsevier, entendeu que o nome não era suficientemente vendável.

Apesar do título "comercial", está longe de ser um livro de autoajuda em finanças. Ao contrário, apenas apresenta técnicas para compreender e medir o verdadeiro conceito de RIQUEZA.

Enquanto este livro ensina os principais conceitos para o investimento consciente em bolsa, meu *Quanto custa ficar rico?* ensina a organizar seu portfólio de investimentos para atingir a riqueza.

Para uma ideia do conteúdo desta ferramenta lançada em 2010, nada melhor que extratos do próprio livro.

A riqueza que estou construindo aprisiona ou liberta?

Pelos conceitos tradicionais de "riqueza", acabamos por identificar como "ricos" aqueles que têm bons carros, frequentam bons restaurantes e moram em coberturas na praia do Leblon. Até podem mesmo ser ricos, mas também podem apenas estar destruindo valor e riqueza e cultivando um futuro de dificuldades.

Não é raro encontrar herdeiros que conseguem destruir a riqueza deixada por pais ou avós, justamente por não compreenderem os conceitos que são demonstrados neste livro. Também não é incomum ver um jovem rico e esbanjador se tornar um aposentado em desequilíbrio financeiro.

Aprenda a fugir dessas armadilhas de destruição de valor e a planejar sua "liberdade" financeira e a sonhada aposentadoria equilibrada.

Para os novos, quanto mais cedo começarem, menor será o esforço necessário. Para os que estão próximos da aposentadoria ou já aposentados, é imprescindível saber tratar seu portfólio com sabedoria. Este livro busca atender a todos esses públicos.

Para minha idade, qual seria a melhor distribuição para meus ativos?

Poupança, imóveis, ações, debêntures, CDBs, tesouro direto, previdência privada e pública são formas de investimento com características muito particulares. Para cada fase de sua "vida de investidor", para cada perfil profissional e pessoal e para cada história de vida há um leque diferente de opções para a distribuição de portfólio. Este livro procura transmitir conhecimento para que você monte o seu.

Viver melhor é o grande objetivo deste guia de finanças pessoais. E isso, ao menos do ponto de vista do equilíbrio financeiro de um indivíduo ou de uma família, requer um instrumental mínimo de educação financeira. Educação MESMO, aquela que significa mudança de cultura e de valores. Você verá!

O que é SER RICO para você?

Certamente sua definição pessoal sobre riqueza é muito diferente daquela de Donald Trump ou Eike Batista, o que demonstra certa relatividade nesse conceito. Antes de buscar sua aposentadoria confortável, é preciso estabelecer metas quantitativas que definam os termos dessa "liberdade financeira".

Ao contrário do que muitos imaginam, não basta ser cada vez mais bem-sucedido em seu emprego e em seu negócio para ser rico. Este livro procura mostrar que suas decisões financeiras podem transformar uma prodigiosa carreira em uma prisão financeira "sem grades". Acontece muito, não deixe acontecer com você.

Uma simples decisão pode fazer o indivíduo ficar "R$5 mil" mais próximo da liberdade financeira, ou "R$40 mil" mais distante. Uma série de decisões como essa ao longo de cinco, dez ou 15 anos podem fazer a diferença entre ser rico e livre ou ser cada vez mais dependente de suas 16 horas diárias de trabalho.

Capítulos do livro

Parte 1: Diagnóstico das finanças pessoais: ativos, passivos e índice de riqueza pessoal

- O conceito tradicional de riqueza e o custo oculto do status em sua aposentadoria.
- Meus ativos e meus passivos. Como está meu equilíbrio financeiro?
- O índice de riqueza pessoal — definições e cálculos.
- Já sei o que é ser rico, agora quero saber como chegar lá. A semente do pé-de-dinheiro.
- Quanto tempo leva para atingir o patrimônio necessário à aposentadoria?
- A matriz da riqueza pessoal.
- O gráfico da riqueza pessoal.

Parte 2: Ferramentas de finanças pessoais

- O conceito de *yield*.
- Definindo os passivos de sustentação e orçamento pessoal.
- Ativos de remuneração: renda fixa.
- Ativos de remuneração: renda variável.
- Ativos de remuneração: imóveis.
- Ativos de remuneração: previdência social e privada.

Parte 3: Gestão de patrimônio com foco na riqueza pessoal

- O conceito de risco de fluxo de caixa. De quanto deve ser minha reserva financeira?
- Infância e adolescência. Cuidados com a poupança e com a educação financeira dos filhos.
- Do início da vida profissional à pré-aposentadoria. Do risco máximo ao mix equilibrado de ativos.
- Preparando-se para viver de renda. O que é necessário saber.
- Apêndice.
- Ativos ambíguos: qual o valor máximo que posso pagar por um carro?
- Ativos ambíguos: qual o valor máximo que posso pagar pela casa própria?

Método SEMPRE — selecionando empresas racionalmente — versão brasileira do Método INI

Em 2012, este autor saiu do Instituto Nacional de Investidores, que seis meses depois acabou por fechar as portas. Os motivos foram vários, mas os problemas no mercado brasileiro, iniciados na crise de 2008, aliados à redução no apoio por parte de corretoras e companhias, acabou por inviabilizar o trabalho do INI.

Infelizmente, com o fim do INI, o método do instituto, baseado no *Stock Selection Guide* da National Association of Investors Corporation (NAIC), perdeu seu suporte aqui no Brasil.

O método, para quem conhece, é uma ferramenta muito simples para seleção de empresas de crescimento a preços razoáveis. Ajudou mais de 10 milhões de investidores de longo prazo desde seu lançamento na década de 1950.

Em 2014, foi lançado, com o professor Mauro Calil, o livro *Método SEMPRE — Selecionando empresas racionalmente*, pela editora Saraiva. O SEMPRE nada mais é do que uma adaptação do Método INI à realidade brasileira.

O objetivo do livro era ensinar o investidor de longo prazo a montar sua carteira de ações com um método fundamentalista simples e didático.

Este autor foi professor e conteudista do Método INI por quase dez anos e havia detectado uma série de ajustes necessários ao método, que fora traduzido *ipsis literis* do original norte-americano.

O primeiro ajuste necessário foi no fluxo didático do Método, acabando com heranças da década de 1950 e 1960, uma era em que mal havia calculadoras.

O método original utilizava-se de um gráfico semilogarítmico que mais atrapalhava do que ajudava nas aulas, além de dificultar sobremaneira o tratamento de ajustes contábeis nos lucros das companhias.

O novo fluxo didático abandonou o gráfico para permitir que o investidor avalie ano a ano as perspectivas para a empresa que está estudando.

Outra questão diz respeito à coleta de dados. Foi possível elaborar um modelo de levantamento de dados que não muda com o tempo. Um dos problemas do *Stock Selection Guide* — Método INI era a necessidade de se ajustar a base de dados a cada pagamento de dividendo, bonificação ou outro evento acionário. Com o Método SEMPRE isso deixou de ser necessário.

Um ajuste importantíssimo para a realidade brasileira diz respeito à questão das ações ON e PN.

O Método INI não tinha previsão de tratamento de ações PN, mas essa diferença é muito relevante no mercado brasileiro. O Método SEMPRE permitiu tratar essa peculiaridade.

O livro ficou dividido da seguinte forma:

O investidor racional

- Ganhar dinheiro *versus* enriquecer.
- O Método SEMPRE.

Mapeando o passado das companhias

- Estabelecendo filtros e metas.
- Como achar os dados necessários para o Método SEMPRE.
- Aliando mercado e fundamentos. Evolução dos múltiplos fundamentalistas.
- O índice Preço-Lucro e seu histórico.

Estimativas de futuro

- Estimando os fundamentos.
- Estimativas de mercado.

Selecionando empresas

- Resultados do Método: preço, rentabilidade e risco.
- Quatro empresas pelo Método SEMPRE — Petrobras, Bradesco, Marcopolo e CSN.
- Selecionando ações pelo Método SEMPRE.

Apêndices

- Análise técnica e análise fundamentalista: água e óleo.
- Ajustes nos preços das ações. Uma abordagem mais ampla.
- Cálculo do crescimento dos fundamentos por regressão linear no Excel.
- Modigliani — Miller, EBITDA e a (suposta) irrelevância dos dividendos. Uma perspectiva histórica.

Blog do Portinho

Inicialmente, os conteúdos educacionais eram lançados em uma rede privada de e-mails, de amigos e investidores com interesses comuns em bolsa.

A partir de 2010, os conteúdos passaram a ser divulgados por meio do Blog do Portinho (ver no Google), e os conteúdos anteriores foram divulgados com suas datas originais.

A ideia do blog era ser um ambiente privado para expor opiniões, estudos, reflexões e comentários sobre assuntos ligados a finanças, bolsa de valores, economia, política, música, humor e outros temas.

Seus objetivos são exclusivamente educacionais e/ou recreativos, não configurando sob nenhuma hipótese recomendação de investimento.

Não é um blog de notícias ou de comentários diários, mas de estudos, artigos e reflexões. Alguns dos artigos teriam mais de 20 páginas se fossem colocados em um livro, dada a profundidade.

Foi no blog que tratei, desde o início, da bolha imobiliária do Rio de Janeiro e, depois, de outras capitais. Apresentei estudos polêmicos sobre lançamento coberto de opções. Além de atualizar o investidor com reflexões acerca da cena político-econômica do país.

Em 2016, este autor foi candidato a vereador pelo Partido Novo, e o blog acabou recebendo contornos políticos, mas sempre com o foco de promover e disseminar a cultura do investimento, do empreendedorismo, do sucesso e da independência financeira.

O blog tinha, em 2019, pouco mais de 1.200 seguidores, cerca de 500 artigos e 600 mil *views* (entre 150 e 250 visitas diárias).

É o caminho para o debate a respeito de educação financeira e empreendedorismo, com foco no investimento em bolsa de valores.

Em meados de 2017, iniciei a publicação de artigos com foco na previdência, tanto do servidor público quanto do setor privado, para promover o debate sobre a realidade das contas da previdência e os riscos e benefícios da previdência privada.

Além de artigos para fazer pensar, ainda há, gratuitamente, planilhas com estudos e métodos para calcular o valor justo de um imóvel, quanto tempo leva para se aposentar, o valor presente de uma aposentadoria etc.

Enfim, uma ferramenta complementar aos ensinamentos deste livro.

http://blogdoportinho.wordpress.com[1]

■■■

1 Conteúdo de responsabilidade do autor.

B

Tóquio 1989: A bolsa que não se recuperou

O brasileiro assistiu a um período de altas na Bovespa que durou do final de 2002 até meados de 2008, antes de estourar a crise de crédito e de confiança nos mercados internacionais. Esse período, muito pródigo, fez com que muitos tivessem a falsa impressão de que não existe o que os estrangeiros costumam chamam de *bear market*, ou seja, mercado deprimido por longo tempo.

O impacto severo da crise internacional na Bovespa, chegando a fazê-la sair de 73 mil pontos para menos de 30 mil em questão de poucos meses, modificou um pouco essa visão, mas também serviu para espalhar certo pânico e desconfiança sobre o mercado de ações.

No final de 2015, mais por questões internas, a bolsa também desabou, deixando os investidores preocupados com o futuro da economia do país e também de suas poupanças.

Não é raro que investidores, quando confrontados com quedas vigorosas como as ocorridas em 2008 e 2015, questionem-se a respeito da possibilidade de a bolsa não mais se recuperar, ou cair mais 50%, ou de suas ações virarem pó, para usar uma expressão bem conhecida dos operadores de opções.

Infelizmente, essas coisas ruins acontecem, e o "episódio" em curso ilustra isso por meio da história da queda da bolsa de Tóquio, que desde o pico, em 1989, ainda não se recuperou. Serão vistos alguns fatores que podem indicar o aparecimento de uma bolha no mercado acionário e servirão de subsídio para que o leitor possa tirar suas próprias conclusões a respeito do mercado brasileiro.

O *crash* da bolsa de Tóquio

Em dezembro de 1989, o índice Nikkei 225 chegou ao seu recorde de pontuação, 38.916 pontos. No início de 2009, 20 anos depois, esse índice estava na casa dos 7 mil pontos, uma queda de 82% em seu valor. Assusta, não? Bom, por isso mesmo é importante entender alguns eventos e indicadores que antecederam essa queda da bolsa de Tóquio, para que seja possível identificar movimentos semelhantes nos mercados próximos e permitir que o investidor se proteja contra eventuais bolhas no futuro.

Nos dez anos seguintes, o índice se recuperou razoavelmente, atingindo cerca de 22.500 pontos em abril de 2018, ainda assim, uma queda superior a 40% em quase 30 anos.

Breve histórico da formação da bolha

É de conhecimento de todos que o Japão foi destruído na Segunda Guerra Mundial e ficou sob o comando econômico e militar dos norte-americanos por um longo tempo. O direcionamento de capitais destinados à reconstrução do Japão e a proteção militar oferecida pelos norte-americanos permitiram um rápido crescimento da capacidade produtiva do Japão.

Entre 1955 e 1980, o preço das propriedades no Japão cresceu 70 vezes, e o valor das ações, 100 vezes, o que tornou a compra e a venda de ações o "esporte" nacional do Japão na década de 1980. Ao final daquela década, as empresas japonesas já tinham valor de mercado superior ao de seus pares norte-americanos, que tinham receitas e lucros bem maiores.

Evento semelhante ocorreu na China na década de 2000. Era absolutamente comum encontrar senhorinhas chinesas tricotando, tendo à frente um monitor da bolsa de Xangai. O mercado acionário chinês ainda era muito fechado aos investidores estrangeiros, ao menos até 2018, de forma que os cidadãos do país tinham participação relevante nos negócios da bolsa chinesa.

Um evento interessante foi a abertura de capital da Petrochina, que se tornou imediatamente a empresa de maior valor de mercado, atingindo a impressionante cifra de US$1 trilhão. À época, esse valor correspondia a mais de duas vezes o valor de mercado da Exxon Mobil, que tinha um lucro duas vezes maior do que o da Petrochina.

Pois bem, no Japão, que apresentou *bull market* por mais de 30 anos, operar em bolsa era prática corriqueira para a população.

Os juros

Outro elemento que estimula fortemente o mercado de ações é a redução nas taxas de juros. O investidor acaba por tomar riscos maiores para obter melhores rentabilidades, dado que a renda fixa fica prejudicada com a redução das taxas.

No Japão, os juros caíram de um patamar de 9% em 1980 para 5% em 1985, tornando ainda mais atraente o investimento em ações. Na mesma época (até 1987), a bolsa havia subido de patamares próximos a 7 mil pontos para mais de 22 mil pontos.

Muitos colocam na conta de Alan Greenspan, presidente do *Federal Reserve* à época do afrouxamento e do subsequente aperto monetário norte-americano, o estouro da bolha do *subprime*. Para muitos, o Fed manteve as taxas de juros em níveis baixos demais e por muito tempo, fazendo com que o crédito atingisse patamares insustentáveis, o que, quando foi necessário subir os juros, trouxe uma onda de calotes e elevação na inadimplência. Se Greenspan pode ou não ser responsabilizado não se sabe, mas que sair de um juro básico anual de 1% para 5% é arriscadíssimo, isso é.

Crescimento econômico, superavit comercial e política monetária (pré-1985)

O crescimento econômico japonês saiu de uma média de 3,1% ao ano, entre 1982 e 1986, para perto de 7,2% no primeiro trimestre de 1988. Algo semelhante, mas em maior escala, vem acontecendo com a China nos últimos anos. De uma média de crescimento do PIB de 8,7% ao ano, de 2000 a 2005, a China atingiu 11,1% em 2006 e no primeiro trimestre de 2007. Em 2008, ainda atingiu patamares superiores a 11%, e então regrediu, ao final do mesmo ano, para menos de 8%, por força da crise internacional.

Por conta das exportações, principalmente para os EUA, em 1985 o Japão chegou a ter ¥1,5 trilhão de superavit em sua balança comercial. Como havia controle da cotação do dólar por parte do Bank of Japan, a moeda não se valorizou o suficiente para equilibrar a balança comercial, o que inundou o Japão de dólares, à semelhança do que acontece hoje com a China.

A moeda chinesa também sofre controle do estado Chinês, assim como ocorria no Japão. Essa estratégia de câmbio controlado é perigosa se mantida por muito tempo. Em tese, em um mercado de câmbio livre, a entrada ou saída líquida de dólares será ajustada, no longo prazo, pelo valor do câmbio.

Usando o Brasil como exemplo, se o real está muito desvalorizado, significa que o dólar ou o euro compram muitos reais, portanto, as mercadorias denominadas em reais estarão muito baratas para os países que utilizam essas outras moedas. No final de 2002, o real estava muito desvalorizado, a cotação no final daquele ano foi de R$3,53 para cada dólar, sendo que durante o ano chegou perto de R$4,00. Logo após, deu-se um *boom* nas exportações brasileiras, muito por conta desse dólar fortíssimo. Como o Brasil tinha câmbio livre, o dólar foi se desvalorizando por força das grandes entradas de capital no país, que formaram as expressivas reservas internacionais de 2019, superiores a US$380 bilhões.

Com a valorização do real, gradativamente os produtos brasileiros iam ficando mais caros e perdendo competitividade no exterior. Todos os analistas, antes do estouro da crise, apresentavam previsões menores para os superavits na balança comercial brasileira nos anos subsequentes a 2008.

Voltando ao Japão, o que se verificou foi: crescimento econômico de décadas, redução expressiva de juros, excesso de liquidez (dólares na economia) e gigantesco crescimento no valor das propriedades. São elementos que, em conjunto, podem acabar virando uma bolha. Porém, ainda é cedo, esse ainda era o quadro de 1985!

O início do fim

Preocupado com o excesso de liquidez e pressionado a valorizar sua moeda, o Bank of Japan afrouxou a política monetária e permitiu que o iene se valorizasse frente ao dólar. Os EUA pressionam a China a fazer o mesmo ao menos desde 2006.

A valorização do real no período entre 2002 e 2008 chegou a pouco mais do que 50%, caindo de R$3,53/dólar para R$1,56/dólar, isso em cinco anos. O que ocorreu no Japão impressiona muito mais. De fevereiro de 1985 a setembro de 1986, apenas um ano e meio, o iene se valorizou 41% frente ao dólar. Saiu de 259 ienes/dólar para 153 ienes/dólar. Ainda em 2009, estava na faixa de 100 ienes/dólar.

Isso, em um primeiro momento, fez com que o poder aquisitivo dos japoneses crescesse assustadoramente, o que deu um impulso às importações e às compras de empresas e propriedades no exterior. A euforia foi ainda maior, pois o Bank of Japan reduziu mais os juros, preocupado com o efeito da valorização cambial no crescimento da economia, trazendo-os de um patamar de 5% em dezembro de 1985 para 2,5% em março de 1987.

O impulso dessas atitudes fez com que o mercado subisse como um foguete. De 13 mil pontos em 1985 para 22 mil pontos em 1987, atingindo seu pico em dezembro de 1989, perto de 39 mil pontos.

Imagine o habitante de um país que tem sua moeda, em menos de dois anos, valorizada em 40%, com seus imóveis valendo mais do que quatro casas semelhantes nos EUA, com seu poder aquisitivo quase triplicado em relação aos outros países e, ainda, com crédito baratíssimo. Até você, leitor, compraria uma câmera gigante, a colocaria no pescoço e sairia mundo afora conhecendo todos os lugares famosos e rasgando dinheiro.

Mas a bolha e a irracionalidade não perdoam, dinheiro não leva desaforo...

O fator humano

Os investidores, após anos de crescimento desde a Segunda Guerra, depois de um início de década esplêndido e com um crescimento vertiginoso, a partir da segunda metade dos anos 1980 devem ter pensado (errado): *bull market forever*! Em bom português: essa coisa não cairá nunca!

Perde-se o medo e a cautela em casos como esse. O investidor ganha por dez anos seguidos e resolve assumir riscos cada vez maiores. Esse é um comportamento bem normal nos seres humanos e, em certa medida, chegou a ocorrer na China antes do início da crise mundial de 2007/2009.

A queda superior a 60% observada na bolsa de Xangai entre 2008 e 2009 talvez tenha trazido uma correção importante, que evite o estouro de uma bolha quase tão irracional quanto à observada no Japão durante a década de 1980.

Um tempero fundamentalista

Uma bolha nada mais é do que um conjunto de ativos com preços irreais, inflados. Quando estoura, os preços desses ativos se ajustam dramaticamente para baixo. Isso permite dizer que não deve haver bolha se os ativos estiverem baratos, em preços relativos!

Para se ter uma ideia do tamanho da bolha imobiliária no Japão, estima-se que em 1991 o valor de todos os imóveis do Japão atingisse US$18 trilhões, quatro vezes mais do que a estimativa para o valor de todos os imóveis dos EUA. Calculava-se que, apenas o valor do terreno do Palácio Imperial, pouco maior do que o do Central Park em Nova York, valeria mais do que a soma de todos os imóveis da Califórnia.

Ainda, o índice Nikkei, que iniciou em 1950 aos 100 pontos, valorizou-se impressionantes 40.000% em 40 anos. É o índice de um país que saiu da posição de devastado pela Segunda Guerra Mundial para figurar como segunda maior economia do mundo.

Todos esses fatores indicam que houve formação de bolha, que os ativos poderiam estar sendo apreçados de maneira irracional.

Para verificar se há bolha no mercado acionário, vale lançar mão de um dos indicadores fundamentalistas mais comuns para indicar o preço relativo das ações, o P/L (índice Preço-Lucro).

Normalmente, quando um analista afirma que "os múltiplos do mercado brasileiro estão baixos ou altos", o mais utilizado deles é o P/L. A forma mais simples de entender o múltiplo é associá-lo com o retorno do investimento em anos, como visto algumas vezes neste livro.

O P/L médio do mercado brasileiro estava entre 12 e 13 antes do início da crise de 2007/2009 (cerca de 14 em 2018), o que indicava que levaria entre 12 e 13 anos para que o investidor tivesse retorno de seu capital, supondo que os lucros se mantivessem no mesmo patamar do momento da compra. Após a crise, o P/L médio se ajustou para valores próximos a 6,5.

No primeiro trimestre de 2009, havia uma grande quantidade de empresas brasileiras de alto gabarito e atuação internacional com P/L inferior a 5, em alguns casos inferior a 4, o que indica preço relativo mais confortável, para não dizer baixo.

Bom, o P/L chinês, em junho de 2008, no auge do desenvolvimento econômico mundial, estava na casa dos 42, o que muitos consideravam um presságio de bolha.

Mas o P/L do mercado japonês à época espanta muito mais. Antes do estouro da bolha em 1989, atingiu impressionantes 70,6 na média, o que dá uma dimensão dos riscos que os investidores assumiam àquele tempo. Uma média de 70,6 significa que deviam existir muitas empresas com P/L superior a 100. Não há evidência mais contundente de que havia uma bolha no mercado acionário.

O que tirar disso tudo?

A história da economia japonesa tem muito pouca semelhança com a história recente da economia brasileira, mas guarda alguma relação com o que se viu na China na década de 2000.

Os indicadores fundamentalistas brasileiros não estavam excessivamente altos antes da crise do *subprime* e, em 2009, atingiram patamares anteriores ao boom da bolsa, com P/L próximo a 6,5. Mesmo na China, os valores de mercado das companhias se ajustaram fortemente para baixo, reduzindo os múltiplos fundamentalistas, por conta do *crash* nas bolsas mundiais no final de 2008.

O objetivo do "episódio" é só alertar para a existência de momentos de euforia irracional no mercado. Para o investidor se proteger, é preciso desconfiar e investigar ganhos extraordinários. É necessário entendê-los, para aceitar ou não continuar investindo e não se expor a riscos excessivos.

Uma pequena paródia deve exemplificar os diferentes tipos de investidores

Pergunta-se em uma sala de aula: caros alunos, se sua esposa (ou marido) chegar em casa com um Jaguar XJ12 último modelo, coisa de US$200 mil, qual sua reação?

a) Fica indignado, exige saber de onde veio o dinheiro para tanto luxo e manda devolver o automóvel imediatamente, se a explicação não convencer.

b) Finge ficar indignado, dá um sabão no cônjuge, ouve a explicação, fica confuso, mas, uma semana depois, esquece tudo.

c) Pede imediatamente a chave para dar uma volta e tirar uma onda com os amigos!

Na bolsa, prezado leitor, a única atitude consciente é a revelada pela opção A. Se você não souber os motivos pelos quais seus ganhos foram extraordinários, não saberá os porquês das perdas dolorosas.

Se dormir com o Jaguar sem saber de onde veio, pode ser acordado no meio da noite por um delegado da Polícia Federal ou coisa ainda pior...

No mercado é muito bom ganhar, mas é fundamental saber.

Mas o resultado de quem investiu na bolsa japonesa foi ruim?

Em 2013, no Blog do Portinho, foi publicado um estudo mostrando que, mesmo com os resultados ruins da bolsa japonesa, um investidor com comportamento "*buy and hold*" e que realizou compras regulares teria grandes chances de ter apresentado um resultado excelente, principalmente em comparação com a renda fixa japonesa (de juros muito baixos).

O estudo foi atualizado para dezembro de 2017.

O método consistiu em simular um investimento de ¥10 mil ao final de cada ano, de 31 de dezembro de 1950 a 31 de dezembro de 2010. O ano de 1950 foi escolhido por ser o início mais "confiável" em termos de banco de dados.

Para quem começou em 1950

Só recordando, começar em 1950 significa, segundo o método adotado, investir ¥10 mil POR ANO a partir de 1950.

Se vendesse em 1960, teria um retorno médio de 13,83% ao ano. Se vendesse em 1970, teria um retorno médio de 6,6% ao ano. Se vendesse em 1989 (auge do Nikkei), o retorno seria de 9,8% ao ano.

Se vendesse em 2008, praticamente na mínima, pois a bolsa retornou a patamares de 1982, teria obtido 3,3% de rentabilidade anual.

Se permanecesse comprando ¥10 mil de 1950 até dezembro de 2017, seu retorno anual médio estaria na faixa de 4,09%.

Entre 1950 e 1989

Para quem começou em 1950, não importa em qual ano vendeu, teria obtido resultados positivos SEMPRE. O pior resultado anual (2,99%) seria obtido se tivesse vendido em 2011, e o melhor (30,99%), se tivesse vendido em 1952.

Para os investidores que iniciaram suas compras até 1985, os resultados não foram tão desastrosos, a maioria das possibilidades de venda em anos futuros trariam ainda algum ganho.

Para quem iniciou em 1986, a situação se inverte. Das 31 possibilidades de venda (31 anos no futuro), o investidor só teria conseguido vender com lucro em nove delas, e com prejuízo em 22 anos.

O pior resultado seria obtido se tivesse vendido em 2002, com perda anual de 4,01%.

Quem iniciou entre 1986 e 1999 teria mais probabilidade de perdas na bolsa do que de ganhos. A situação se inverte para quem inicia seus investimentos em 2000.

Um resumo dos resultados

- O pior resultado foi para quem começou seus investimentos em 31 de dezembro de 2006 e encerrou em 31 de dezembro de 2008. Esse amargou uma perda anual de 11,04%.
- O melhor resultado teria sido obtido por quem comprou em 1950 e vendeu em 1952 (30,9%). Ambos não caracterizam longo prazo.
- As outras perdas superiores a 8% também se referem a períodos MENORES que do cinco anos, o que não caracteriza longo prazo.
- De todos os 2.278 resultados possíveis, houve 1.845 positivos (81%), contra 433 negativos (19%).
- De todos os 2.278 resultados possíveis, houve 784 SUPERIORES a 5% ao ano em média (34,4%), e apenas 30 com perdas superiores a 5% ao ano (1,3%).
- De todos os 2.278 resultados possíveis, houve 77 SUPERIORES a 10% ao ano em média (3,4%), contra apenas três com perdas superiores a 10% ao ano (0,13%).

No Japão, como não poderia deixar de ser em um país de renda fixa de juro ZERO, a indústria de fundos tem perto de 80% de seu patrimônio investido em renda variável. No Brasil, esse percentual mal chega a 15% (ANBID).

A bolha deixou estragos bem grandes, mas o resultado "ponto a ponto" não foi de todo ruim. Em 68 anos, a bolsa saiu de 100 para chegar a 20 mil pontos. Uma média de 8,2% ao ano.

Na realidade, o resultado da bolsa até que foi bom, o problema é que para chegar a 22 mil pontos em 2017 ela precisou passar por 40 mil em 1989. Foi uma curva e tanto. Foi do Rio a Fortaleza por Chicago.

E isso sem considerar a valorização do iene no período, que deixou os japoneses quase quatro vezes mais ricos em dólar.

A principal lição que resta do caso japonês é ter consciência de que a exuberância irracional é dolorosa e tem prazo para terminar, e que um comportamento disciplinado de investidor de longo prazo tende a reduzir esses riscos de perda.

Os japoneses apostaram em um *bull market forever* e também achavam normal que a área do palácio imperial valesse mais do que a área do estado da Califórnia.

E essa é uma crença que agrada... mas machuca muito quando a realidade se impõe.

Para encerrar, uma consideração metodológica. A forma correta para o cálculo do retorno anual deveria utilizar a Taxa Interna de Retorno (TIR), mas infelizmente o método ficaria proibitivamente complicado de testar, de forma que foi utilizada uma técnica de retorno médio.

Se a TIR fosse utilizada, os retornos seriam maiores, o que corroboraria ainda mais o valor do comportamento proposto no estudo.

■■■

C Somos todos diferentes. Diferenças entre os enfoques dos investidores

Quando se afirma que o investimento consciente de longo prazo na bolsa fez a fortuna de milhões de investidores mundo afora e, principalmente, quando se revela que as técnicas utilizadas são muitíssimo simples, sempre vem o questionamento: poxa, mas se fosse tão fácil, todos seriam ricos!

Até em cursos de análise técnica ou de operações com opções a impressão que é passada aos alunos é a de que todos podem ganhar com aquelas técnicas. Mesma colocação: poxa, todos seriam ricos então!

Os alunos também argumentam que, se todos pensassem da mesma forma, não seria possível obter ganhos extraordinários.

Todas as colocações fazem sentido, e o "episódio" em cena mostrará que, independentemente de haver técnicas consagradas pelo mercado, os investidores são movidos por objetivos pessoais e, portanto, adotam técnicas diversas entre eles. Daí que aparecem as boas oportunidades, das estratégias assimétricas utilizadas pelos investidores.

Enquanto um investidor de longo prazo pode achar absurdo que se venda uma *blue chip* com P/L 3,5 e *dividend yield* de 15% ao ano, outro investidor pode achar que deve se posicionar em outra opção mais interessante. Ambos julgam estar agindo em seu melhor interesse.

A seguir são apresentadas diferentes maneiras de se encarar o mercado de ações, visíveis nos diferentes tipos de investidores. Não haverá rigores contábeis, tributários ou jurídicos nos exemplos propostos, pois o objetivo é apenas de ilustração, não de consultoria.

Tipo 1: investidor individual de longo prazo — Modelo INI

Apenas para ressaltar, o que o método INI sugere é um comportamento e uma metodologia para investir em ações com foco no longo prazo.

Sugere que o investidor siga os seguintes princípios, conforme demonstrado na segunda parte deste livro: 1) investir regularmente; 2) reinvestir lucros e dividendos; 3) selecionar empresas de crescimento; 4) diversificar; e 5) privilegiar empresas com boas práticas de governança corporativa.

O investidor de longo prazo encara o mercado como uma alternativa para aplicar seus recursos de poupança. Atua regularmente, buscando conquistar patrimônio pela disciplina e atenção aos ativos em que investe. Não vende assim que consegue 10% ou 20% em alguns dias, ao contrário, olha para as perspectivas da companhia no longo prazo. Pensa nas empresas e se vê como sócio delas, muito mais do que pensa no papel ou na cotação. Seu objetivo principal é o de fazer um investimento mensal, digamos, de 10% a 20% de sua renda bruta transformar-se em patrimônio que possa lhe proporcionar uma aposentadoria confortável.

Tipo 2: investidor individual de curto prazo

Costuma-se dizer nos EUA que há, essencialmente, dois grandes objetivos a se perseguir na bolsa de valores: um é GANHAR DINHEIRO, outro é FICAR RICO. Parece a mesma coisa, mas não é.

No primeiro caso, se você comprar uma ação por R$300,00 e, 30 dias depois, vendê-la por R$450,00, você ganhou 50% ao mês, mas não ficou rico. No segundo enfoque, se você passou 30 anos investindo mensalmente os mesmos R$300,00 e obtendo uma rentabilidade real de 13% (pouco superior à renda fixa no país), então tem R$1.117.020,93. No primeiro caso, você ganhou muito, 50% ao mês, mas não ficou milionário; no segundo, você ganhou pouco, perto de 1,02% ao mês, mas acumulou um grande patrimônio.

Naturalmente, se você investir R$1 milhão e ganhar 50% em um mês, terá R$1,5 milhão, mas quem tem R$1 milhão para investir de uma só vez já é rico!

Ocorre que o foco dos investidores de curto prazo é, naturalmente, remunerar seu dinheiro a taxas muito superiores às do mercado, portanto, investem tempo e dinheiro para obter essas performances.

Aquele grande mito de que "para ganhar dinheiro na bolsa o investidor tem que ficar o dia inteiro acompanhando o mercado" é verdadeiro, em parte, para esses investidores, mas não é tão relevante para o primeiro tipo, de longo prazo.

Tipo 3: investidor estrangeiro

Faça um breve exercício, sem considerar os custos de movimentação do capital. Por hipótese, um estrangeiro aporta US$1.000,00 no Brasil, à cotação de

R$2,125, para comprar ativos na Bovespa. Isso lhe daria R$2.125, que imediatamente são transformados em ações.

Pois suponha que ele tenha ganhado 5% no mês (depois do IR), dando R$2.231,25. Ele ganhou ou perdeu? Não dá para saber sem envolver a taxa de câmbio.

Veja: se o câmbio oscilasse para baixo, digamos, R$2,00, o estrangeiro agora teria US$1.115,62, com ganho de 11,56% no mês. Agora, se o real perdesse valor frente ao dólar, indo a R$2,40, o estrangeiro teria US$929,68, perdendo perto de 7%, na visão de curto prazo. Por isso o risco de uma depreciação cambial do real é muito sério para o investidor estrangeiro, fazendo com que este, ao menor sinal de perigo, retire seus ativos do país. Basta lembrar o que ocorreu em 2002.

Há ainda a questão de que o Brasil é apenas mais um item no portfólio diversificado desses investidores estrangeiros, de forma que, para cobrir eventuais perdas em outros mercados, eles podem simplesmente vender tudo por aqui para voltar em outro momento.

A lógica desse investidor é muito própria, segue objetivos muito distantes da realidade do investidor nacional de pequeno porte, de curto ou longo prazo.

Tipo 4: investidor institucional

Fixe o foco nos grandes fundos e apenas nos investimentos que fazem sem o objetivo de ter controle acionário, pois esse modelo não diz respeito ao que se está discutindo.

Sabe-se que um fundo de pensão deve zelar pelo patrimônio de seus segurados, pois este será a fonte de aposentadoria de muitos. Existe, falando de forma simples, metas atuariais como 8% mais a taxa inflação, 9% mais a taxa da poupança, 6% mais IPC etc. que os fundos devem cumprir.

Nos últimos anos, até meados de 2008, a bolsa apresentou rendimento alto, e alguns fundos também, menores do que os índices de renda variável, mas batendo, e muito, a meta atuarial. Mas e em anos menos prósperos ou de crise?

Em março de 2009, o fundo de pensão dos funcionários do Banco do Brasil, a PREVI, apresentou uma perda de R$26,6 bilhões, fazendo cair à metade seu superavit histórico, por força de manter quase 60% de seu patrimônio em ações. Até maio de 2008 foi só alegria, mas o *crash* nas bolsas mundiais reduziu bastante o patrimônio do fundo, que, mesmo com as perdas, ainda apresenta elevados ganhos no longo prazo.

Quando, por hipótese, o governo eleva os juros em 1%, é comum que os fundos de pensão rearranjem seu portfólio para assumir posições menos arriscadas, pois a renda fixa estaria garantindo mais 1%, o que ajudaria o fundo a atingir e suplantar suas metas atuariais.

Outro ponto é que, às vezes, a posição acionária desses fundos é tão expressiva, que não seria possível sair dele sem fazer a ação desabar.

São estratégias amplamente diferentes do que as verificadas em pequenos investidores e estrangeiros.

Concluindo

O objetivo deste texto é ilustrar algumas variáveis do processo decisório dos diferentes tipos de investidor e mostrar que estes seguem caminhos muitas vezes opostos, o que é perfeitamente normal.

Para o investidor de longo prazo, crises podem ser ótimas oportunidades de compra. Enquanto os estrangeiros têm que sair, por questões cambiais ou de conjuntura, e os institucionais devem adotar políticas diversas para proteger seus segurados ou cotistas, os investidores de longo prazo podem comprar ações por preços de três, quatro ou cinco anos antes, mesmo que as empresas continuem saudáveis e com boas perspectivas de crescimento.

Cada um em sua estratégia. É o que forma a racionalidade do mercado de ações.

■■■

D

"Comprar ações de uma só vez" *versus* "comprar regularmente"

O mercado de ações sempre esteve repleto de profetas do passado. Sempre há quem olhe para um gráfico das cotações dos últimos dois anos (2017 a 2018) de Oi ON e diga "Aqui eu teria vendido e aqui eu teria comprado", ou ainda "Estaria rico se tivesse colocado todo meu dinheiro na Randon PN em 2002!"

Pois bem, quando estes se deparam com o futuro, a situação é um pouco diferente. Desafio o leitor a responder: qual será o valor mínimo (ou máximo) que poderá chegar a ação da Vale nos próximos três meses? Pensando no futuro fica mais difícil, não é? Principalmente em um prazo tão curto como três meses.

Este "episódio" trata de como o investidor consegue se aliviar dessas tensões decorrentes da volatilidade natural do mercado de ações. A ideia é mostrar os efeitos de se investir regularmente, em vez de tentar descobrir o "melhor momento" para investir em uma ação.

O método proposto

O investidor dispõe de R$24 mil aplicados em um bom fundo de renda fixa, e no dia 30 de junho de 2006 decide entrar no mercado de ações. Decide fazê-lo aos poucos, colocando algo em torno de R$1.000,00 por mês e mantendo o restante no fundo.

A cada mês, verifica a cotação da ação e vê quantas ações conseguiria comprar com R$1.000,00. Compra as ações RIGOROSAMENTE no último dia útil de cada mês.

As premissas são:

- As cotações estão ajustadas à base acionária de junho de 2008.[1]

1 O estudo vai somente até maio de 2008, pois seu objetivo é demonstrar a irrelevância de "descobrir o melhor momento" para o investidor de longo prazo. Como, após maio de 2008, houve uma queda vertiginosa na bolsa, tudo o que se demonstra até maio valeria ainda mais para os períodos posteriores.

- Rentabilidade média real de 12% ao ano entre 2006 e 2008, no fundo de renda fixa.
- Custos de transação com as ações de 1% do valor comprado.

Em meados de 2006, ele escolhe um hit da época, muito recomendado: Natura (NATU3). Poderia ser Braskem ou Telemar, ou mesmo Lojas Americanas, mas ele decide por Natura.

Em 30 de junho de 2006, com exatos R$24 mil na renda fixa, verifica que a NATU3 estava cotada a R$20,86, então consegue comprar 48 ações (mercado fracionário). Seu custo fica:

- **Valor a pagar:** R$20,86 x 48 ações = R$1.001,28 x 1% de taxas = R$1.011,29
- **Restará a ele, no fundo de renda fixa:** R$24.000,00 – R$1.011,29 = R$22.988,71

Em 31 de julho de 2006, a cotação está em R$22,20, isto é, 4% superior ao valor inicial. O investidor, ainda imbuído do "espírito do longo prazo de duas semanas" que assombra a todos no início de suas experiências, lamenta não ter colocado mais do que R$1.000,00 no primeiro mês.

No fundo de renda fixa, ele ficou com R$23.206,84, pois o dinheiro está aplicado à taxa de 12% reais (valor médio, já que a taxa Selic variou bastante nesse período). Repete então o processo, comprando algo em torno de R$1.000,00 em ações da Natura.

Resultados para os primeiros oito meses:

	30/06/06	31/07/06	30/08/06	29/09/06	31/10/06	30/11/06	28/12/06	31/01/07
Renda fixa	24.000	23.207	22.386	21.558	20.722	19.874	19.031	18.180
Valor investido	1.011	1.031	1.031	1.030	1.036	1.021	1.022	1.027
Cotação NATU3	20,86	22,20	24,89	24,88	26,29	27,32	28,11	26,76
Qtd comprada	48	46	41	41	39	37	36	38
Total de ações	48	94	135	176	215	252	288	326

Percebam que o investidor ficará realmente propenso a colocar TODO o dinheiro da renda fixa, pois a ação subiu quase 35% nos seis primeiros meses de investimento. É certo que o "profeta do passado" que existe em cada um de nós falará em seu ouvido: R$24 mil aplicados no dia 30 de junho de 2006 poderiam ter se transformado em R$32.341,32! Não seja bobo, coloque tudo!

O mais interessante é que olharia para os lados, para outras empresas como Vale e Petrobras, que até 28 de dezembro de 2006 estavam com rendimentos próximos a 20%, e sentiria estar fazendo a coisa certa!

O futuro, entretanto, pode mudar. Os custos de operação da Natura aumentam, as vendas não atingem o proposto, entre outras coisas.

Resultados para os 16 meses restantes:

	28/02/07	30/03/07	30/04/07	31/05/07	29/06/07	31/07/07	31/08/07	28/09/07
Renda fixa	17.316	16.456	15.575	14.701	13.820	12.918	12.018	11.109
Valor investido	1.014	1.027	1.012	1.011	1.024	1.013	1.014	1.013
Cotação NATU3	25,11	22,11	22,78	25,02	26,68	22,29	20,07	21,33
Qtd. comprada	40	46	44	40	38	45	50	47
Total de ações	366	412	456	496	534	579	629	676

	31/10/07	30/11/07	28/12/07	31/01/08	29/02/08	31/03/08	30/04/08	30/05/08
Renda fixa	10.192	9.260	8.316	7.370	6.415	5.452	4.482	3.496
Valor investido	1.019	1.023	1.015	1.015	1.014	1.012	1.019	1.025
Cotação NATU3	20,17	18,08	16,48	16,48	16,73	17,90	19,40	18,80
Qtd. comprada	50	56	61	61	60	56	52	54
Total de ações	726	782	843	904	964	1.020	1.072	1.126

Bom, o investidor, em 30 de maio de 2008, tinha comprado 1.126 ações da Natura e ainda dispunha de R$3.496 na renda fixa. Seu patrimônio total era de:

- **Patrimônio:** 1.126 ações X R$18,80 = 21.168,80 + R$ 3.496,82 = R$24.664,62
- **Como ele no início tinha R$24.000,00, sua rentabilidade foi de:** 2,8%

Resultados para o melhor e o pior caso

Se ele fosse realmente um vidente, poderia ter escolhido entrar em 28 de dezembro de 2007 e colocaria todos os R$24 mil de uma só vez, com a ação a R$16,48, o que daria para comprar 1.456 ações, aproximadamente.

- **Patrimônio MÁXIMO em 30 de maio de 2008:** 1.456 ações X R$18,80 = R$27.372,80
- **Rentabilidade MÁXIMA possível:** 14,1%, bem melhor que os 2,8%

Porém, poderia ter comprado tudo, ao ver a ação disparando, no dia 28 de dezembro de 2006, a R$28,11 (compraria 853 ações apenas). Sua situação patrimonial ficaria:

- **Patrimônio MÍNIMO em 30 de maio de 2008:** 853 ações x R$18,80 = R$16.040,00
- **Rentabilidade MÍNIMA possível:** -33,1%, muito pior do que 2,8%

Resumindo o caso Natura

Muitos leitores devem estar pensando: isso não aconteceria, pois ele venderia as ações antes de despencarem. Infelizmente, o padrão é o contrário.

É muito comum ver os investidores, quando compram a ação a um valor alto e ela despenca, não venderem, esperando a reversão do prejuízo.

Lembrem-se, o futuro é REALMENTE uma incógnita. O investidor acredita que a ação já caiu muito e não pode cair mais.

É da natureza humana querer entrar em times que estão ganhando e sair de times que estão perdendo. Na bolsa, essa lógica significa comprar o que está subindo e vender o que está caindo. Infelizmente, é a regra, não é a exceção.

Por que investir regularmente?

Bom, no caso da Natura, ficou evidente que o patrimônio foi protegido, dado que o investidor teve um ganho de apenas 2,77%. Mas se tivesse "tentado acertar" a posição dos astros, poderia ter ganhado 14,1% ou perdido 33,1%.

Infelizmente, o mais provável é que tivesse perdido os 33,1%, pois dificilmente os investidores vendem no prejuízo. Pensam que a ação "já está baratíssima e que só pode subir".

É evidente que, para muitas ações como VALE, Petrobras, Randon, Gerdau etc., teria sido melhor se o investidor colocasse TUDO em ações no dia 30 de junho de 2006, mas na época não se sabia. Ninguém consegue prever o futuro de curto prazo com precisão.

Algumas empresas como Lojas Americanas, Porto Seguro, Net, ALL e TIM sempre estiveram como algumas das mais indicadas da época e realmente apresentaram rentabilidade espantosa no período inicial (entre 30 de junho de 2006 e 28 de dezembro de 2006).

Veja: Lojas Americanas (54%), Porto Seguro (84%), Net (38%), ALL (51%) e TIM (55%). Provavelmente as indicações dos analistas estavam corretas, dados os resultados de curto prazo. Entretanto, para muitas delas, o futuro não se apresentou tão brilhante.

Observe o resultado de algumas empresas sujeitas à mesma situação em que foi colocada a Natura e que poderiam ter dado grandes prejuízos caso o investidor escolhesse a "hora errada" para colocar seu dinheiro:

	Patrimônio obtido	Rentab. obtida	Rentab. máxima	Rentab. mínima
TAM PN - TAMM4	R$20.567	14,3%	5,8%	47,2%
TIM ON - TCSL3	R$20.891	13%	0%	45,5%
COSAN ON - CSAN3	R$23.615	1,6%	24,5%	44%
LJ. AMERICANAS PN - LAME4	R$29.183	21,6%	69,9%	35,6%
NATURA ON - NATU3	R$24.665	2,8%	14,1%	33,1%
UOL PN - UOLL4	R$24.330	1,4%	29,2%	33,6%
EMBRAER ON - EMBR3	R$22.068	8,1%	0%	34,1%
TELEMAR ON - TNLP3	R$24.487	2%	1,8%	30,3%

A leitura da tabela anterior é a seguinte:

- **Patrimônio obtido e rentabilidade obtida:** é o valor total do patrimônio (ou rentabilidade) do investidor, se ele investisse exatamente como proposto para a Natura, no exemplo anterior, de 30 de junho de 2006 a 30 de maio de 2008.
- **Rentabilidade máxima:** a que obteria se investisse tudo na maior baixa.
- **Rentabilidade mínima:** a que obteria se investisse tudo na maior alta.

Perceba que, para quem investiu regularmente, a perda real é MUITO menor do que a perda potencial, caso tivesse escolhido o momento errado.

Investindo todo mês, ainda teria um ganho nos casos de Lojas Americanas, Natura, Uol e Telemar.

No caso de TIM e Embraer, a cotação mínima (considerando os últimos dias úteis de cada um dos 24 meses avaliados) foi justamente a do dia 30 de maio de 2008, ou seja, em nenhum dos outros dias foi possível comprar a ação por um valor mais baixo.

No caso das Lojas Americanas, se o investidor acertasse o momento de comprar, poderia ter uma rentabilidade de 69,9%, mas se errasse, perderia 35,6% de seu patrimônio.

Veja outras ações com resultados mais expressivos até 30 de maio de 2008:

	Patrimônio obtido	Rentab. obtida	Rentab. máxima	Rentab. mínima
PETROBRAS PN - PETR4	R$48.898	103,7%	157,8%	0%
VALE PN - VALE5	R$43.739	82,2%	180,7%	0%
RANDON PN - RAPT4	R$41.483	72,8%	174,5%	10,5%
PÃO DE AÇÚCAR PN - PCAR4	R$32.556	35,7%	41,7%	0%
ALL UNIT - ALLL11	R$31.580	31,6%	66,3%	11,2%
PORTO SEGURO ON - PSSA3	R$28.007	16,7%	65,9%	24%
NET PN - NETC4	R$27.550	14,8%	33,4%	27,5%
BRASKEM PN - BRKM5	R$25.923	8%	23,5%	23,7%

No caso de Petrobras, Vale e Pão de Açúcar, o investidor, mesmo que quisesse, não conseguiria perder no período de 30 de junho 2008 a 30 de maio de 2008, pois as cotações do último dia foram as maiores observadas no estudo, por isso a rentabilidade mínima para elas é 0%.

Se o investidor colocasse os R$1.000,00 todo mês em Petrobras, obteria 103,7% de rentabilidade, mas se acertasse o momento de menor preço, poderia ter 157,8%.

Pela tabela anterior, observa-se que há certa proteção para o investidor que se comporta de maneira regular, investindo todo mês. Evidentemente, não será sortudo de achar o "dia certo", mas não amargará prejuízos expressivos no caso de achar o "dia errado".

Resultados *pós-crash*

Os resultados espetaculares apresentados por algumas empresas até 30 de maio de 2008 foram severamente reduzidos, e, na maior parte dos casos, são revertidos a prejuízo quando se estende o período até março de 2009.

Porém, a lógica continua válida e é corroborada por vários estudos mostrados neste livro. Investir regularmente diminui sua exposição a risco.

Os números de investidores ativos nos *home brokers* não negam. Os recordes de 2007 e 2008 deixam claro que, infelizmente, o dinheiro pesado do pequeno investidor entrou na bolsa quando esta estava acima de 50 mil pontos. Ao final de 2008, a bolsa atingiu menos de 30 mil pontos. E muitos estavam com todo o dinheiro lá, sem nada para aportar e comprar boas ações ainda mais barato.

Os anos recentes, de juros muito baixos, a partir de 2017, fizeram a bolsa chegar a quase 1 milhão de investidores em março de 2019.

Ainda não entendeu por que investir regularmente?

Bom, sabe-se que o mercado é tentador. Quando se vê crescimentos de 1.000%, a primeira coisa que o investidor faz é a seguinte conta:

"Se eu tivesse colocado R$100 mil há três meses, hoje teria R$1 milhão!"

Isso é profecia do passado. É tortura. É melhor fazer o seguinte:

Pegue 200 mil bilhetes da Mega-Sena e preencha todos com combinações diferentes. NÃO JOGUE, mas confira as dezenas toda semana. Se porventura acertar os números, dirá: "Poxa, se eu tivesse jogado!"

A natureza do problema é a mesma. Jogar 200 mil bilhetes seria investir R$300 mil em um negócio de altíssimo risco. Você não faz isso. Normalmente pega um trocado, uns R$3,00, e faz dois joguinhos. Se ganhar, fantástico, se perder, tudo bem, mal dá para pagar um café.

É por isso que você não pega 90% de seu patrimônio e coloca em Telebras, Kepler Weber, TecToy, Bicicletas Monark, entre outras. Aliás, o investidor não coloca 90% de seu patrimônio nem em Vale ou Petrobras, pois sabe da regra de ouro de não colocar todos os ovos na mesma cesta.

Responda: você colocaria TUDO hoje em VALE? Difícil, não é? E olha que nem é necessário especificar que dia é o tal "hoje" de que se está falando...

A sugestão é simples: se você é empresário, médico, advogado, engenheiro, guitarrista etc., estude, trabalhe, empenhe-se em seu negócio, escritório, consultório, prancheta ou palco para ser cada vez melhor no que faz e cada vez mais bem remunerado.

Então invista um pouco todo mês, com cautela e conhecimento das companhias em que está investindo. Deixe o tempo fazer seu papel. Deixe o longo prazo de três semanas para os "profetas do passado".

■■■

E

Educação financeira para crianças e jovens. O caso do cofrinho

Este "episódio" retoma e aprofunda alguns conceitos tratados no livro *Quanto custa ficar rico?* referentes à educação financeira de crianças e adolescentes.

Mais especificamente, discute a diferença entre "educar o jovem" e "fazer poupança para ele", e também demonstra os efeitos interessantes do uso do cofrinho.

Fazer poupança para a criança NÃO é a mesma coisa que educar

Essa confusão é muito frequente. Este autor sempre recebeu e-mails e questionamentos sobre qual a melhor aplicação a fazer a um recém-nascido ou a uma criança. Em alguns casos, ouvi relatos de pais influenciados por algum gerente de banco que sugeriu uma previdência privada para os filhos.

Poupança para os filhos é algo válido, mas que traz alguns perigos.

A primeira questão relevante é se aquela poupança para o filho comprometerá a própria poupança (ou segurança financeira) dos pais.

Por mais que os filhos sejam amados e colocados acima de todas as prioridades, não é uma boa estratégia comprometer sua própria aposentadoria para investir nos filhos. Isso não é egoísmo. Pelo contrário, é evitar que seu filho precise sustentá-lo no futuro. Ou reduzir a necessidade de apoio.

Na experiência do autor, principalmente nos exemplos verificados no exterior, será mais útil, inclusive para a educação financeira dos próprios filhos, que os pais não descuidem de sua própria estratégia previdenciária em troca de um hipotético benefício futuro aos filhos.

O exemplo de pais disciplinados com dinheiro também contribui para a educação

O que é REALMENTE poupança para os filhos?

Supondo haver controle e disciplina (e renda) para destinar recursos à poupança dos filhos SEM descuido de sua própria estratégia previdenciária, há que se definir o que é poupança para os filhos ou para os próprios pais.

Juntar dinheiro para a faculdade dos filhos, para que comprem um carro para ir à aula, para fazer um intercâmbio ou para garantir alguma renda ao filho **é mais uma poupança para os pais do que para os filhos.**

Se os pais tivessem juntado esse dinheiro em sua própria conta, naturalmente arcariam com todas essas despesas dentro de suas funções de responsáveis, interessados no desenvolvimento e no conforto dos filhos.

É um dinheiro, digamos, "carimbado". Se juntou para a faculdade, não gostará (e tentará não permitir) que vire viagem de luxo, balada e outros itens de consumo.

Para esses casos, seria melhor ter aberto uma conta em nome dos próprios pais para colocar esse dinheiro "carimbado". É uma forma de garantir que ele seja usado corretamente no futuro, de acordo com o que planejou (estudo, intercâmbio, viagem, carro, transporte ou moradia em outra cidade para estudar etc.).

Dissociação entre custo e benefício

Outro ponto perigoso de se acumular dinheiro para dar aos filhos no futuro sem que haja um esforço paralelo de educação financeira é entregar um grande volume de dinheiro a um jovem de 18, 20 anos.

Mesmo que a quantia seja pouco relevante diante do padrão de vida do jovem, aquela atitude pode transmitir uma falsa impressão de facilidade no que se refere aos custos para se ganhar aquele dinheiro.

O efeito de uma previdência privada para o jovem pode ser ainda mais perigoso, pois entregar uma determinada renda garantida a quem faz, por hipótese, 21 anos certamente transmitirá uma realidade bastante distinta da que se verifica na vida prática e nas necessidades previdenciárias no futuro.

Não é garantido que uma renda de, por exemplo, R$2 mil por 20 anos vá comprometer o empenho no desenvolvimento profissional do jovem, mas pode acontecer. Pode mesmo. E não é raro.

E, mais uma vez, se o objetivo era garantir aos filhos uma renda para reduzir os gastos dos pais com o filho na vida adulta, é uma poupança para os pais, e não para os filhos.

Em resumo, é tudo válido, mas não se pode deixar de analisar os riscos e compreender qual a verdadeira motivação.

Nada disso é, entretanto, educação financeira. É preciso aliança com outras práticas.

Educar é...

Aprender é mudar.

Se o indivíduo não mudou, não aprendeu. Aquele livro que ele lê e não gera qualquer mudança não ensinou nada. Vale, talvez, como diversão.

É fundamental a mudança no sistema de valores. Mudança no sistema de valores significa, tão somente, hierarquizar as prioridades.

O que foi sugerido no livro *Quanto custa ficar rico?*, e que acontece em várias famílias (principalmente no exterior), é a formação de um portfólio em bolsa que será gerido pelos pais até que os filhos possam participar das decisões (a partir dos dez anos) e ser responsáveis pelos resultados e consequências dessas decisões.

Integrar o filho nesse processo intelectual de formação de patrimônio o ajudará a perceber o funcionamento dos mercados, da bolsa e da própria economia. E, principalmente, demonstrará com clareza a relação entre risco e retorno. Aquele dinheiro que foi "dado" pelos pais precisará de esforço do próprio filho para que cresça e não se perca.

Por que a bolsa?

Porque o empreendimento privado é o que fez as pessoas ficarem ricas ao redor do mundo. Algo em torno de 30, 40 anos de investimento fez centenas de milhares de milionários em dezenas de países, inclusive no Brasil.

Além disso, o investimento em renda fixa ou poupança não requer tanta "educação" na gestão do recurso, educa apenas na questão disciplinar. Guardar *versus* gastar, por exemplo. É uma educação importante, mas não é decisiva para o sucesso financeiro dos filhos.

Em bolsa há tudo, tanto a questão da disciplina para poupança mensal quanto o desenvolvimento da estratégia para seleção de ações e montagem de carteira.

Aos 18, o jovem que passou por quatro ou cinco anos de experiência na gestão provavelmente terá plena noção do que significa acumular patrimônio no longo prazo. Dará outro valor ao dinheiro, à poupança e ao consumo.

E o cofrinho?

Para crianças menores, que ainda não conseguiriam aprender e participar da gestão de ativos em bolsa (a não ser que a criança seja um Mozart Buffet Soros), o cofrinho ilustra realidades interessantes para a educação financeira.

Relato a experiência deste autor com a filha, à época com quatro anos.

Ela ganhou um cofrinho em uma casa de festas. Foi explicado a ela que aquilo era um lugar para se colocar moedas todos os dias. Depois de cheio, ele seria quebrado (cofrinho TEM QUE SER inviolável) e seriam retiradas as moedas, para comprar coisas de que ela gosta.

Começou-se a enchê-lo com as moedas de R$0,50 e R$1,00 recebidas de troco. Um pouquinho por dia. Antes de completar uma semana, a pequena começou a perguntar se não podia quebrar o cofrinho, pois já estava pesado.

Foi explicado que o cofrinho ainda não estava cheio, que demoraria a encher. Foi ilustrado da seguinte forma: se abrir o cofrinho agora, terá pouco dinheiro, e ela só conseguirá comprar coisa pequena, um M&M. Se esperar encher, dará para comprar um carro da Barbie ou uma Draculaura. Ela resmungou: "Mas vai demorar..."

Mais uma semana, olhou para o cofrinho e falou: "Papai, vamos comprar um M&M?"

Já estava ficando decepcionado com a decisão, mas antes mesmo que eu contra-argumentasse ela disse: "Não, não, não. Quero uma Barbie!"

Parece bobagem, mas é um primeiro contato com a dicotomia entre poupar *versus* consumir. Já há noção do valor do tempo, associando-o ao valor do que ela quer. Mais tempo, melhor o brinquedo (mais retorno).

Lá pelo primeiro mês, a euforia e o interesse estavam diminuindo. Comecei a mostrar, contra a luz, até onde as moedinhas preenchiam o cofrinho. Tentei fazê-la perceber, dia a dia, que o objetivo ficava mais próximo. Recuperou o interesse, e quanto mais perto de encher, mais interessada ficava.

Ao final, conseguiu juntar 133 reais em moedas. Foi um "evento" familiar.

Levamos as moedas para as Lojas Americanas e dissemos: "Filha, você pode comprar um presente muito bom e caro ou quatro presentes baratos".

Foram quase 40 minutos de perguntas, "Este é caro? Este é barato?", até que se decidiu por quatro brinquedos simples. Mas foi possível trabalhar o valor diferenciado das coisas.

ÍNDICE

M

N

O

P

R